历史学人

觉醒的年代：1919年前后的中国

李礼 主编

02
The Historian

山西出版传媒集团 山西人民出版社

目 录

卷首语

002 重返"新文化"

专题

006 新国体与旧思想：新文化运动面对的中国
撰文：李新宇

020 经历、事件和神话：半个世纪以来对五四运动的
历史书写
——以海外学者的研究为中心
撰文：李雪涛

035 整个 20 世纪都是五四的时代：陈平原访谈
采访、撰文：知远　庄秋水

054 新文化团体的形成和定位，1913—1917
撰文：魏定熙（Timothy B. Weston）
翻译：张舒

062 如何"表演"传统婚姻？
——对四位"新文化—新文学"倡导者的家庭考察
撰文：沈卫威

075　五四运动在日本
——另一种"当事者"的体验、认知

撰文：李永晶

087　回看五四：20世纪的中国与世界

撰文：马勇

112　新文化运动中的边缘声音

整理：周官雨希、徐添

影像

122　活力与秩序：都市里的小城镇生活

摄影、撰文：于默

访谈

136　杨奎松：从戊戌到五四的中国革命

采访、撰文：李礼

149　显微镜下的中国：沈艾娣访谈

采访、撰文：毕苑

译稿

160　霍夫施塔特——美国自由主义的主要诠释者

撰文：大卫·斯科特·布朗（David S. Brown）

翻译：陶小路

172　技术时代的人文主义者

撰文：伊恩·毕考克（Ian Beacock）

翻译：周官雨希

180	数字时代深处

撰文：爱德华·门德尔松（Edward Mendelson）

翻译：彭颖

随笔

192	从尊孔到打倒孔家店

撰文：向珂

207	孔教会：摇摇欲坠的共同信仰

撰文：张泉

222	美国人文主义与中国新文化运动

撰文：张源

234	中医存废的第一次大论争

撰文：路彩霞

249	海外华人移民与全球视野下的中国

撰文：刘青

preamble | 序具活

重返"新文化"

1920年4月1日，陈独秀在《新青年》发表《新文化运动是什么？》一文，他开宗明义：

> "新文化运动"这个名词，现在我们社会里很流行。究竟新文化底内容是些什么，倘若不明白他的内容，会不会有因误解及缺点而发生流弊的危险，这都是我们赞成新文化运动的人应该注意的事呵！

同年9月17日，新文化运动的另一位主将胡适，在北京大学开学典礼上演讲，也提及广泛流行的这个名词："他们见面第一句话就恭维我，说我是'新文化运动'的领袖。我听了这话，真是'惭惶无地'。因为我无论在何处，从来不曾敢说我做的是新文化运动。"

对于"新文化运动"的内涵、宗旨及得失，百年来人言人殊。"新文化运动"和"五四运动"是相关联又有差异性的两个概念。如果以1915年《新青年》创刊，或1917年"文学革命"的提倡作为开端，包涵1919年的五四运动，下迄1927年的这场持续性的运动，其中有思想启蒙、文学革命和政治抗议三个维度。如果把"五四新文化"作为一个广义内涵的名称，来指代发生在20世纪这场影响深巨的文化运动，1919年无疑处于其时间轴的中心。

对五四新文化运动不断回看，无疑这一时期堪称中国现代史的枢轴时代。它作为现代知识人和不同党派的精神资源，被不断讲述、补充、阐发，以适应时代所需。文艺复兴、启蒙运动、救亡运动、反帝反封建运动，甚至文化保守主义者对它破坏民族文化传统进行批判，于是，余英时先生在评述五四新文化的《文艺复兴乎？启蒙运动乎？》一文里提议："愈来愈有必要在陈独秀与鲁迅的激进主义和胡适的自由主义之外，将梅光迪和吴宓的文化保守主义，置于与五四新文化的同一的论述结构之中。"

近一个世纪以来，"五四新文化"担了各种"名头"，被作为数种故事类型加以讲述。在不同的故事里，它作为意象、词汇、符号和思想，均有一定程度的相异甚或矛盾之处。这些故事纵横交错，构成一种斑驳的历史网格记忆。当初立场相左的各方，以众声喧哗的思想者角色，介入这一历史事件中。我们可以说，整个20世纪，堪称是"五四新文化"的世纪，彼时建立起来的思想、学术、文学范式，以及政治的立场与方法，一直在建构一代代中国人。时至今日，其后果的涟漪仍荡漾在知识人的精神世界。

无论如何，那是一个文化上生气淋漓的时代，两代知识人的追求和失落、思考与前瞻，均鼓励一代代人在与它的对话中，以更加开阔的视野与更加坦荡的襟怀，不断丰富、增加它的内涵，并直面诸多时代命题。

——编者

专题 | topic

新国体与旧思想：新文化运动面对的中国

撰文：李新宇

一

《新青年》努力倡导新思想，但其实很少全新的东西。陈独秀所做的，主要是对一个理想的重申。

那个理想是在革命高潮中诞生的。在1901—1911年之间，它已经在以留学生为核心的知识分子中成长起来。

伴随着民主共和与君主立宪的争论，留学生中已经出现了以个人权利为根本诉求的思潮。他们的思考不再以强国为目的，而以立人为目的。对于个人与国家的关系，他们已经具有现代的观念：国家是保护个人权利的工具。

一位署名"佚名"的作者，连续写了一系列文章：《说国民》《箴奴隶》《公私篇》《权利篇》《教育泛论》《论文学与科学不可偏废》……分别发表于《国民报》《直言》《浙江潮》《国民日日报》《大陆》《游学译编》等报刊。《说国民》[1]一文这

---

[1]《国民报》第2期，1901年6月10日。

样解释权利："何谓权利？曰：天之生人也，既与以身体自由之权利，即与以参与国政之权利"，"中国之无国民，不自今日始也。说者曰，秦汉以来，中国人之屈服于专制者，二千年于兹矣。"他因此而得出结论："中国自开国以来，未尝有国民也。"既然如此，为了中国的未来，就要造就国民，要造就国民，就"非播国民之种子不可"。他告诉读者，即使是法国，在大革命之前，也与中国一样没有国民。可是，经过孟德斯鸠、伏尔泰、卢梭等人的努力，法国国民出现了，从而造就了今日的文明。

在稍后发表的《权利篇》[1]中，这位作者发出了"去礼法，复权利"的呼吁，并以西方现代国家为例指出："不见泰西各国之宪法法律乎？一字一条，莫不为保护利权而立"；《公私篇》则称中国之所以如此糟糕，可以一言以蔽之："惟公之故，惟无私之故。"并以西语告诫人们："生人之大患，莫患于不自助而望人之助我，不自利而望人之利我。"

在创办《新青年》之前 10 年，陈独秀已置身于这种思想氛围之中。

对旧伦理的激烈批判最先是由无政府主义者发起的。无政府主义对中国的影响有许多消极之处，但它对旧传统的批判却足以给人启发。他们从个人自由的理念出发，要打破过去历史给予个人的一切束缚。所以，他们不仅认为政府是多余的，而且认为家庭也没有存在的必要。因为这种思考，他们对传统伦理发起了挑战。从当时的言论看，后来《新青年》进行的伦理革命和价值重估，比如提倡男女平等、主张家庭革命、排孔、非圣等反传统的主张，早在 1904—1908 年之间的《新世纪》《女子世界》等杂志上几乎都已出现。

1904 年，丁初我即发表《女子家庭革命说》[2]，主张家庭革命、男女平等和女子解放："呜呼！革命何物乎，权利之代价，奴隶之变相，不得已而一用之爆药也。故今日非处专制压制之下不必言革命，非处再重专制压制之下，更不必言女子之家庭革命。"这种家庭革命的呼唤，也是从个人权利出发的。

---

[1] 《直说》第 2 期，1903 年 3 月。
[2] 《女子世界》第 4 期，1904 年 4 月。

1907—1908 年间，"三纲革命"已被提出了[1]，发出所谓"排孔征言"[2]，对中国文化发起全面的批判。他们指出："所谓三纲，出于狡者之创造，以伪道德之迷信保君父等之强权也。"因而主张："一、人人平等，二、父子平等，三、男女平等"（《三纲革命》），称"政教分离之国家政治革命易，而政教混合之国之政治革命难。此皆征之历史而不爽者。"无论这些观念有多少偏颇，都为《新青年》充当了前驱。陈独秀，正是沿着当年活跃于海外的留学生们踏下的脚印，一步步走来。

二

革命发生了，关于革命理想的鼓吹却风平浪息。就在革命思想界沉寂的时候，保守主义者没有沉寂。

这应该是一个激烈争夺的时刻。政治革命之后，文化上必然有一场争夺战。无论政治革命的胜利者还是失败者，都不会放弃文化上的争夺。

保皇派未能把皇帝保住，但保皇理想破灭之后并未完全放弃"保教"。他们是清醒的，没有因失败而一溃千里，而是保持镇定、稳住阵脚、步步为营。众所周知，中国的现代化是在清朝统治者极不情愿的情况下开始的。即使是器物和技术层面的变动，开始也只是为了"师夷之长技以制夷"。为了"富国强兵"，捆人的绳索也只好暂时松一松。当缺口打开，一些离经叛道的东西在"富国强兵"的旗帜下获得了合法性。面对这种局势，卫道士们痛心疾首，却又束手无策，唯一的希望在于：这是一场短暂的危机。即使在革命发生之后，这种希望也仍然存在于一些人的心中。因为按照中国的经验，所有的末世都会出现礼崩乐坏，天下易主之时必然伴随着种种混乱，但只要周期性的震荡过去，天下由乱到治，社会就会回到旧有的轨道。

然而，这次情形却大不相同。君主专制变成民主共和，由乱到治的方向就

---

[1] 真：《三纲革命》，《新世纪》第 11 期，1907 年 8 月。
[2] 绝圣：《排孔征言》，《新世纪》第 52 期，1908 年 6 月。

会改变。传统的力量虽然强大，但现代制度也并非只是摆设。它必然呼唤着与之相适应的社会秩序和意识形态。在新体制框架确定之后，社会秩序和意识形态"由乱到治"的整合就出现了两种可能：一是根据新国体的要求而建立新的社会秩序和观念形态，二是根据传统社会秩序和观念形态的要求而改造新体制。一是革新，一是复旧。二者都要重建，但方向背道而驰——一是要以西方现代文明为蓝本建设中国的新文明，一是要回归中国固有的传统。

从君主专制到民主共和，是一场中国历史上从未出现过的大变革。在专制传统根深蒂固的现实条件下，新秩序的建立不可能一帆风顺。在新旧交替之中，必然会出现混乱、惶恐和各种不适应。这种情况下，一个问题必然要提出：是否可以回去？当然有人愿意回去。政治革命中的失败者不会放弃这个时机。任何人都不难看到守旧者的努力。他们的干劲比革命者大得多。可以用一个比喻：这是革命过后的早晨，胜利者在睡觉，失败者却醒着。

过去的改朝换代一般要以屠杀来完成，因而总是要及时镇压一切反抗，以及一切可能发生的反抗，为此不惜斩草除根——灭九族以肃清反对力量。现代革命则不同，既然革命的目的不是为了一家一姓或某一个集团，而是为了国民，既然宪法已经宣布中华民国主权属于国民全体，既然国民的言论自由、结社自由等一切权利都神圣不可侵犯，政府就不能剥夺任何人的权利。然而，当一般民众还没有意识到写进宪法的这些文字可以保护自己的时候，新制度的反抗者却已经充分利用它。1915年，也就是陈独秀创办《青年杂志》的时候，中国出现了关于国体问题的讨论。

如果在旧时代，对筹安会似乎很好处理——杀掉就是了。现在，如果大总统因此而下令杀掉杨度，中华民国也就不再是民国了。新时代向前发展的努力，恰恰为旧势力的反抗提供了条件。

1912年10月，由陈焕章、张勋等发起的孔教会成立于上海，不久，在全国许多城市设立了分会，宗旨都是"挽救人心，维持国教"。

1913年2月，康有为创办《不忍》杂志，声称"夫孔子道本于天，凡普大地万国之人，虽欲离孔教须臾而不能也。""中国一切文明，皆与孔教相系相因，若孔教可弃也，即一切种族随之而灭也。"[1]

4月，康有为主张定孔教为国教，祭孔必须跪拜，若行鞠躬礼，即是"媚师欧美"，并说："中国人不敬天，不敬教主，不知留此膝以傲慢何为也？"[2]

10月，通过"国民教育，《中华民国宪法草案》其中十九条增加了这样的内容：以孔子之道为修身本"。

11月27日，袁世凯发布尊孔祭孔令，称颂孔子之道"如日月经天，江河行地，树万世之师表，亘百代而常新"。[3]

1915年8月10日，袁世凯的宪法顾问古德诺发表《共和与君主论》，认为中国民智低下，不宜实行共和。

8月23日，以杨度、孙毓筠为会长的筹安会成立，开始鼓吹帝制。

12月12日，袁世凯宣布承受帝位，改国号为"中华帝国"。

……

陈独秀于1915年6月从日本回到上海，9月创办《青年杂志》。正是共和制度面临严重危机的时刻。从这个意义上说，陈独秀所参与的，是一场新旧文化的争夺战，同时又与政治密切相关。

三

从1901年开始，长达十几年的时间，陈独秀一直在为政治革命努力奋斗，当共和国面临严峻考验的时刻，陈独秀却从政治战场上撤退下来，进行文化革命。在陈独秀离开这个世界之后，新文化运动一直受到各种误解和非议。其中重要的一点，就是面对时代的复杂问题，陈独秀们为何却选择了思想文化革命。

从1950年代到1970年代，无论教科书还是学术论著，到处可见这样的解释："陈独秀是把以往中国民主革命的失败，归根于多数国民的觉悟不足；在这里，多少透露了他轻视群众的观点……把距离基础越远的上层建筑越发看作

---

[1] 《孔教会序二》，《不忍杂志》第1册，1913年2月。

[2] 《以孔教为国教配天仪》，《不忍杂志》第3册，1913年4月。

[3] 《政府公报》，1913年11月27日。

更根本的东西。这是唯心史观的见解。"[1] 直到今天,这种认识并没有根本改变。论及五四新文化运动,人们仍然常常要进行这样的批评:"新文化运动没有普及到群众中去,没有同广大人民对军阀统治的不满和反抗结合起来,这就限制了它的实际效果"[2];"《新青年》的作者们以为思想革命能够为新国家打下可靠的基础,这种想法是不符合实际的"[3]"改造'国民性'并不是鲁迅个人独有的想法,这是较为普遍地存在于当时先进知识分子中间启蒙主义思想的表现。'国民性'是一个笼统的概念,把社会革命寄托于精神改造,往往又是启蒙主义者难免的弱点。"[4]

"文化大革命"结束之后,一些人重新走上了五四新文化运动的道路。然而,刚刚开始就又遇到了新的质疑。这种质疑不仅来自保守的意识形态,而且来自海外汉学界。一种貌似新颖的学说从 1980 年代中期即开始在大陆流行:五四新文化运动是"借思想文化以解决问题",而"借思想文化作为解决问题的途径,是一种强调必先进行思想和文化改革然后才能实现社会和政治改革的研究问题的基本设定",这样做的结果是进一步加重了"中国意识的危机"。[5]

进入 1990 年代之后,反省激进主义成为一种新的时髦,五四新文化运动遭到来自各方面的清算。有人认为它全面反传统,导致了中国传统文化的断裂;有人认为它开创了激进主义的传统,给中国带来了悲剧性的后果;有人则断定五四的选择错了,致力于文化革命显然是一个误区,没有抓住问题的关键。

新文化运动关心的问题的确是文化而不是政治,所做的工作的确是思想启蒙而不是革命鼓吹。那么,面对这一切,一个问题不得不思考:1915—1919 年,陈独秀的选择究竟是对还是错?

人们往往把新文化运动看作一场政治变革的舆论前奏,但是,只要正视历史的事实,就应该承认,与其说新文化运动是一段历史的开场锣鼓,不如说它

---

[1] 王树棣等编:《陈独秀评论选编》上,河南人民出版社,1982 年,第 116—117 页。

[2] 王桧林主编:《中国现代史》上,北京师范大学出版社,1991 年,第 14 页。

[3] 胡绳:《从鸦片战争到五四运动》,人民出版社,1981 年,第 955 页。

[4] 唐弢:《中国现代文学史》(一),人民文学出版社,1979 年,第 83 页。

[5] 林毓生:《中国意识的危机》,贵州人民出版社,1986 年,第 45 页。

是一段历史的收尾工程。虽然它带来了一系列复杂的后果，但在它开始的时候，并非要为一场社会变革充当先驱，而是要为一场空前的革命进行文化方面的补课。虽然这场补课没有完成就被打断了，但这不能改变它的性质，也不能改变它的历史定位。

辛亥革命推翻了几千年的帝制，为中国带来了一个全新的民主共和体制。但是，这场革命的确是一场条件不甚成熟的革命，亚洲第一个民主共和国也的确是一个早产婴儿。革命在缺少准备的情况下忽然到来，并且匆匆带来了最为先进的民主共和国，却没有为这个新国家准备下合格的国家公务员和合格的现代公民。革命胜利了，一个崭新的共和国出现于东方，现代体制建立了，公民的权利写进了宪法，然而，从上到下却都不习惯这种新的国体与政体。一方面，共和国的总统、总理和各级管理者，大都刚刚摘去帝国的顶戴，怎么可能一夜之间由皇帝的臣民转变成为现代国家的管理者？包括那些革命党人，习惯的力量会制约他们不自觉地按照旧例行事；另一方面，从理论上说，国民已经是国家的主人，但大多数人不会在一夜之间站立起来。他们不清楚自己与国家关系的变化，既不清楚公民的权利，也不了解公民的义务，更不知道如何对待自己纳税雇佣的国家官员。他们仍然以草民自居，习惯于奴隶地位，正像鲁迅笔下的阿Q走上大堂时一样，官员们并不让他下跪，但他还是自觉地跪下了。

在这种情况下，陈独秀致力于旧思想和旧文化的批判，致力于新思想和新文化的引进，他选了青年，但目的却不是煽动他们的政治革命热情。"批评时政，非其旨也"，陈独秀说的是心里话，当初真的不打算讨论多少政治。考察《新青年》讨论的问题，陈独秀们关心的是孔教问题、伦理问题、贞操问题、婚姻问题、父子问题、教育改良、文学改革……这一切都离政治甚远。因为陈独秀们清楚，自己所要做的，是为政治革命进行一场文化补课。

这是陈独秀的初衷，也是《新青年》的初衷。之所以做出这样的选择，显然并非偶然，而是基于一种认识。陈独秀们日益清楚地认识到："共和政治，不是推翻皇帝，便算了事。国体改革，一切学术思想亦必同时改革；单换一块共和国招牌，而店中所卖的，还是那些皇帝'御用'的旧货，绝不得谓为革命成功。法国当未革命之前，就有卢梭、福禄特尔、孟德斯鸠诸人，各以天赋人权、平等自由之说，灌入人民脑中；所以打破帝制，共和思想，即深入于一般人心。美国当属英的时候，平等、自由、民约诸说，已深印于人心，所以甫脱英国的范围，即能建设平民政治。中国革命是以种族思想争来的，不是以共和思想争来的；所以皇帝虽退位，而人人脑中的皇帝尚未退位。所以入民国以来，总统之行为，几无一处不摹仿皇帝。皇帝祀天，总统也礼天；皇帝尊孔，总统也尊孔；皇帝出来地下敷黄土，总统出来地下也敷黄土；皇帝正心，总统也要正心；皇帝身兼'天地君亲师之众责'，总统也想'身兼天地君亲师之众责'。这就是制度革命，思想不革命的铁证。"[1]

《新青年》集团的主要成员大多曾是共和制度的追求者，当共和制度面临危机的时候，又成了她的维护者。他们不愿看到她因与中国国情不合而夭亡。陈独秀们与文化保守主义者的不同，面对现代制度与传统国情的矛盾，前者思考的不是民主共和是否适应中国国情，而是中国国情是否适应民主共和。在现代政治体制与中国文化传统之间，袁世凯、杨度、康有为选择了国情，试图改变国体以适应之；陈独秀们则选择了现代政治制度，要改变国情以适应国体。

这是一种理想主义，这并不奇怪，因为启蒙主义者本来就是理想主义者。这种理想主义与实用主义不同，实用主义往往顺应国情而不惜修改甚至放弃理想；理想主义者却总是为理想的实现而改变现实。"我们要诚心巩固共和国体，非将这班反对共和的伦理文学等等旧思想，完全洗刷得干干净净不可。否则不但共和政治不能进行，就是这块共和招牌，也是挂不住的。"[2]陈独秀说道。

鲁迅这样回忆这段历史："说起民元的事来，那时确是光明得多，当时我也在南京教育部，觉得中国将来很有希望。自然，那时恶劣分子固然也有的，然而他总失败。一到二年二次革命失败之后，即渐渐坏下去，坏而又坏，遂成了现在的情形。"至于原因，他说："最初的革命是排满，容易做到的；其次的改革是要国民改革自己的坏根性，于是就不肯了。所以此后最要紧的是改革国民性，否则，无论是专制，是共和，是什么什么，招牌虽换，货色照旧，全不

---

[1] 高一涵：《非"君师主义"》，《新青年》5 卷 6 号，1918 年 12 月 15 日。
[2] 《陈独秀文章选编》上，生活·读书·新知三联书店，1984 年，第 207 页。

行的。"[1]钱玄同则说:"若从中华民国自身说,他是公历1911年10月10日产生的,那一日才是中华民国的真纪元。就中国而论,这日是国民做'人'的第一日;就世界而论,这日是人类全体中有四万万人脱离奴籍,独立做'人'的一个纪念日。这真是我们应该欢喜、应该庆贺的日子。"[2]

作为亚洲第一个民主共和国的公民,中国人有理由为之骄傲。尽管它的成长困难重重,但哪一个新生儿是生下来就会飞跑的呢?

四

众所周知,陈独秀不是不关心政治的人。但在当时,陈独秀却从政治转向思想文化。这种选择源自当时中国的现实。今天的中国人大多已经不清楚当时中国的现实是什么,然而,只要回到那个年代进行具体考察,却不能不首先面对一个事实:一场政治革命刚刚过去,政治生活中存在的种种荒诞,却不是通过政治上的再革命所能解决的。

在《旧思想与国体问题》一文中,陈独秀写下了这样一段话:

自从辛亥年革命以来,我国行了共和政体好几年,前年筹安会忽然想起讨论国体问题,在寻常道理上看起来,虽然是很奇怪,鄙人当时却不以为奇怪。袁氏病殁,帝制取消,在寻常道理上看起来,大家都觉得中国以后帝制应该不再发生,共和国体算得安稳了,鄙人却又不以为然。鄙人怀着此种意见,不是故意与人不同,更不是倾心帝制舍不得抛弃,也并不是说中国宜于帝制不宜于共和。只因为此时,我们中国多数国民口里虽然是不反对共和,脑子里实在装满了帝制时代的旧思想,欧美社会国家的文明制度,连影儿也没有。所以口一张、手一伸,不知不觉都带君主专制臭味;不过胆儿小,不敢像筹安会的人,堂堂正正的说将出来,其实心中见解,都是一样。袁世凯要做皇帝,

---

[1] 《鲁迅全集》第11卷,人民文学出版社,1981年,第31页。
[2] 钱玄同:《〈恭贺新禧〉附记》,《新青年》6卷1号,1919年1月15日。

也不是妄想；他实在见得多数民意相信帝制，不相信共和，就是反对帝制的人，大半是反对袁世凯做皇帝，不是真心从根本上反对帝制。[1]

面对帝制的复辟，陈独秀并没有只是指责袁世凯，因为他看到了后者的社会基础，知道袁代表某种民意。陈独秀已经看到，即使那些创造共和、再造共和的人物，也往往满脑子都是帝制时代的旧思想。就在《新青年》创办之时，张东荪指出："尝与友人闲谈今之政府，固为吾人所不满意，然设使吾人而组织政府，国之大必非二三人所能治理也。能与吾人共事者有几人乎？此问一发，忧心如擣……盖国者群意所成，决非一二人所可左右之也。往往国家垂危，二三有识之士痛哭流涕，以发警告，国民乃无所闻，虽有杰出之才，卒不能转危为安，历史上之例，何可枚举。"[2]

传统的力量是巨大的，社会习俗一时难以改变。这种现实方方面面都可以看到。比如民国二年二月，隆裕太后去世了。在太后出殡的时候，孙宝琦因为西装革履行三鞠躬礼，竟被劳乃宣和梁鼎芬狠狠教训了一顿：

> 灵车到了西陵，有两个伏地痛哭的活宝贝——劳乃宣和梁鼎芬，一眼看见一个西装革履的绅士向灵前行着三鞠躬的洋礼。他们认得那绅士就是庆亲王的儿女亲家孙宝琦。梁想奚落他一番，却假装作不认得他，乃上前欠身行礼："先生是哪一国人？叫甚么名字？"
>
> 孙说："节庵，你莫恶作剧呀。"
>
> "什么东西！"梁陡然板起面孔来。"你若是革命党，就不应该来，若是大清朝的官，就应该穿孝服来。你这个无耻的东西，亏你老着脸站在这片干净土上！……"[3]

这一切的确与政治有关，却不是政治革命所能够解决的。面对新生的民主共和制度进行革命，结果会是什么？历史已经证明，任何革命都要破坏刚刚产生的现代国家体制，不是导致战乱，就是导致复辟。事实上，从民国诞生到

---

[1] 《新青年》3卷3号，1917年5月1日。

[2] 张东荪：《中国之将来与近世文明国立国之原则》，《正谊》第1卷第7号。

[3] 陶菊隐：《张勋复辟记》，引自柯灵主编：《千秋功过纪实》第二卷，文汇出版社，1999年，第941页。

五四新文化运动，革命不只一次地发生了。无论孙中山的"二次革命"，还是张勋的再"革命"，都不能推进历史的进步。新文化运动从巩固民主共和制度入手，可谓抓住当时最为迫切的问题，现代民主政体有许多内在的和外在的标志，其中重要的一点，就是公民是否独立自由的个体。如果人们还不是一个个独立的个体，仅在体制层面上建立起来的民主共和国就缺少坚实的基础。

当然，这两者是互为因果的，一方面，如果没有现代民主体制，公民个体的自由就没有保障，自然难以养成独立的人格；另一方面，如果只有政治体制框架而没有人格独立的公民作为支撑，共和国的民主就可能是虚假的。如果国民仍然是低头弯腰的奴才，不仅会重新出现皇帝，而且即使不出现皇帝，最高权力拥有者也会与皇帝相去不远。一旦国家的真正主人难以摆脱奴才的姿态和奴才意识，政府官员就自然会成为主子。从这个意义上说，袁世凯的确是中国政治从前现代向现代过渡时期的产物。如果历史能够良性运行，这种过渡可能在和平中尽快完成。但可惜的是，国民的状态却为袁世凯们的复辟提供了理由：中国国情特别，国民不适应民主。

正因为这样，新文化运动一方面要造就具有独立人格和自由思想的个人，培养公民的权利意识；一方面必须破除"特别国情"和民族文化传统的神圣性，使人知道传统并非神圣不可改变的。

五

作为新文化运动的领导者，陈独秀并非文化决定论者。陈独秀们的文化努力与制度建设并不矛盾。在这个问题上，陈独秀说得非常明确：

> 人民程度与政治之进化，乃互为因果，未可徒责一方者也。多数人民程度去共和过远，则共和政体固万无成立之理由。然吾人论政若不以促进共和为鹄的，则上之所教，下之所学，日日背道而驰，将何由而使其民尽成共和之民哉？今日无论何国政治，去完全真正共和尚远。吾闻有已行共和政体，而其民尚未尽成共和之民者，未闻其民皆共和之民，而始行共和政体者。盖共和无止境，非一行共和政体，即共和

政治完全告成者。惟其民适于共和者之数加多，则政治上所行共和之量亦自加广耳。以此为的，则日进有功。若虑其民尚未尽成共和之民，遂惮言共和政体，则共和将永无希望。良以非共和政体之下，欲其民尽成共和之民，是南辕北辙，万无达到之理也。[1]

那么，如何成为现代公民？如果排除个人之外的制约因素，单从个人的角度来看，首先是要具备现代公民意识。可是，恰恰在这个方面，悠久的本土传统并没有提供思想资源，"臣民""子民""草民""顺民"或"暴民"，几千年的传统可谓根深蒂固，"公民"的萌芽却异常艰难。专制主义传统笼罩之下形成的观念能够轻易地制造一代又一代卑微的"草民"和逆来顺受的"顺民"，却不能培育出现代"公民"。现代公民意识的培养，需要克服专制传统之下形成的意识状态，建立新的意识。这种新的意识的核心就是公民的权利意识。其实，这正是《新青年》创办的初衷。

可惜，五四过后，特别是北伐战争之后，随着国民党政权的出现，公民的权利开始被剥夺。面对人权的危机，胡适等人发起了人权运动。我不知道陈独秀是否曾经对那场运动有所关注。那时他正处在种种问题的纠缠带来的烦恼之中。那场运动中罗隆基的著名文章《论人权》，对国家和公民权利有着清晰界定，所提三十五条中第一条就是："国家是全体国民的团体。国家的功用，是保障全体国民的人权。国家的目的，是谋全民最大多数的幸福。国家的权威是全民付与他的，其量以国家在功用及目的上达到的程度为准。"

罗隆基提出了一系列原则，比如："人民，因为在法律上一律平等，对国家政治上一切权利，应有平等享受的机会。不得有宗教及政治信仰的限制。不得有社会阶级及男女的限制。""国家一切官吏是全民的雇佣人员，他们应向全国，不应向任何私人或任何私人集团负责。""人民对国家一切义务是互惠的，不是一方面的。人民向国家的经济负担的条件有二：（一）没有代议权，即没有担任赋税的义务；（二）议决预决算。凡一切未经人民直接或间接通过或承认的一切经济上的负担均为违法，均为侵犯人权的举动。""国家的功用在保障人权，

---

[1] 陈独秀：《答常乃德》，《新青年》3卷2号，1917年4月1日。

人权的首要原则在保障人民的生命。国民维持生命的方法是用劳动力去换取衣、食、住。所以国民有劳动权，国家有供给人民劳动机会的责任。国民失业是国家失职的证据。是国家在人权上没有负担责任的证据。"凡一切国民的水旱疾病灾疫的赈济，是国家在人权上的责任，不是政府对国民的慈善事业。"这些内容让人们意识到，那些以救世主的姿态出现在人民面前的官员的欺骗性。它提醒人们，是纳税人养活了政府，政府是必须为国民提供服务的，政府所做的一切都是公民出钱购买的，因此，公民有权要求高质量的服务。国民的国家主人身份，就体现在是他们拿钱雇用了政府和军队，为他们服务，并保障他们的人权。如果一个政府不能提供这些服务，它就应该被解雇。可以说，在20世纪30年代，《论人权》代表了那个时代认识的水平。

在后来的岁月里，虽然宋庆龄、蔡元培等曾经发起成立民权同盟，但在理论上并没有留下太多的遗产。倒是张奚若题为《国民人格之培养》的文章展示了新的思考。他认为民主的根本是人的解放。欧洲自文艺复兴和宗教改革以后，到18世纪的政治革命之前，"社会组织的单位和基础早已由团体而变为个人了。初则个人与团体冲突，终则团体为个人所征服而以给个人服务为它存在的惟一理由。"他指出，个人解放发生的政治理论就是个人主义。18世纪的法国革命和美国革命显示了这种个人主义的光彩。张奚若认为这种政治哲学有三大优点："（一）一切社会组织的目的都是为人的，而不是为越出于人以上的任何现象，如上帝、帝王，或其他的东西的；（二）一切社会组织的权力都是由构成这些组织的人们来的，而且永远属于这些人们；（三）一切社会组织都应该而且必须直接或间接由构成它们的人们自行管理。"但这还只是一个大致的轮廓，而其精髓是"全在承认政治上一切是非的最终判断者是个人而非国家或政府，全在承认个人有批评政府之权"，"我所以服从国家的道理完全是因为在我的良心上它是对的，并不是因为它的命令强迫我服从；反之，若是在我的良心上它是错的，那我为尽我做人的责任只有批评或反对。"他认为，国民人格的培养首先在于培养这种人格。[1]

---

[1] 《独立评论》，1935年第150号。

历史学人 / 专题

顾准曾反复思考希腊城邦制度下的"公民"和"公民权利",以叹息的笔调写下这样的句子:"罗马法权传统,国家是建立在公民权利基础之上的。欧洲各国现代诉讼法中,个人或法团可以成为诉讼的一方,其另一方是国家。个人权利,在理论上是受到法律保障的,国家不得随便加以侵犯。"[1]

---

[1] 《顾准文集》,贵州人民出版社,1994年,第317页。

经历、事件和神话：半个世纪以来对五四运动的历史书写

——以海外学者的研究为中心

撰文：李雪涛

> 作为中国走向现代化进程的历史转折点，五四运动在中国乃至世界历史上都产生了重要的影响。半个世纪以来，对五四的研究，不仅局限于中国大陆的学者，也包括海外的华人以及外国学者。本文从研究范式，作为经历、事件、神话的五四，对半个世纪以来海外学者的研究史做了系统的梳理。自20世纪80年代以来，全球史研究的方法在世界历史研究中的引入，也使得五四研究成为全球史的一部分，从而更加凸显了五四运动的世界性意义。

2018年，德国不来梅大学历史系的教授碧尔特·福斯特（Birte Förster，1973-）出版了她的专著《1919：一个日新月异的大陆》（1919. Ein Kontinent erfindet sich neu. Ditzingen: Philipp Reclam jun. Verlag, 2018）。她认为，1919年是欧洲觉醒的一年。经历了第一次世界大战的灾难后，许多欧洲人开始清楚地认识到，以往有些既定的东西必须从根本上予以改变。从政治方面来看，一些国家在寻求新的出路，这当然并不意味着其前景都是和平的。君主政体被民主或独裁政权所取代，女性第一次获得选举权。诸如"国际联盟"一样的国际组织得以建立。同时，科学、技术和艺术也在1919年进入了一个崭新的阶段……福斯特在书中描绘出了一个极具魅力而又充满着矛盾、不平凡的1919年。一

直到今天，当时的一些事件依然在影响着我们。我想，五四运动对于中国人来讲，正是 1919 年的这样一个事件。

一

美国历史学家柯文（Paul A. Cohen，1934–）在他著名的《历史三调：作为事件、经历和神话的义和团》（History in Three Keys. The Boxers as Event, Experience and Myth. 1997）中将历史分为作为事件、经历和神话的历史。他认为，作为经历的义和团，主要考察义和团运动的直接参与者的想法、感受和行为。这些参与者在事件当时并不知道自己能够活下来，对整个"事件"也没有全面的了解。而作为事件的研究是历史学家后来写的相关"故事"和"历史"，"他们知道事情的结果，对整个事件有全方位的了解，他们的目标不仅是要解释义和团运动本身，而且是要解释它与之前和之后的历史进程的联系。"[1] 作为神话的义和团是考察在 20 世纪的中国产生的关于义和团和"义和团主义"的种种神话。柯文认为："作为事件的义和团代表的是对过去的一种特殊的解读，而作为神话的义和团代表的是以过去为载体而对现在进行的一种特殊的解读。"[2] 柯文提出了以下对于历史研究具有普遍意义的问题："当历史学家为了说明和解释而把过去整理成'事件'叙述时，或者当神话制造者出于不同的原因而从过去提取某些具有特殊象征意义的信息时，直接创造过去的人的经验世界会发生什么样的变化？"[3]

实际上一直到周策纵（Tse-tsung Chow，1916–2007）、余英时（Ying-shih Yu，1930–2021）、林毓生（Yu-sheng Lin，1934–）等一两代学者在撰写有关五四的历史著作和论文的时候，经历五四的许多学者，其中包括胡适（1891—1962）、张申府（1893—1986）、顾颉刚（1893—1980）、叶圣陶（1894—1988）、冯友兰（1895—1990）、傅斯年（1896—1950）、罗家伦（1897—1969）、朱自

---

[1] 柯文著，杜继东译：《历史三调：作为事件、经历和神话的义和团》（修订本），社会科学文献出版社，2014 年，"英文版序"，第 XVI 页。

[2] 出处同上，第 XV 页。

[3] 出处同上，第 XV 页。

清（1898—1948）、俞平伯（1900—1990）等依然在世，因此在他们的历史描述中，除了作为历史事件的五四之外，作为经历的五四也是其中重要的内容。

1978 年改革开放以后，对五四运动的研究从单纯的政治运动、文化运动的视角，转向了对近代中国社会发展的宏观视角。时代的新问题，产生了新的研究视角，研究方法也从单一的历史学科，转向了各人文、社会科学方法的结合、交叉运用。

法国比较文学学者梵·第根（Paul van Tiegham, 1871-1948）认为，任何事件的影响研究都应当沿着"放送者""传递者"和"接受者"这条路线进行追根溯源。[1] 如果从"放送者"的角度来对五四进行溯源式的研究的话，那么我们可以看到在此之前世界各国的思想对中国知识分子产生的影响。史华慈（Benjamin I. Schwartz, 1916-1999）在论及五四运动的时候指出，他的研究只是涉及知识分子，尽管知识分子的人数不多，但却颇为关心中国和现代世界，影响很大。[2] 而从后世的"接受者"的角度来看，1949—1979 年间基本上是从"政治运动""爱国运动"以及"启蒙运动"方面对五四运动进行单方面的概括，而改革开放以后则开始从中国近代政治、思想、文化以及社会的诸多方面对五四运动进行比较深入和全面的探讨。

二

从研究范式来看，半个世纪以来的五四运动研究，也从纯粹政治史、革命史的范式，转向了思想史、文化史、现代化史的多元研究方式并存的阶段。

1960 年出版的周策纵的《五四运动史》（*The May Fourth Movement. Intellectual Revolution in Modern China.* Cambridge MA: Harvard University Press, 1960），是站在自由学术立场上对五四运动进行现象学描述的一部重要论著，因此它基本上不囿于政党之争。周策纵提出："'五四运动'实际上是一场思想

---

[1]　请参考：梵·第根著，戴望舒译：《比较文学论》，商务印书馆，1937 年，第 64—65 页。

[2]　许华茨（编者注：现一般译为史华慈）：《第八章 思想史方面的论题："五四"及其后》，收入《剑桥中华民国史，1912—1949 年》（上卷），中国社会科学出版社，1994 年，第 397—440 页，此处见第 399 页。

和社会政治相结合的运动，它企图通过中国的现代化实现民族的独立、个人的解放和社会的公正。"[1] 周策纵已经开始从政治、经济、社会、文化等方面，试图从整体上对五四运动进行把握："'五四运动'是一个复杂的现象，它包括新思潮、文学革命、学生运动、工商界的罢市罢工、抵制日货运动，以及新知识分子所提倡的各种政治和社会改革……它不是一种单纯不变、组织严密的运动，而是许多思想分期的活动汇合而成……"[2] 实际上，五四时期关于文化问题的争论，在很大程度上是传统与现代之间的争论。五四时期中国思想界出现的文化观念的纷争，大多是由于中国传统观念受到欧洲近代文明的冲击而产生的危机意识。其实林毓生在 1979 年出版的《中国意识的危机》(The Crisis of Chinese Consciousness. The Radical Antitraditionalism in the May Fourth Era. Madison，WI: University of Wisconsin Press，1979) 中所要呈现的恰恰就是传统与现代之间错综复杂的关系，这是五四运动的内在矛盾。美国中国近代思想史研究领域的开拓者、《儒教中国及其现代命运》(Confucian China and Its Modern Fate，1958-1965) 一书的作者列文森 (Joseph R. Levenson，1920-1969) 认为："五四代表着从传统到现代、从曾经将儒家学说奉为普遍真理过渡到借鉴西方经验并提出使中国摆脱困境的出路这样一种不可逆转之趋势的转折点。"[3]

有关五四与现代性的集中讨论是 2003 年在美国俄勒冈州立大学召开的"追求现代性：五四运动在检讨"学术研讨会，5 年后出版了《超越五四范式：追求中国的现代性》(Beyond the May Fourth Paradigm: In Search of Chinese Modernity，2008) 一书，[4] 基本上是以社会史、文化史的角度来探讨中国现代性的产生和发展。

---

[1] 周策纵著，陈永明等译：《五四运动史》，岳麓书社，1999 年，第 500 页。
[2] 出处同上，"导言"第 6 页。
[3] 见列文森在 1961 年 2 月号《亚洲研究杂志》上为周策纵的《五四运动史》所写的书评：Joseph R. Levenson, The Day Confucius Died. In: *The Journal of Asian Studies*，*Vol. 20, No. 2* (Feb., 1961), pp. 221-226.
[4] *Beyond the May Fourth Paradigm: In Search of Chinese Modernity*，edited by Kai-wing Chow, Tze-ki Hon, Hung-yok Ip, Don C. Price, Lexington Books, 2008.

三

实际上，作为经历的五四，大部分是事件的研究者将之作为原始材料引用的一部分内容。周策纵的《五四运动史》一书的英文版于 1960 年出版，这是英语世界中第一部有关五四运动的专著。他在写作此书的时候，曾与作为亲历者的胡适、张君劢讨论过相关的内容，也借鉴了五四时期诸如陈独秀（1879—1942）、李大钊（1889—1927）、蔡元培（1868—1940）、鲁迅（1881—1936）、胡适等一些代表人物的著作、论文、日记、信札，同时还有一些当事人的口述材料。尽管大部分亲历者都不是历史学家，但他们的回忆文字，无疑为从不同视角重构这一段历史提供了基本的史料。此类的文章和专书，除了胡适的《纪念"五四"》[1] 之外，后来有中国科学院历史研究第三所编的《五四爱国回忆录》，[2] 20 世纪 70 年代后还出版有陈少廷主编的《五四运动的回忆》，[3] 刘青峰主编的《历史的反响》[4] 等，所收录的都是亲历五四者的会议性文章。其实除了中国的亲历者外，当时正在中国的外国人，其作为亲历者的回忆，也提供了作为经历的五四运动的重要史料。

哥伦比亚大学的哲学教授、胡适的老师杜威（John Dewey，1859–1952）于 1919 年 5 月至 1921 年 7 月在北京大学讲学，将民主与科学的思想直接播种在中国。杜威夫妇原来打算过了 1919 年夏天就回美国，后来由于五四运动引起了他们的极大兴趣，决定在中国逗留一整年。哥伦比亚大学准予杜威教授一年的假期，之后又将假期延长到两年。[5] 除了在北京外，在胡适等的陪同下，杜威夫妇还到过上海、奉天、山西、江苏、广东等多个省市游览、讲学。五四让杜威对当时的中国产生了极大的兴趣，而他的演讲录在当时也连续出版过

---

[1] 1935 年是五四运动 16 周年，胡适在《独立评论》（1935 年 5 月 5 日第 149 号）上发表《纪念"五四"》一文。此文后收入《胡适全集》第 22 卷（安徽教育出版社，2003 年），第 266—276 页。

[2] 中国科学院历史研究第三所编：《五四运动回忆录》，中华书局，1959 年。此后，中国社会科学院近代史研究所近代史资料编译室主编了《五四爱国运动》（上、下），中国社会科学出版社，1979 年。

[3] 陈少廷主编：《五四运动的回忆》，百杰出版社，1979 年。

[4] 刘青峰主编：《历史的反响》，香港中文大学出版社，1990 年。

[5] 请参考程巢父：《杜威与"五四"——纪念五四运动及杜威来华讲学九十周年》，载《文汇读书周报》2009 年 5 月 15 日。

10 版之多，对中国思想界产生了极大影响。[1]1983 年，多克赛尔（Cecile Bahn Dockser）在哈佛大学完成了他的博士论文《杜威与中国的五四运动：杜威的社会、政治哲学与中国的相遇》（*John Dewey and the May Fourth Movement in China. Dewey´s Social and Political Philosophy in Relation to His Encounter with China.* Harvard University，1983），主要梳理了杜威的社会哲学和政治哲学在五四时期的中国的接受情况，借此他着重考察了自由主义和民主思想在非自由的环境中是否可能存在的问题。

除了杜威之外，在中国生活长达十年之久的美国外交官芮恩施（Paul Samuel Reinsch，1869–1923）的回忆录《一个美国外交官使华记》（*An American diplomat in China.* Garden City/N.Y.，Toronto: Doubleday，Page & Company，1922），其中有部分章节记录了他任驻华公使期间五四运动爆发时的情景：他以当事人的身份对当时日本向袁世凯提出《二十一条》要求、勾结利用北洋军阀政府中亲日分子侵略中国的各种活动进行了记述。他在书中称："对学生们正在为祖国的自由和复兴而奋斗的目标和理想寄予深切的同情"。作为美国驻中国的公使，他告诫上海的美国总领事馆说："除了非法的或明显的行动以外，在华的外国当局和罢工毫无关系，我们既然侥幸没有受到中国人的恶意相待，我们希望能够保持自由。"[2]五四运动后，芮恩施辞去了美使馆公使一职，受聘于北洋政府担任法律顾问，一直到 1923 年回国。

四

有关五四运动的起因，学术界一般认为是由于日本对中国的侵略，特别是 1915 年的《二十一条》以及日本帝国主义与中国军阀相勾结而引发的，1919 年山东问题的纠纷，使得民族主义情绪达到了高潮。巴黎和会允许日本拥有德

---

[1] 1959 年 7 月 16 日胡适在夏威夷大学所作的英文演讲，夏道平译文载 1959 年 8 月 16 日《自由中国》第 21 卷第 4 期。请参考《杜威在中国》，收入葛懋春，李兴芝编辑：《胡适哲学思想资料选》（上），华东师范大学出版社，1981 年，第 555—566 页。

[2] 芮恩施著，李抱宏、盛震溯译：《一个美国外交官使华记》，商务印书馆，1982 年，第 284—287 页。

国在山东省的特权的决议，最终引发了 5 月 4 日的事件。而日本学者所进行的文本档案等文献研究，则反映在藤本博生（1948—）的《日本帝国主义与五四运动》一书中。[1] 藤本在文中论述了日本对华《二十一条》的形成过程，认为这所谓的"二十一条"源自 1908 年 9 月 25 日的日本内阁会议的决议。他以充分的证据证明，五四运动在实质上是由日本帝国主义对中国的侵略而引起的。[2]

尽管不同的亲历者、研究者对五四的认识不同，但将五四定位为一场知识界的革命、思想文化运动是普遍可以接受的。周策纵认为，五四运动传播了政治、思想、社会、经济等多种新因素，以后历史上重大的论战和斗争都源于此。后来很多从哲学、文学到政治、经济领域的领导人都在这场运动中受到教育和锻炼，五四的经历对他们终身都有影响。因此周策纵认为，不了解五四运动，就无法理解现代中国的特性。[3]

近年来在知识论方面的进展，也使得很多的问题得到了澄清。例如毛泽东（1893—1976）1949 年所认为的"十月革命一声炮响，给中国送来了马克思列宁主义"，[4] 亦即中国人找到马克思主义是经过俄国人介绍的。而德国汉学家李博（Wolfgang Lippert, 1932-）则指出："大约直到 1919 年，即'五四运动'那一年，中国人对欧洲各社会主义流派的了解，包括对马克思、恩格斯创立的社会主义学说的了解几乎全部来自日语，或是欧洲语言原著的日文翻译。"[5]

对作为事件的五四运动的历史描述的最大特点是对事件的全方位的了解，特别是对历史意义的评价。有关五四的历史局限性，周策纵认为有三点：一是在批判传统时，缺乏公正与同情，忽视作家和民族传统的良好方面；二是对新概念过于轻信，而又不免混乱模糊；三是他们对于复杂问题过于性急。[6] 唐君

---

[1] 藤本博生著：《日本帝國主義と五四運動》，同朋社，1982 年。收入狭間直樹、片岡一忠、藤本博生著：《五四運動の研究》（第一函 3），京都大學人文科學研究所，1982 年。

[2] 请参考藤本博生著：《日本帝國主義と五四運動》，第 53—61 页。

[3] 周策纵著：《五四运动史》，1999 年，第 17—19 页。

[4] 毛泽东：《论人民民主专政》，收入《毛泽东选集》（一卷本），人民出版社，1967 年（改横排袖珍本），第 1360 页。

[5] 李博著，赵倩、王草、葛平竹译：《汉语中的马克思主义术语的起源与作用：从词汇—概念角度看日本和中国对马克思主义的接受》，中国社会科学出版社，2003 年，第 79 页。

[6] 周策纵著：《五四运动史》，1999 年，第 507—508 页。

毅（1909—1978）认为，新文化运动的根本错误在于对中国传统文化只是"消极地指出其不好的方面……而对中国文化之优良的方面和西方文化的缺点并未加以重新估价。"[1]胡适在晚年的时候，在与唐德刚（1920—2009）的谈话中指出："五四运动对新文化运动来说，实在是一个挫折。"（1968 年 2 月 6 日）[2]

殷海光（1919—1969）指出："在一方面，他们抛弃旧思想；在另一方面，他们热烈地吸收新思想。他们在排旧趋新上所表现的强度，在中国文化史上是少见的。中国原有的学术思想标准是'凡古的就是好的'。到了五四时代，中国学术思想的标准是'凡新的就是好的'。这个标准既经知识分子普遍接受，于是为接受外来思想大开'方便之门'。"[3]他认为，自由主义、功利主义、无政府主义、社会主义、罗素思想、杜威哲学等，都是在这一时期被引入中国的。

五

1949 年以来，中国大陆经历了不同的历史阶段，对五四运动也有不同的总结与提炼，总结归纳出了不同的五四精神。早在 1949 年以前的民国时期，学者就认为五四的精神是民主与科学。1949 年以后在中国革命史的研究范式下，研究者普遍认为，五四精神是彻底的反帝、反封建的爱国主义运动。改革开放之后，学者们认为，五四精神是解放思想、不断创新，也有学者认为是勇于探索、追求真理。1981 年当时在中共中央文献研究室工作的历史学家胡绳（1918—2000）出版了在中国大陆影响深远的《从鸦片战争到五四运动》一书。[4]他认为，五四运动宣告了资产阶级领导的旧民主主义革命的结束和无产阶级领导的新民主主义革命的开始。[5]

---

[1] 唐君毅著：《附录：一千八百年来的中国学生之历史之发展》，收入周阳山主编，周策纵等著：《五四与中国》，时报文化出版事业有限公司，1981 年，第 691—698 页，此处见第 697 页。
[2] 转引自陈曾焘著，陈国栋译：《五四运动正名》，收入周阳山主编，周策纵等著：《五四与中国》，第 387—408 页，此处见第 391 页。
[3] 殷海光著：《中国文化的展望》，中国和平出版社，1988 年，第 198—199 页。
[4] 胡绳：《从鸦片战争到五四运动》（上、下册），人民出版社，1981 年。
[5] 胡绳：《从鸦片战争到五四运动》（下册），第 965 页。

不仅仅是在中国大陆，1979 年在纪念五四运动 60 周年的时候，有中国台湾学者认为，五四的意义在于为国家争主权，为平民争人格："五四所表现的，纯为爱国行为。"并且认为"此一运动，与所谓新文化运动或任何外在因素，完全无关。"[1]另有中国台湾学者认为，五四运动既是爱国运动，又是新文化运动。[2]

六

针对中国大陆学者自 1949 年以后所提出的五四运动是马克思主义的运动，中国台湾学者汪荣祖（1940—）提出了不同的看法，他认为：五四运动作为一种思想运动，仍然是一自由主义的运动，而不能说是马克思主义的运动。[3]周策纵更是将五四看作"一个复杂现象，它包括新思潮、文学革命、学生运动、工商界的罢市罢工，抵制日货运动，以及新知识分子所提倡的各种政治和社会改革。"[4]因此，周策纵反对将五四意识形态化，并贴上简单的标签的做法。

对于中国大陆学者提出的五四运动是在苏联十月革命带来的高潮与列宁召唤下所产生的说法，周策纵也予以反驳。他认为，五四运动是由当时时局的两大因素促成的：一是"二十一条"要求山东决议案所燃起的爱国热情，二是知识分子提倡学习西方文明，并希望依科学和民主来重估中国文化传统，以建设一个新中国。[5]

周策纵并不认为五四运动具有"反帝反封建的思想观念"，他认为，像"帝国主义"的概念一样，"封建主义"在五四时期也从未在马克思主义观念上被采用过。[6]他同时指出：大多数的五四参加者，包括邓颖超（1904—1992）自

---

[1] 蔡晓舟、杨亮功同编：《五四：第一本五四运动史料》,传记文学出版社股份有限公司,1993 年,"《五四》重印序"，第 4 页。

[2] 吕实强：《五四爱国运动的发生》，收入汪荣祖主编：《五四研究论文集》，联经出版公司，1979 年，第 21 页。

[3] 汪荣祖主编：《五四研究论文集》，1979 年，"卷首语"。

[4] 周策纵著：《五四运动史》，1999 年，"导言"第 6 页。

[5] 周策纵著：《五四运动史》，1999 年，第 486 页及以下。

[6] 周策纵著：《五四运动史》，1999 年，第 496 页。

己也承认，当时并没有认识到反帝国主义、反封建的性质，"'反帝国主义'与'反传统'的思想"是在1920年后才"到处弥漫"的。其实五四最初所反对的是日本的军阀主义和侵略者，而并非抽象的"帝国主义"。[1]

五四与传统的关系方面，一般认为有两种观点：一是整体否定中国文化，全盘西化：唐君毅认为，五四新文化运动是一场重新估价一切价值的文化运动，由此有打倒孔家店、礼教，以西方文化为新文化而加以崇拜。不论是林毓生[2]，还是陈曾焘都如是认为，五四是整体的反传统主义，主张全盘西化。[3]而余英时却认为，五四一代的知识分子是有保留地反传统，他认为："五四时代的反传统，就我个人的了解，确是有保留有限度的并且还是以承认中国文化的存在价值为前提的。""五四实际上并不是反传统，更不是全盘性反传统，而是反儒学传统，也就是反正统。"余英时认为，实际上当时所反对的只是儒学的道统。

自1949年以后，中国大陆主流学界认为领导五四运动的是具有初步共产主义思想的知识分子。这一立论同时导出了五四运动是新民主主义革命的开端的结论。而中国台湾的学者却认为，五四运动的思想源流来自孙中山（1866—1925）领导的革命党。吴相湘（1912—2007）指出："中山先生自五四运动发生即密切加以注意，并且迅赴事机采取行动。"[4]傅斯年（1896—1950）也认为："中山先生创办的《建设》杂志，实给此运动以绝大的政治动向。"[5]

不过海外的研究者普遍认为，在五四运动中起主要作用的是当时中国社会中的知识分子阶层。周策纵认为，五四的领导阶层是知识分子。他也反对中国大陆学者将以李大钊、毛泽东为代表的共产主义知识分子作为五四领导骨干的观点。[6]

---

[1] 周策纵著：《五四运动史》，1999年，第494—495页。
[2] 林毓生著，穆善培译，苏国勋、崔之元校：《中国意识危机——"五四"时期激烈的反传统主义》（增订再版本），贵州人民出版社，1986年。
[3] Joseph T. Chen, *The May Fourth Movement in Shanghai: The Making of a Social Movement in Modern China*. Leiden: Brill, 1972. 相关的中文书评见唐远华：《评介陈曾焘〈五四运动在上海〉》，收入张玉法主编：《中国现代史论集·第六辑·五四运动》，联经出版事业公司，1980年，第183—190页。
[4] 吴相湘著：《从史实探讨五四运动的意义及影响》，收入周阳山主编，周策纵等著：《五四与中国》，时报文化出版事业有限公司，1981年，第422—441页，此处见第426页。
[5] 引文出处同上。
[6] 周策纵著：《五四运动史》，1999年，第496—499页。

周策纵认为，五四运动从本质上来讲是"广义的思想革命"，其成就"首先是思想方面，传统之动摇，科学之研究"。重要的是"当时争个人自由，追求国家独立的贡献"。周策纵认为："个性解放、人道主义、自由、民主、科学思想是'五四'的精髓。"[1]

至于五四运动是否是中国近代史上的一个伟大的转折点，史华慈有不同于一般中国学者的认识。他指出，五四运动"必须被视为一个已出现潮流的最高点，而不是一个质变的新起点"。在解释其中的原因时，他认为："在许多方面，康有为、严复、梁启超、章炳麟、王国维等人事实上是突破性的一代；他们是真正的价值转型者和来自西方的新思想的肩负者。"[2] 因此，在史华慈看来，在中国近代思想方面的真正突破者是康梁一代的晚清知识分子。

七

五四初期的口号除"赛先生"（科学）和"德先生"（民主）之外，吴稚晖（1865—1953）后来又加上了"穆勒儿姑娘"（道德伦理），从中已经可以看出五四运动受到19世纪以来西方科学、民主思想影响之深了。胡适曾将五四运动与欧洲文艺复兴相比较，这遭到了周策纵的反对。早在五四时代，这一运动就被称为"文艺复兴运动"，当时出版的《新潮》杂志，就直接将五四运动称作 The Renaissance。胡适在《中国文艺复兴运动》一文中称，自己与"五四"政治运动无关，当时所从事的只是文艺革命和思想革命，并称"五四"运动就是中国的文艺复兴运动。周策纵认为："欧洲的文艺复兴意指古文明的再生，即是对希腊罗马文化的重新认识，而'五四'运动则不然，其立意原是将一个古老的国家蜕变成现代化，并且对传统文化提出严厉的批评。由是观之，'五四'与'文艺复兴'是截然不同的，况且中国又缺乏民主与科学的精神。"周策纵同时也反对将五四运动看作是"启蒙运动"："启蒙运动是新型的中产阶级推翻

---

[1] 周策纵：《周策纵谈五四精神》，载《今日名流》1998年第4期。
[2] 史华慈：《五四运动的反省》，收入王跃、高力克编：《五四：文化的阐释与评价》（"五四与现代中国丛书"），第1—14页，此处引文见第3页。

封建制度的贵族，而中国是各种社会力量结合对抗颓落的旧势力，并无此类的中产阶级。"余英时[1]、金耀基[2]等也都持相同的观点，反对将五四运动概括为文艺复兴。舒衡哲（Vera Schwarcz, 1947– ）在《中国的启蒙运动》（*The Chinese Enlightenment.* Berkeley：University of California Press，1986）中将五四运动与欧洲的启蒙运动相比较，认为这二者同样涉及运用理性来批判传统的问题，而不是针对宗教信仰的。[3]

除了横向地与世界历史的联系外，20 世纪下半叶在中国所发生的事件依然与五四相关。林毓生研究 20 世纪中国意识危机问题，原因之一在于他认为："毛泽东晚年极力坚持的文化革命思想与激烈的反传统与五四运动激进遗风有密切关联。"[4]

全球史的研究方法其实是一种联系的方法，将这一事件与其前后左右的背景事件和时间维度加以比较，特别是将之置于广阔的相互关系情景之中来理解和考察，只有这样才能避免将五四运动的分析简单化、公式化的倾向。史华慈（Benjamin I. Schwartz, 1916–1999）在为《剑桥中华民国史》（《剑桥中国史》第13 卷）所撰写的《思想史方面的论题："五四"及其后》一章中指出，如果人们想要了解那个时期的内在线索，就必须考察它的来龙去脉。因此他将五四前后中国知识分子关注和讨论的议题和观点都拿出来与五四做了关联，其中包括："五四"事件、进步与民族主义、革命、辛亥革命与"新文化"、"五四"及其影响、马克思列宁主义的传入、问题与"主义"、大众文化的主题、"新传统主义"——从传统中寻找真理、科学与玄学的论战、马克思主义的优势。[5]对于史华慈来讲，了解五四运动本身的历史事件真相已经变得不重要了，更重要的是探究这一历

---

[1] 余英时：《五四文化精神的反省与检讨——简论今后文化运动的方向》《文艺复兴乎? 启蒙运动乎? ——一个史学家对五四运动的反思》，收入《文化评论与中国情怀》（上），《余英时文集》（第七卷），广西师范大学出版社，2014 年，第 2 版。

[2] 金耀基：《中国文化意识之变与反省——从"五四"到"四五"的历史转折》。

[3] 舒衡哲著，刘京建译：《中国的启蒙运动：知识分子和五四运动的遗产》，新星出版社，2007 年，第 4—5 页。

[4] 林毓生著，穆善培译：《中国意识的危机》，贵州人民出版社，1988 年，第 292 页。

[5] 许华茨：《第八章 思想史方面的论题："五四"及其后》，收入《剑桥中华民国史，1912—1949 年》（上卷），中国社会科学出版社，1994 年，第 397—440 页。

史事件背后的思想史意义，以及这一运动本身的相关问题与其后中国历史发展的关联性。周策纵的《五四运动史》实际上也是运用整体的研究对五四运动进行比较全面的考察，以期建构起一部规模宏大的"五四运动史"，尽量为读者提供一个全景式的视角。

20世纪前二三十年间世界范围内的革命，并非孤立发展的，而是相互影响的。柏林大学的余凯思（Klaus Mühlhahn, 1963–）认为，在以移民、迁徙为特征的全球化国际体系中，国际主义、泛亚洲主义以及民族主义成为互动关系中的一部分。建立在全球背景下的知识分子之间的互动，影响并决定了中国对民族国家的认识，民族国家观念的发展因此也成为对全球趋势的回应。因此，他认为，五四运动正是在全球互动的背景之下形成的。[1]

八

进入21世纪以后，五四研究也进入了现代化史以及思想史的阶段，有学者从文化上探索中国现代化道路的精神[2]，也有学者指出，五四所强调的是人的价值，宣扬了人的主体性，主张人的自由自主，而民主、科学、爱国都是围绕着人的觉醒和解放提出来的[3]。

实际上，早在1978年，东京大学出版社就出版了《中国近现代史讲座》之四《五四运动》，收录了9篇与五四运动相关的重要论文。著名学者野沢豐认为，从内在的能动性方面来把握五四运动的办法诚然是有效的，但今天的任务是从世界史的角度来对它做冷静的分析。[4]

从19世纪末以来，被介绍到中国来的欧洲思想家常常是反西方传统的，如伏尔泰（Voltaire, 1694–1778）、马克思（Karl Marx, 1818–1883）、尼采（Friedrich

---

[1] 《从全球史的角度重看五四运动——余凯思在华东师范大学的讲演》，《文汇报》，2014年5月5日，第12版。

[2] 陈敏荣：《对五四精神的重新审视》，载《理论月刊》2002年第5期。

[3] 袁庆新：《"五四"精神与现代化》，载《自贡师范高等专科学校学报》2000年第2期。

[4] 参考周延胜：《国外学术界对五四运动的研究》，载《党史研究与教学》2009年第3期（总第209期），第67页。

Nietzsche，1844–1900）、弗洛伊德（Sigmund Freud，1856–1939）等。但是大部分中国人在没有了解欧洲传统之前，就被告知这一切都是反动的。按照黑格尔辩证法正反合的理论，如果不了解正命题（These）的话，那也根本没有办法理解反命题（Antithese），更遑论什么合命题（Synthese）了。一个多世纪以来，我们一直在批判欧洲的遗产，而很少谈到继承什么。对于今天的年轻一代，五四运动对中国文化传统特别是儒家思想的批判，一定要在理解的基础上进行。也正因为此，陈平原（1954—）指出："'反传统'成为二十世纪中国文化学术中最大的'传统'。"[1]

一百年来，中国学者对五四运动的认识和研究持续不断，最根本的原因在于这一运动是中国走向现代化进程的历史转折点。纵观海外半个世纪以来对五四运动的研究，可以看出华裔学者对五四的主题有一种天然的亲近感，并且很多老一辈的学者有一种使命感。周策纵在一次访谈中指出："'五四'运动是上两代人的资产，新一代的青年对'五四'认识很肤浅，我希望通过这本书认识几十年前的年轻人曾经如何参与救国、社会改革，他们的努力曾如何影响中国的前途。我更希望新一代青年读这本书后，认真深思：作为'五四'的继承者，应当如何继承'五四'青年的情怀与抱负，如何对待传统的批判、继承和文化的认同。"[2]

伽达默尔（Hans-Georg Gadamer，1900–2002）并不认为，一个文本经过一次的解释就可以穷尽其所有的意义。因此，不同时代对五四的不同解释，是有其诠释学的哲学基础的。顾彬（Wolfgang Kubin，1945–）在此基础上提出："不存在什么人，被人理解一次，就能被人永远理解；没有什么高级的书，翻译一次，就永远不需要再翻译。我们需要不同的解释和译本，因为我们一直在经历着变化，因此我们反思的对象随我们在变化着。在这方面，没有什么最终和真实的理解或翻译，有的只是瞬间的理解和翻译。"[3]但一味迎合意识形态的做法，也是历史学家需要批判的。

---

[1] 陈平原：《史家的位置》，载《读书》1992 年第 7 期。
[2] 刘作忠：《"五四"运动是上两代人的资产——周策纵教授访谈录》，载《党史纵横》1998 年第 5 期。
[3] 顾彬：《误读的正面意义》，见《文史哲》2005 年第 1 期（总第 286 期），第 5—12 页。此处引文见第 9 页。

以往有关五四的研究,基本上是一种谱系模式(genealogical model)的研究,亦即将重点放在过去与现在之间的关联性方面,以及今天的人对于这些事件所做出的各种反应上。从全球史的角度来看待的话,今天我们更应当将五四作为"全球瞬间"(global moments)的共时性片刻来看待。作为美国史专家的哈佛大学历史系教授马内拉(Erez Manela, 1950-)在他的《威尔逊瞬间》一书[1]中所讨论的便是1919年春天的事件:民族主义者对抗帝国主义的起义几乎同时在几个看似毫不相关的地方爆发:3月1日,朝鲜经历了自1910年日本殖民统治以来最大的一次起义;埃及的民众也在3月份走上街头抗议大不列颠的统治,之后发生了所谓的"1919年革命";印度的民族主义运动也空前高涨,最终导致了4月13日爆发的阿姆利则大屠杀;在中国则爆发了标志着新文化运动诞生的五四运动。可以看出,马内拉的目的是将更广泛的国际语境纳入其中,来考察这些事件之所以同时发生的原因,从而将这些事件与第一次世界大战之后国际秩序的转型联系在了一起。[2]

此外,从全球史的角度来看,五四运动依然有很多有待展开的方面,如跨学科研究方法的运用,如何突破学科的藩篱,转向多元共存的理论范式,从新文化史、比较文化史、跨文化理论等方面进行整体研究,一定还会有很多研究方面的突破。

---

[1] Erez Manela, *The Wilsonian Moment: Self Determination and the International Origins of Anticolonial Nationalism.* Oxford, New York: Oxford University Press, 2009. 本书的中文版为埃雷斯·马内拉著,吴润璇译:《1919:中国、印度、埃及和韩国,威尔逊主义及民族自决的起点》,八旗文化,2018年。

[2] 此处也请参考 Sebastian Conrad, *What is global history?* Princeton & Oxford: Princeton University Press, 2016, p. 154.

历史学人 / 专题

整个 20 世纪都是五四的时代：陈平原访谈

采访、撰文：知远　庄秋水

以反传统著称的五四新文化运动，曾以一种"以整体批判整体"的反传统姿态睥睨百年，成为一代代人精神成长史上必不可少的对话目标。在标签化评价渐渐褪去之时，这场运动复杂的历史面相渐渐显现。新文化运动历来被强调新的一面，但它是有历史有渊源的新。如果以代际分析的角度看，这场思想震荡其来有自，其酝酿、发端、大成、余波、影响，绵延数代知识人。

"在我们的想象中，1978 年就是 1919 年"

历史学人：您第一次比较清晰地对五四新文化运动发生兴趣是在什么时候？那个时候为什么会产生这样的兴趣？

陈平原：我是 77 级大学生，77 级的特点是一进学校就碰上了思想解放运动。1978 年，很多名校中文系学生，在各自校园里创办文学杂志，那时候，很容易把自己置身于五四的语境里面。在我们的想象中，1978 年就是 1919 年，都是思想解放，都讲民主、科学、自由。那时我在中山大学念书，中大的学生刊物叫《红豆》。另外，还有十几所大学的大学生合办《这一代》。《红豆》总共出了七期，算是多的。各地学生不一样，但我相信，只要办刊物，就都自觉不自觉地把自己放置在新文化运动的语境中。

回头看这些杂志，还是蛮感慨的。同样是学生刊物，1978 年比不上 1919 年。

035

拿中大的《红豆》、北大的《早晨》，来跟1919年以北大中文系学生为主创办的《新潮》《国故》和《国民》对比，差距很明显。《国故》守旧，《新潮》趋新，《国民》则从事实际政治，借用俞平伯的诗句："一班同学化为三。"同一年级的北大中文系学生，因政治立场和文化取向不一样，分别编辑这三个五四时期很有影响的杂志。虽然我们都知道，《新潮》背后有胡适等，《国故》背后有刘师培等，《国民》背后也有李大钊等，但不管怎么说，当初这些学生刊物的水平，都远远超过1978年的我们。也正因如此，77、78、79级的大学生普遍对五四运动或五四新文化很有好感，常常会把自己置放在那个语境里面来思考问题，包括追溯历史、表彰先进、反省自己等。

《新潮》

后来我念研究生，学的是中国现代文学专业。1982年，我写的第一篇学术论文，题目就是《论白话文运动》。可以这么说，打从学术起步，我就一直关注五四新文化运动。如果说有特别的地方，那就是我写博士论文《中国小说叙事模式的转变》时，第一次把晚清和五四放在一起来讨论。在此之前，五四属于现代文学，而晚清则归入近代文学，是放在古典文学教研室的。我的博士论文把1898到1927这三十年作为一个特定时段来论述，虽然晚清一代和五四一代的知识结构和政治立场有差异，但这两代人共同完成了艰巨的历史转型——中国文学从古典到现代的过渡。

历史学人：回到1979年，您把当时的你们自比为五四的延续吗？你们对他们的理解从哪些材料来？比如当时能看到《新潮》杂志吗？能看到的材料又是从哪里来？

陈平原：应该说，77、78级大学生当时并没有那么好的学养，我们能看到《新青年》，并没有读《新潮》，更不会考虑《国故》《国民》等。当时只是驰想，自己似乎是回到那个风云激荡的年代。之所以感觉很熟悉，那是因为，自 1920 年开始，北大师生就不断地、年复一年地纪念五四。某种意义上，五四是一个说出来的"故事"。

一个历史事件之所以能"苟日新，日日新"，不断影响当下，必须靠不断的陈述以及富有创意的阐释。这里面包含不同政治力量之间的角逐，不纯粹是文化人的事。比如，关于五四的传统，最初只是北大师生在说，后来国共两党纷争，国民党抛弃了，而共产党则将其发扬光大。1928 年国民政府定都南京后，为了巩固政权，稳定社会，曾以中宣部的名义发布指令，说共产党擅长闹学潮，要特别警惕那些纪念五四的集会。

也就是说，从 1928 年以后，国民党在把握政策导向时，主动放弃了五四论述，而这是一个非常大的失误。共产党接过了五四的旗帜，自 1939 年陕甘宁边区将其设定为"青年节"，而后每年都举行纪念活动，五年一小庆，十年一大庆。所以，到我这一代人，开始念书的时候，不管学什么专业，都知道五四的基本立场及大概故事。尽管这是一个简化版的、不无偏见的叙述，但毕竟使得很多青年学生十分熟悉甚至认同五四的立场。

历史学人：对您那代人来讲，1979 年讲五四的故事，核心是什么？比如对您个人而言？

陈平原：关于五四运动的阐述，曾经深受毛泽东《新民主主义论》的影响，也就是大都围绕反帝反封建来展开。就我的专业而言，五四故事的另一个阐述方向，是由十卷本《中国新文学大系》奠定的。今天广为人知的"大系"，是五四那一代人自我经典化的杰作。五四已经过去 20 年了，那一代先驱借编辑《中国新文学大系》，总结自己当初的思想创造、文化建构与文学表达。因为这一代人太精彩了，都是我们敬仰的作家、学者或思想家，因此，他们的自我阐释对后世产生了巨大影响。可以这么说，谈及五四，我们的政治立场及文化趣味受《新民主主义论》影响，我们的文化想象和审美意识则受《中国新文学大系》制约。这两个关键性文本，在很长时间里左右了我们的整个五四论述。最近二十年，这一状态才开始改变；只是接下来的路该怎么走，分歧还是很大。

历史学人：新文化运动和五四运动分开，包括文化革命、思想革命和政治革命之间的分离，这种过程对您来说是怎样发生的呢？

陈平原：我关注五四，第一步当然是文学。1985年和钱理群、黄子平合撰《论20世纪中国文学》及"三人谈"，再加上我的博士论文《中国小说叙事模式的转变》，更多地考虑晚清和五四的对话。这个努力，起码使得五四开天辟地的神话，受到了某种程度的质疑。其实，关于五四运动如何爆发，国共两党都有误读。国民党之所以很长时间拒绝五四传统，那是认定其与苏俄思想传播有密切关系。可回到五四的语境，各种新思潮风起云涌，根本没有定于一尊的可能性。作为政治抗议的五四运动，除了爱国、民主这些口号外，很难说有多少共同立场。我们都知道，共产党当时还没成立，国民党的力量也还没发展到北京，所以，那只是一群受时势刺激的热血青年，为了救亡图存，挺身而出，确实受各种新思潮的影响，但苏俄的声音不占主流地位。

上述这些，学界早有论述，我的工作重点在"五四阐释史"。也就是说，在日后争夺五四精神遗产的时候，国民党为什么失败？起码到目前为止，一般人都认为，五四传统更接近共产党的立场。这个"共识"很有意思，等于是帮助共产党取得了理想性。因为，任何时代的年轻人，都是比较有激情，倾向于理想主义的。

1949年国民政府败退台湾后，开始反省这个问题，知道自己失去了五四论述的主导权，很不应该。于是，1950年后，公开纪念五四，将其设定为"文艺节"。这样就出现了一个有趣的现象，意识形态截然对立的海峡两岸，都在纪念五四，一边是思想启蒙，一边是文学艺术。相比之下，无论受众规模还是思想境界，"文艺节"都不及"青年节"。海峡那边，剥离了五四运动的政治、伦理、道德的内涵，只谈文学艺术，这种论述方式，我以为是很不成功的。而海峡这边，抓住了充满理想与朝气的年轻人，不管谈启蒙、说救亡、闹革命，还是文化复兴、思想解放等，都显得"高端大气"。这也是为什么1978年，身处思想解放的风口，我们那一代青年学生会马上拥抱"五四传统"的缘故。

历史学人 / 专题

《触摸历史与进入五四》

当然，进入 20 世纪 90 年代以后，学界更多地谈论特定历史语境中五四本身的复杂性。这与 20 世纪八九十年代政治氛围的变化有关。很多人重新阐释晚清的改良主义思潮，对康梁的政治主张，以及对启蒙立场的复杂性，多有洞察。另外一个变化，就是对五四运动的理解，也做了重大调整。我的《触摸历史与进入五四》之所以被接受，也与此思潮有关。我们逐渐走出口号与仪式，从宏大叙事转为精细描述，且落实到两代人的生命体验及政治实践中。

这些年，除了专业论述，我不断思考一个话题：时过境迁，五四的意义到底何在？十几年前，我在《触摸历史与进入五四》的"导言"中说过："人类历史上，有过许多'关键时刻'，其巨大的辐射力量，对后世产生了决定性影响。不管你喜欢不喜欢，你都必须认真面对，这样，才能在沉思与对话中，获得前进的方向感与原动力。对于二十世纪中国思想文化进程来说，'五四'便扮演了这样的重要角色。作为后来者，我们必须跟诸如'五四'（包括思想学说、文化潮流、政治运作等）这样的关键时刻、关键人物、关键学说，保持不断的对话关系。这是一种必要的'思维操练'，也是走向'心灵成熟'的必由之路。在这个意义上，'五四'之于我辈，既是历史，也是现实；既是学术，更是精神。"十多年后重读这段话，我依旧坚持此立场。在去年发表的《作为一种"思想操练"的"五四"》中，我谈到五四有很多问题，今天要挑五四的毛病，那实在太容易了，包括新文化人的偏激、天真、思想单纯、学养不足等，很多口号都没有经过深思熟虑，且多"望文生义""一知半解"。但请记得，那是一批识大体、做大事的人物，比起今天很多在书斋里条分缕析、口沫横飞的批评家，要高明很多。从书斋或学问的角度来评论五四新文化人，我以为是不得体的。我的基本立场是：尊重古典中国的精神遗产，但更迷恋复杂、喧嚣却生气淋漓的五四新文化。对于今日的中国人来说，

039

五四既非榜样,也非毒药,而更像是用来砥砺思想与学问的"磨刀石"。说这些,是因为我对近二十年中国思想界的日趋保守,很不以为然。逐渐加温的国学热,以及夸张变形的民粹主义,二者相互激荡,使得国人对于历史的反省以及现状的批评,变得十分艰难。

历史学人:刚刚您提到过去十年很明显的一个保守的倾向,这个跟辛亥革命之后一直到新文化运动那段时间的保守风潮有相似之处吗?

陈平原:不好直接这么表达。但有一些相似点,比如提倡孔教。五四新文化人最直接的一个批判对象,就是当年建立孔学会的陈焕章,他是康有为的学生。陈焕章建立孔教会,希望把它作为国教,这个举动直接导致了《新青年》同人对儒家作为一种意识形态的反省和批判。最近若干年,确有不少儒学家希望走出书斋,由"内圣"转为"外王",我以为这是危险的信号。

历史学人:政治儒家之类。

陈平原:我对作为学问以及重要思想资源的儒家充满敬意,但对作为意识形态的儒学始终保持高度警惕。在当下中国,为寻求文化主体性而独尊儒学,甚至大力表彰陈腐的"二十四孝",我认为是很不明智的。至于由此而抛弃五四传统,很容易走向自我封闭。回顾晚清以降一百多年的历史,两种情况下,容易催生极端民族主义:第一,国难当头,团结一心,全民抗战,为了提奖士气,不准再说老祖宗的坏话;第二,国家强盛,大家都自信满满,身处此"辉煌时刻",自然容不得半点质疑、批评与挑刺。这两种极端状态,都曾出现过。在我看来,"自信"必须有"自省"相伴随,方不至于出现大的偏差。目前的状态是,国人对于"国学"乃至"儒家"的论述,颇有无限拔高的趋势,而且,容不得异议。人们更愿意听到的,都是中华文明——尤其是儒家——如何"高大上"的论述。至于五四新文化人的批评与反省,如今已显得"不合时宜"了。

历史学人:需要一种批评意识。

陈平原:这正是五四精神的根本。在《诸子学略说》中,章太炎曾批评"儒

040

家之病，在以富贵利禄为心"。不妨暂时搁置这一极端说法，但如果说传统儒家是以维护既定权威、稳定社会秩序，努力进入权力场为工作目标，这应该没错吧？而这与五四新文化人之推崇特立独行、挑战政治权威、强调自我批评，恰好形成鲜明的对照。我承认，风大了，猪也会飞；但我还是希望坚守读书人的自信与立场，不盲从浩浩荡荡的大风与大势。

两代人合力开启现代中国转型

历史学人：刚刚您说的"疑"和"信"特别有趣，五四普遍有"疑"的这种精神，那怎么看康有为和章太炎他们这代人呢？他们的核心是什么？

陈平原：其实，康有为、章太炎也是以"疑"开始的，只不过"疑"的方向以及理论资源不同而已。而且，可以这么说，没有一个思想家单凭"信"就能闯出一番新天地的。

历史学人：对，那他们是不是在某种更明显的框架里面，应该怎么理解它呢？

陈平原：我的论述，始终把康、梁这一代人和五四这一代人放在一起谈。一旦把1898到1927这三十年的舞台连接起来，你会发现，晚清与五四这两代人的思维方式和文化立场是很接近的。你再仔细看看，无论知识结构还是个人修养，反而是陈独秀、鲁迅、胡适这些人和他们的学生辈不一样。

历史学人：五四一代和前两代都不一样。

陈平原：不对，我想说的是，五四的学生辈和前两代不一样。前两代——具体说来是晚清及五四这两代人，他们的成长背景、知识储备，以及登上历史舞台时的精神氛围，都与他们的学生辈不一样。这两代人中，鲁迅的精神气质和章太炎很接近；你再看梁启超与胡适，他们之间也有很多共同点，包括学术上开天辟地的气魄，也包括那种建设者的立场，还有百科全书式的视野，以及将政治、学术和文学全都搅和在一起的能力。第三代以后就不同了，基本上走的都是专门家的路子。

五四一代与晚清一代最接近的地方是他们都是从旧学里挣扎出来的。梁启超也好、蔡元培也好、钱玄同也好、鲁迅也好，他们的旧学痕迹都很明显。五四时期，胡适经常说他很羡慕下一代人的"天足"，也就是说，从来没有缠足，天生的大脚，必定是健于行的。这里用的是比喻，指向思想、学问、表达乃至个人气质等。意思是，我们这一代人，属于放大的小脚，走起路来难免歪歪扭扭的；下一代就大不一样了，因从来没有缠过足，思想上不受任何束缚，可以有开阔的天空，多么幸福呀。百年后回望，我很怀疑这种基于进化论的乐观主义情绪。反过来，我也特别欣赏晚清和五四那两代人，他们的痛苦与挣扎，是实实在在的，而且成就了其思想的深刻、性格的狂放以及学问的驳杂。你会发现，20 世纪 30 年代以后登上舞台的，大都没在旧学里认真浸泡过，免去了那个挣扎和痛苦，不一定是好事。我喜欢福泽谕吉的一句话："一生而历二世"。某种意义上，这也是一种幸运。

这就好像今天的大学生，比我们那一代人强多了，没受过那么多苦，也没经历过严酷的思想禁锢，一出生就备受宠爱，路走得很顺。我曾问我的学生，有没有过饥饿的感觉？没有；有没有过渴望读书的经验？也没有。而我们这代人，对于生理上以及精神上的饥渴，是有刻骨铭心的感受的。一帆风顺，既是一种幸运，也是一种不幸。所以，我特别看重晚清及五四那两代人因"一生而历二世"所导致的转型的痛苦以及思想的复杂性。

20 世纪 20 年代以后上大学，或者说 30 年代以后登上历史舞台的，日后可以成为很好的学者、作家或政治人物。对于他们来说，政治就是政治，学问就是学问，文学就是文学，很少再像梁启超、胡适那样，把做人、做事、从政、治学，以及写诗作文等，全都搅和在一起。身份多重、思想驳杂、时上时下、能雅能俗，加上经常意气用事，这是那两代人特别值得我们关注乃至羡慕的地方。

历史学人：您刚刚讲他们的相似性和延续性，那他们的主要分歧在哪儿？

陈平原：同样得益于西学东渐，努力从传统里面挣扎出来，最终化茧成蝶，晚清那一代人的西学知识很有限，主要是从传教士的译著及介绍中得来的。

历史学人：比如《万国公报》一类的报刊上。

陈平原：对。在流亡海外之前，康梁等人虽积极提倡变法，但对西学的了解，其实是很浅的。五四那一代人，大体上都在国外待过，或留学、或游学，对外部世界的了解，与基本在传统里面浸泡出来的不一样。而对西学的了解和想象，制约着他们的文化立场与论述方向。康梁那一代，其主张变革，虽有西学的刺激，但主要的理论资源来自传统。《新学伪经考》《孔子改制考》，以及戊戌变法时期的诸多制度建设，从基本理念到论述方式，真的是"中学为体，西学为用"。以传统中国学问为主，比附一点西学，主要服务于改革诉求。相对来说，到了胡适这一代，对西学已有较好的了解。

三十年河东，三十年河西，到了胡适的学生辈，问题倒过来了，缺憾在于对传统中国缺乏必要的温情和理解。记得当年傅斯年在《新青年》上发文章，谈中国戏剧改革，豪气万丈地说："我最有资格谈中国戏剧问题，因为我不懂；不懂即不受污染，能够更好地接受西洋的 drama。"未受传统"熏陶"或"污染"，就能更好地接受西学，这种盲目自信，百年后看很好笑。或许正因为缺乏真正的抵抗，接受西学的过程太顺畅，对其复杂性领悟不足，限制了其思想深度。其实，傅斯年出国前在北大念书时，曾极为崇拜章太炎，还是打了很好的传统根基的。后面的学生，越来越不屑于跟传统对话，这才出现了一系列的偏差。

历史学人：这两代人中哪代人内心更镇定呢？他们都面临着一个巨大的危机时代，但康梁一代在古典中进入的更长，他们的内心更稳定吗？比起胡适和鲁迅他们这一代人呢？

陈平原：应该说这两代人心态都不稳定。

历史学人：充满了焦灼。

陈平原：对，可这正是他们可爱的地方。情绪不稳定，充满焦灼感，"拔剑四顾心茫然"，这是过渡时代人物的共同特征。后面的人跟上来了，自认为找到了真理，心情也就相对平静很多。20 世纪 30 年代以后国共两党的追随者，都自认为找到了解决问题的唯一正确的办法，因此信心百倍，拼命往前赶。晚清和五四那两代人不是这样的，他们固然"呐喊"，但更多的时候是"彷徨"。这种上下求索的姿态，很让人感动的。

历史学人：这两代人您个人情感上认同谁？

陈平原：十多年前我写过《中国现代学术之建立——以章太炎、胡适之为中心》，可以想象，我对这两个人很有好感。

历史学人：为什么是章太炎呢？

陈平原：在晚清这一代，章太炎是最有思想深度的，也最值得关注。梁启超思想敏锐、知识博杂，关注的面很广，影响力也很大；但要说建立思想体系，远不及章太炎。而且，章太炎日后影响五四新文化运动中特别激进的那条线，比如鲁迅、钱玄同。我们都知道，鲁迅的精神气质和思维方式很像章太炎。当然，这里有一条线，往上追，明清两代也有这一类特别叛逆的思想家。

章太炎

历史学人：李贽这些人。

陈平原：对。除了传统资源，鲁迅还有尼采等西方榜样。

历史学人：所谓的异端。

陈平原：谈晚清及五四的批判精神，须关注中国传统里面的异端。某种意义上，正是借助佛道思想来批评占主导地位的儒家，以及努力恢复先秦诸子学说，使得晚清的思想变革具有某种内发性，而不纯粹是西学东渐的产物。这方面的代表，章太炎最合适，他虽也借用好些西学术语，但其重新激活传统资源的努力，更值得关注。

历史学人：那康有为更属于哪个传统呢？

陈平原：康有为我不喜欢。所谓"尚友古人"，除了历史地位，更重精神气质。我不喜欢康有为的独断、自大，以及强烈的权力欲望。

历史学人：还有自我吹捧。

陈平原：对，包括编造衣带诏等神话。我知道他在政治史、思想史上地位很高，但就是不喜欢。要说晚清人物，我喜欢梁启超、章太炎，还有刘师培、王国维，另外，也很敬佩蔡元培、张元济等性情温和、中流砥柱般的人物。

历史学人：您怎么看严复呢？台湾学者黄克武认为严复和梁启超带有保守主义的启蒙，是被遮蔽的。他认为如果是按照他们这个启蒙路线，可能中国会非常平稳地过渡到现代社会。

陈平原：严复当然也是了不起的人物，尤其是他的《天演论》等西学译述对那个时代有巨大影响。但必须承认，严复的影响力，很大程度是被后世研究者逐渐发掘出来的。我们都承认，要说西学修养，严复远在梁启超之上，可那更接近书斋著述。梁启超追求文章觉世，其著述风靡大江南北，那么多人阅读、传播、思考、阐发，更能体现"过渡时代"大人物的特征，因而更值得关注。

新文化的传播机制

历史学人：说到影响力的传播，像余英时回忆五四时他在安徽的一个村庄里，始终不知道新文化的影响。到底该怎么评估五四新文化运动对整个中国社会的影响力呢？

陈平原：我读过余英时先生关于五四的论述，今年去爬天柱山，离他家乡很近，那个地方属于山区，比较偏僻，新文化进入较晚，完全可以理解。谈论新文化的传播，一定得考虑中国的幅员辽阔，以及政治、经济、文化发展的不均衡。城市与乡村、东南与西北，几乎隔着一个时代。现在名满天下的五四新文化，当初只是星星之火，要成燎原之势，有很长的路要走。不是几个北大教授登高一呼，马上就能应者云集、倒转乾坤的，没那回事。当年他们也曾很寂寞，要不怎么会弄出个"王敬轩事件"，不就是为了吸引公众的目光？

我曾有过论述，称要评估新文化的影响力及传播路径，必须把师范学校带进来。为什么？当初大学数量很少，师范学校就很高级的了。更何况，师范学校培养中小学老师，这可是很好的播种机。观察五四时期的浙江一师、湖南一师、直隶女师等，校园里就有很精彩的表现，学生毕业后奔赴南北，更是把新文化的种子带到各个角落。请记得，对于文化传播来说，中小学老师的阅读，是决定性的。他们言传身教，可以影响一个时代的阅读趣味。谈论新文化如何进入乡村，怎样传播开去，必须考虑这些不一定写作的师范生。大学教授的编写教材，以及师范学生的阅读兴趣，这两者对于新文化的传播，起决定性影响。谈文化传播，只看书刊的发行量，那是不够的。掌握了中小学教材编写的权力，五四新文化人的作品于是很快进入了国文课本，用这个方法来传播，事半功倍。

历史学人：新文化运动的杂志也好，书籍也好，它们在印刷量上同上海的鸳鸯蝴蝶派作品差别很大吗？普通民众一边接触新文化的出版物，一方面又在大量阅读像鸳鸯蝴蝶派这样的文学作品，怎样去理解这种现象？

陈平原：先说读者问题。我将"读者"分解为消费型与理想型两种。消费型读者，就是我把《礼拜六》等书刊买回家，当作休闲读物看；而理想型读者呢，不只自己阅读，还推荐给别人，有进一步传播的能力。多年前我回潮州开元寺，见好多老人围成一圈听读报，主讲人一边朗读，一边发挥，还加了不少精彩的评论。可以想象，在识字率不高的年代，这种传播方式很有效。当然，现在这么读报，是为了便于老人聚会，不全是资讯传播问题。不仅自己阅读，还努力传播开去，甚至模仿写作，这种具有再生产能力的读者，说不定还青出于蓝而胜于蓝呢。这就是理想型读者了。

回过头看，鸳鸯蝴蝶派的读者，基本上是消费型读者；而新文学的接受者，数量虽不多，但属于理想型读者。大学生暑假回家，带着新书刊，不只自己读，还介绍给家人和朋友。这是一个特殊的流通路线，不同于报纸广告或书店售书。

这里有个细节，上过大学的一听就明白。同一个宿舍读书，是有传染性的；若室友狂热地读某本书，你也会有兴趣的。什么样的书能进入大学生的集体宿舍？它的传播半径有多大？交换阅读的频率有多高？这和书店买书不一样，可以意会，但很难准确统计。

还有就是教科书，这个前面已略为提及。到今天为止，朱自清的散文影响还是那么大，为什么？第一，朱自清与叶圣陶合作，有编撰教科书的经验与能力；第二，他的文章特别适合作为国文教材。好文章不一定适合当教材，如俞平伯的文章很美，但不太适合当中小学教材。这些都是技术问题，可技术问题同样影响新文化传播的效果。

历史学人：刚才您说了两代人的延续性，某种意义上《新青年》也非常像《新民丛报》的延续啊。

陈平原：《新民丛报》的议政风格，以及对西洋文化的积极推介，这点确实跟《新青年》很接近。考虑到政治立场以及文学探索，将章太炎主编的《民报》，以及梁启超主编的另一本刊物《新小说》带进来，更为全面些。也就是说，一定要我回答《新青年》更像哪些晚清刊物，我会说是《新民丛报》，加《新小说》，加《民报》。

把别人几百年的历史在一瞬间呈现出来

历史学人：刚才您也提到了福泽谕吉，如果把从梁启超到胡适这两代的知识分子跟日本做一个参照的话，会跟他们哪两代人比较像呢？

陈平原：跟日本的明治时代（1868—1911）和大正时代（1912—1926）关系更为密切，时间上也比较接近。虽然"变革"的程度与"维新"的效果不同，但都是英雄辈出的时代。

历史学人：20世纪头二十年，中国社会思想文化的发展好像和世界是同步的，比如说在中国是新文化运动中的一批人，在德国就是魏玛共和国时期的知识分子，在美国可能就是海明威这一代，就中国的思想运动和全球思潮的关系您怎么理解？

陈平原：如此宏大论述，没有准备，我不敢乱说。唯一可以稍为提及的，是语言变革的共通性，现代德语、现代日语、现代汉语，都是在各自现代民族国家建立的过程中，迅速崛起并逐步完善的。大方向是一致的，只不过每个国家的社会状态以及民众教育水平不同，故发展的速度及效果有异。中国现在强大起来了，年轻人很难想象晚清时的积弱贫困，也就不太能理解变革图存的急迫以及自我批判的沉痛。看1900年前后中国的影像资料，和同时期美国、日本或欧洲的对比，这差距实在太明显了。那个时候的中国人，如此萎靡不振，今天重温，真是触目惊心。大道理有时候显得"虚"，因容易受论述者政治立场左右；但影像资料摆在那里，非常直接地告诉我们，那个时候中国人的生活及精神状态确实不行。这就回到刚才提及的语言变革，即便条条大路通罗马，走路速度及精神状态不同，还是有很多差异的。

历史学人：比如说像舒衡哲，她把新文化运动比作中国的启蒙运动，这样的比较您觉得合适吗？

陈平原：粗略说说可以，细究就不行。一定要把五四说成是启蒙运动，人家马上对接到法国的启蒙运动，这就有点不太准确了。要我说，从晚清到五四，就是文艺复兴加启蒙运动加法国大革命，这三者混合在一起，既是又不是。大家都知道，《新潮》杂志本来就叫"文艺复兴"。而晚清的时候，《国粹学报》提倡"古学复兴"，也是这个意思。模仿文艺复兴之发掘古希腊，晚清则着力研究先秦诸子。你再看看《新青年》挥舞的旗帜，有文艺复兴，有启蒙运动，也有法国大革命。这三种不同的政治论述与思想资源，在不同人身上会有不同程度的体现。有人倾向这个，有人倾向那个，但所有的人都不是独守一家。也就是说，打开国门，只要是好东西，拿来就用。于是，几百年的历史以及不同的思想潮流，一瞬间全被引进到中国，真的是"异彩纷呈"。这跟改革开放初期一样，我们热情拥抱西学，那时没人细究这诸多思潮之间的内在矛盾，哪个就手，就用哪个。于是，半个多世纪不同流派的西方文学理论被混合使用，术语交叉，望文生义。时过境迁，再阅读那些花里胡哨的论文，你会有眩晕的感觉。

历史学人：几个世纪同时涌来。比如尼采就是这样一个现象，他不是启蒙时代的人，但他是五四一代人的一个重要精神资源。

陈平原：按今天学界的标准，严格说来，没有一场运动可以直接对应。单独的作品，尚且不能保证原汁原味地译介进来，更何况一场思潮或运动？今天的中国学界，很注重晚清及五四的翻译作品，这是对的。谈论西学东渐，不能只谈天下大势，必须进入具体作品的条分缕析。但有一点，在原文与译本之间，还有一个可能并不露面的第三者，那就是日本学界及文坛。我们早年的很多阅读、翻译与阐释，其实受先走一步的日本人的影响。将这个因素考虑在内，论述时更有灵活性与思想深度。

历史学人：这种高度的混杂性有些时候催生创造力，有些时候摧毁创造力，从思想、文学的角度，您怎么理解章太炎的实际成就？在我们自己的系统里他是一位大师，但是如果放到一个更宏观的语境中，比如说世界范围内，他还算得上一位世界一流的思想家吗？

陈平原：章太炎算不算世界第一流的思想家，我不敢断言。因为，伟大的思想家往往努力解决自己时代的难题，而那个时候中国人的难题和欧洲人的难题是不一样的。那时的世界大势，不由中国人主宰，话语权及传播路径必定大受限制。我们只能说，在中国的现代民族国家建立的过程中，章太炎发挥了重要作用，很了不起。但我不敢说他对同时代亚非拉的影响力。比起同时代欧洲重要思想家来，章太炎摄取儒释道三家，又加上东洋西洋的思想，驳杂且精深，更重要的是，确实影响了整个社会进程。章太炎并非生活在宁静的书斋里，不是精致而深邃的哲学家，或许那个时代的大人物，本来就该是这个样子。

历史学人：清晰的思想家不对了。

陈平原：是的，在一个大转折的时代，太清晰的思想家，反而有问题。不要说民众的接受能力，还有社会发展程度，即便作者本人，往往也都是在与时俱进的状态下，不断修正自己的论述。译介中的误读，表达时的含混，传播中的扩容，以及接受时的创造性转化，都是很正常的现象。理解晚清及五四新文化人的工作，应当既直面他们的误读，也体贴那些误读背后的"创造力"。

历史学人：您有一篇文章里面讲，特别可惜的是新文化运动这种多元的局面很快就结束了，然后"主义时代"来临了。对于参与新文化运动的人而言，他们思想内部的局限性和这个"主义时代"来临有什么内在联系吗？外部因素可能是因为有苏联的影响，那么内部因素应该是怎样的呢？

陈平原：这么说吧，新制度没有完全建立起来的时候，最具感染力，也最具想象力。一旦成功地"新桃换旧符"，很容易又会被定格在某一瞬间。而当外在的政治力量强大到一定程度，个人是很难抵御的。另外，我经历过"文化大革命"，深知在某种特定场合，个人融入集体，会有一种幸福感，甚至热血沸腾，丧失基本的判断力。那种状态下，会有一种催眠式的召唤。晚清及五四两代人思想的丰富与复杂，背后是选择的多样性。北伐完成，国民政府定都南京，这种混沌初开、思想多元的局面一去不复返。执政者的政治立场也许天差地别，但思维方式很接近，都不喜欢多元化的论述，讨厌第三条道路。两极对立、黑白分明、整齐划一，很有美感，但少了上下求索的可能性。

历史学人：那是不是又回到所谓的"救亡压倒启蒙"的命题？

陈平原：很难这么说。我强调的是"五四"立场本身的复杂性。而"救亡压倒启蒙"的说法，很容易演变成"政治压倒了学术"。这样的论述，是我不太能接受的，虽然当初影响很大。记得丸山昇谈过鲁迅最动人的地方，不是纯政治，也不是纯文学，而是政治内在于文学。套用这一说法，我感兴趣的是，思想如何内在于学问。切开来谈，好像很清晰；混合起来，那种巨大的张力，才是最为动人心魄的。我感慨的是，中国读书人本就有"学成文武艺，货与帝王家"的传统，进入现代社会，依旧没能建立起强大的精神力量与抗争意志。

无论得势还是失势，独立精神与自由意志都是奢侈品。相对来说，在思想、文化、教育领域，北洋军阀时代反而比较宽松。

历史学人：因为是一个多元权力中心。

陈平原：是的，政权像走马灯一样，你方唱罢我登场。不是执政者鼓励读书人独立思考、自由表达，而是人家实在顾不过来。首要任务是保住自己的权力，至于教育等，那是很次要的东西，懒得去管。

历史学人：那是一个偶然的自由。

陈平原：乱世中的思想自由，就像我们熟悉的魏晋时代一样。

历史学人：从晚清到五四，其实也是一个古典中国开始消失，现代中国建立的过程，那么在这个过程当中，该如何理解过去士大夫的身份转换呢？他们是读这些经书长大的，然后他们的娱乐生活可能是通过诗词、酒令来完成的，在近代社会变迁的过程中，他们的思维方式是什么样子的呢？

陈平原：任何一个时代，或者说任何一种制度，在它方生未生之际，最有魅力。一旦定型了，就会有很多遗憾。生活在一个旧世界崩溃、新世界尚未真正建立的时代，很容易思接千古、驰想天外，那是很幸福的。晚清及五四那两代人，就是这么一种生存状态。

历史学人：您说1979年在学校的时候，那种自认为的某种回应，应该也包括对这种真性情和相对宽松的环境的怀念吧？现在又过了40年了，作为百年之后的我们，作为一个知识分子，您怎么看五四的成败？

陈平原：我猜测，300年后再看，整个20世纪，就是一个五四的时代。就像我们今天谈启蒙运动，或者看法国大革命一样，都是余波荡漾，延续很长时间的。若用长时段的眼光看，百年中国，波澜起伏，有各种偶然因素及复杂性，但如何直面西潮冲击，走出古典世界，这大趋势是第一位的。人的生命太短了，谈论得失成败，一年两年、十年八年，已经了不起了；可对于整个社会来说，百年不算太长。不管你如何怀古，时代大潮推着你往前走，你想退都退不回去。某种意义上，晚清及五四那两代人的选择，已经断了我们的"后路"，你只能往前走，怎么抱怨也没有用。前面会有九曲十八弯，但不会退回到悠闲雅致的古典世界。

让五四一代人的思想去砥砺你的思考

历史学人：您说我们要不断回到五四，跟五四对话，但是我们也提到第三代，学生那一代，他们其实已经跟传统隔膜了，到现在我们更隔膜了，这种对话您觉得还是可能的吗？还是可以更深入地实现那种创造性的转化吗？

陈平原：某种意义上，每一代人的论述，都跟你当下的处境有关。比如说，现在活跃在舞台上的这一代学人，受过较好的专业训练，回过头来谈五四，必须多一些体贴与谅解。就专业修养而言，他们肯定比五四那一代人好，无论说尼采、伏尔泰，还是谈文艺复兴、法国大革命，都会比五四那代人知道的多得多。因此，很容易产生一种居高临下的"傲慢与偏见"，觉得五四那代人也没什么了不起的，我们早就超越他们了。其实，与五四对话，是一种成长的记忆，也是一种必要的思想操练。也就是说，五四并非现成的样板，而是一块思想的"磨刀石"。让五四那代人的立场、意志及思维方式，砥砺你的性格，激励你思考、奋进与超越。当然，如能设身处地理解五四那代人的困境，揣摩他们的提问方式与思维习惯，对他们的立场与局限性会有更多"同情之了解"。这是块很好的"磨刀石"，关键是要善用。

历史学人：如果说在晚清那批人里面，章太炎可能是一个思想最深刻的人，那么在五四那代人里除了鲁迅以外，还有谁的思想能力最有时间穿透力？

陈平原：我在北大课堂上说过一句话："读鲁迅的书，走胡适的路。"前一句大家都接受，后一句则不见得。鲁迅思想的深刻大家都承认，至于文章的穿透力，很大程度来自作家的艺术敏感与文体自觉。你读鲁迅文章，会热血沸腾；读胡适的则未必。但我以为，胡适文章同样是超越那个时代的。这里的区别在于，身处主流与自居边缘、正面立论与旁敲侧击、建设者姿态与批判者立场——前者很难获得满堂掌声，但不等于不重要。

历史学人：新文化运动最成功的地方在哪里？我记得您在一篇文章里说过，在那么多口号里，白话文取代文言文是最大的一个成果。

陈平原：要说有形且最为显赫的成果，当然是白话文了。不管你怎么批评五四，你回不到文言的世界；作为个人兴趣可以，但天下大势，你是无法逆转的。而且，无论理论还是实践，白话文运动都获得了巨大的成功。但我所理解的成功的白话文，既体现在白话文学，也落实为白话学术。这方面，我有好些专门论述，这里就不细说了。在我看来，现代性是一种生活方式，一种思维方式，同时也是一种表达方式。晚清及五四这两代学人殚精竭虑，逐渐建构起来的白话学术，以及相关的著述体例等，时至今日，仍然不可动摇。这比具体的论域、论题或论点，更值得珍惜。

历史学人：您怎么看待从晚清到五四，知识分子对于时间概念的变化，过去是一种循环的时间，一个向后看的时间，然后一下子迅速变成一个向前看的进步主义的时间，这种转化对人的思维方式有什么样的影响呢？

陈平原：这不是中国独有的现象，现代性基本上就是这个思路。当我们反省线性时间以及进化论思路时，当然可以加入很多新的元素，进行局部的提高。但我们回不到一切向后看、动辄追慕三代之学的时代。今天很多人都在感叹"人心不古"，可我更喜欢章太炎的《俱分进化论》——"若以道德言，则善亦进化，恶亦进化；若以生计言，则乐亦进化，苦亦进化。双方并进，如影之随形，如罔两之逐影，非有他也。"这或许更符合大多数人的认识。既然天下大势"测不准"，那就更多地关注偶然性，抓住一切旁枝逸出的机会，让事态往较好的方向转。

历史学人：谢谢您！

新文化团体的形成和定位，1913—1917

撰文：魏定熙（Timothy B. Weston）

翻译：张舒

从《甲寅》到《青年杂志》

　　1915 年末，袁世凯因《帝政驳论》的刊载，签署授权令逮捕章士钊。不久，章士钊便停办了《甲寅》，并为筹备"护国军"上下奔走。他回到中国，担任两广都司令岑春煊的军务院秘书长，成为欧事研究会成员；两年前的"二次革命"期间，他也担任过类似职务。章士钊最重要的任务是确保反袁势力更紧密地团结在一起；岑春煊指示他与孙中山进行谈判，孙中山自从中国革命党成立以来，首次表示愿意在更大、更开放的党派框架中工作。

　　章士钊回国数月之前，陈独秀已经回到上海。不过，他的目的不同于章士钊。陈独秀在当时和李大钊的观念一致，对"普通人"参政的潜在性持乐观态度；他断言，无休止的抽象政治讨论徒劳无益，他将致力于通过一个新的杂志——《青年杂志》来推动未来选民的"觉醒"。"盖改造青年之思想，辅导青年之思想，为本志之天职。"陈独秀说："批评时政，非其旨也。"陈独秀从未接纳章士钊、高一涵等人推崇的正规学院风，在《青年杂志》（第二卷起改称《新青年》）上，他能够突出地展现自己更具激情的散文体。通过饱含情感、强而有力的笔触，陈独秀撰写了与其青年目标读者个人息息相关的议题，以此努力动员了一批新的阅读群体，这标志着他已经背离了章士钊在《甲寅》中倡导的严肃风格，不过《青年杂志》在当时对于中国知识界和政治界的影响力还不应被过分夸大。

《青年杂志》和《甲寅》的办刊时间有过短暂的交集。早期运营阶段，陈独秀还曾在《甲寅》上为其新杂志做宣传。《青年杂志》和《甲寅》一样，完全以文言文撰文，这意味着，它同样只面向受过良好教育的读者群体。（直到1917年初，《青年杂志》都以文言文印刷。）尽管它后来比《甲寅》更具影响，但这一阶段的《青年杂志》运行规模非常有限，每期不到1000本的发行量使它的影响力只能辐射到上海及周边地区（汪原放，1983：32）。《青年杂志》其实也没有和它之前的一切做激烈、彻底的断裂。显而易见，如果我们没有理顺它和《甲寅》之间千丝万缕的重要联系，根本无法理解《青年杂志》的起源。在办刊初期，陈独秀的杂志是由之前供稿于《甲寅》的一群专职年轻作家维持运转的。事实上，两份杂志间人员的连续性显而易见；在陈独秀这份新杂志运作的初期，发表文章的前《甲寅》供稿作者包括：高一涵、易白沙、李大钊、

胡适、杨昌济、程演生、吴虞、吴稚晖、苏曼殊、谢无量、刘文典。因此，在《甲寅》和《青年杂志》之间，话题上存在着明显的连续性也就不足为奇了。构成《甲寅》办刊基本宗旨的自由主义观念——特别是关注个体权利而不是国家权利，以及相信公民需要更强烈的自我意识——也是《青年杂志》的办刊宗旨。

《青年杂志》深化了《甲寅》时就已经开始的对"政治之精神"的探索。通过聚焦于青年，它比《甲寅》更具包容性，对于社会觉醒的普遍可能性也抱有更加乐观的态度。陈独秀关心政治的程度不亚于章士钊，他在其著名的《敬告青年》宣言中提出了六项标准——头等重要的是自主、进步和科学；此外还有世界性、进取性和实利——每个观念都与个人解放相关，但是陈独秀强调年轻人最应"自觉"与"奋斗"，他将这些看作是大规模社会和政治变革的先决条件（陈独秀，[1915c] 1988：1-6）。换言之，尽管陈独秀倡导的社会变革方法不同于章士钊，但其拥护变革的原因无疑是非常类似的。

《青年杂志》创刊号发表《敬告青年》之后，紧随其后的两篇文章——陈独秀的《法兰西人与近世文明》和高一涵的《共和国家与青年之自觉》——进一步表明，该杂志在这一阶段的焦点与《甲寅》的政治着眼点存在着高度的相关性。在文章中，陈独秀赞颂了法国文明，这个国度创造了"使人心社会划然一新"的三种学说——人权说、生物进化论和社会主义（陈独秀，[1915b] 1988：1-4）。而高一涵则通过澄清专制和共和主义之间的区别，探讨了《甲寅》未曾留意的话题：

> 专制国家，其兴衰隆替之责，专在主权者之一身；共和国家，其兴衰隆替之责，则在国民之全体。专制国本，建筑于主权者独裁之上。故国家之盛衰，随君主之一身为转移。共和国本，建筑于人民舆论之上。故国基安如泰山，而不虞退转。

高一涵在这一阶段为《青年杂志》撰写的文章几乎与陈独秀一样多。对他而言，因个人解放能够带来更加健康的政治，其重要性不容忽视；在继续讨论"自觉"的话题之前，高一涵以很长的篇幅详细论述了共和主义原则以及为此写作的西方理论家。

高一涵在《青年杂志》接下来几期发表的其他文章，题为《近世国家观念与古相异之概略》《民约与邦本》和《自治与自由》。文章中，他强调共和政府并非自发产生，而是建立在人民的同意和权力的基础之上，以保护其自身权利为目的的制度（岳升阳，日期不详）。高一涵之所以强调这一点，无疑是为了突出个人与社会之间至关重要的关联以及他所认为的中国青年对国家肩负的重大责任。同样的观点多次出现在《青年杂志》的每一期中，高语罕（1888—1948）（与高一涵无关）一篇题为《青年与国家之前途》的文章对此表述得尤为清晰："国家之危亡益急，吾青年当进德修业之时……明其责任而负之……不可一日忽也。不可一日忽也。"

《青年杂志》比《甲寅》更加敏锐地关注到文化与政治之间的关系，《甲寅》对共和的首要原则和"政治之精神"的清晰讨论无疑帮它指明了文化主题的方向。从最初的议题开始，陈独秀就承诺要聚焦于文化而非政治。尽管《青年杂志》还是包含一个名为"国内大事记"的栏目，讨论当时的政事，但陈独秀否认他的目标是要去讨论或是去影响国内政治。这或许反映了他真实的愿望，但也可能是事关立场之处虚晃一枪。这种方式给人一种超越党派斗争的外表，实则是在转移开袁世凯的审查者们不必要的关注。在此处，陈独秀也追随着欧事研究会和《甲寅》，两者都指出了通往新文化宣言之路，即知识分子是自主的思想家，他们不受国家或党派政治立场的约束。

在《青年杂志》1916 年 1 月刊发的首篇文章中，陈独秀告诫中国的青年要成为有意识之人，"从事国民运动，勿囿于党派运动"（陈万雄，1992：64），后人常强调他在该方向上起到了引领作用（周策纵，1978：45；史华慈，1986：37）。然而，当章士钊于 1916 年春天来到上海，代表护国军与孙中山的中国革命党代表进行谈判时，我们却可以清楚地看到，陈独秀能够成功遵从自身诫训的可能性微乎其微。他不愿袖手旁观，当即暂停了《青年杂志》并协助章士钊进行谈判。几个月后，在袁世凯逝世不久，他又帮助章士钊在上海筹措立宪会议——《青年杂志》因此前后共停刊长达六个月。即便在其复刊之后，陈独秀仍然继续积极参与政治活动，包括创办《伙友》（*Good Friends Society*），这是一个由国民党异见人士组成的，试图影响首都政事的团体（蒂甘，1983：109—110）。1917 年初，他与梁启超一道，站在美国的立场上，公开支持北洋政府加入第一次世界大战。[1]

走向新文化运动

在"二次革命"失败后的头三年里，新文化运动的未来领袖们分散于各个国家，形成了一种松散的言论同盟。这个团体的成员虽然是因国内的形势被迫进入政治荒野，但是他们最大程度地利用了自己作为外部人士的身份，在言辞上将自己定位为无党派、爱国知识分子，以国家的最大利益为己任。尽管他们不可能在所有事情上达成完全一致，但是这个非正式团体的成员在倡导和平的改革模式，倡导西方的自由价值、合作和教育等方面还是团结一心的。这些主题在他们出版的杂志上无疑占据了主导位置。不过，这些杂志虽然在该团体有限的圈子内部有影响力，并在绝望感肆虐的时期提供了急需的方向和灵感，但是它们未能引起广泛的社会运动。袁世凯时代的《甲寅》和《青年杂志》确实激发了最早一批新文化运动，但是离广泛的运动还有年头，因为其倡议者散落于四海，身处中国政治和文化生活的边缘，所以无法到达一个沸点。

袁世凯 1916 年 6 月的离世改变了这一状况，再度开启了在中国的政治中心推行深度改革的可能。这座都城再一次焕发生机，充满了活力与希望。国会欣然于这一时刻的荣耀，收获着各界的赞誉，因为它的众多成员同时参与了护国军阻止袁世凯登基称帝的胜利抗争。[2] 政客们对这种合作斗争倍感新鲜，同时又警惕着公众对共和体制实际效用产生的矛盾心态，他们大胆地走出自己的思路，避免被指责为出于狭隘的自我利益考虑。"不党主义"浪潮席卷了首都，议员们更喜欢把自己描绘成怀揣高尚目的之人，而不是党派政客。"团结"成为流行语，因为所有回到北京的人都同意，在起草一部新宪法方面还需要合作努力（莫世祥，1991：1—12）。

---

[1] 陈独秀支持加入对抗德国的战争，因为他相信战争会团结中国的许多政治派别，从而推动更快的社会进步（李龙牧，1990：93—94）。
[2] 1916 年 8 月 1 日，袁世凯于 1914 年 1 月解散的议会正式重新召集。

因此，短短几个月间，章士钊开具的处方看上去似乎已被遵循，政治精英似乎也确实会基于调和精神以及对于民族利益和立宪政府重要性的一致理解，在政治舞台上做出进步的变革。在这个高度乐观主义的时代，章士钊回到北京，在议会就职，陈独秀恢复出版《青年杂志》，更名为《新青年》，以此与另一个相似名称的杂志区分开来（汪原放，1983：32）。这一时期陈独秀依旧紧随章士钊，作为一名记者，继续在章士钊的影子下前行。

根据印制和发行《甲寅》的上海出版商汪孟邹的说法，即使陈独秀重新为其杂志命名为《新青年》，它仍旧不如《甲寅》那样出名（汪原放，1983：29—30）。章士钊的杂志在当时虽然已停刊超过一年，但袁世凯的离世却使这份期刊得以无惧报复，再次通过邮政寄送。1916年秋天，《甲寅》后几期迎来了销量上的猛增。章士钊的这份杂志在1916年秋冬持久的影响力，可以通过《新青年》上刊载的庆祝《甲寅》杰出贡献的来信中清晰地表现出来。一名来信作者称赞《甲寅》是唯一一个不受政府或特定政党控制的公共论坛，另一名谈及"其真直为当世独一无偶"，甚至称它为该时代之"慈母"。

此外，1917年1月章士钊以《甲寅日刊》为名继续出版《甲寅》。[1]在他为复刊号撰写的首篇文章中，章士钊告诫读者避免陷入悲观主义，执着地停留于过去犯下的错误里，同时避免对未来做出太多不切实际的规划。他认为，人们实际上需要在宽容和理性思考的前提下，清醒地面对当下的挑战。高一涵和李大钊即刻答应担任《甲寅日刊》的编者，不过他们与《新青年》的关系仍在继续。李大钊、高一涵、章士钊每个人同时在为《新青年》和《甲寅日刊》供稿，这表明此时这两份杂志的联系是十分紧密的；陈独秀在1917年1月致信吴虞和胡适分别为《新青年》和《甲寅日刊》约稿的事实也表明了这一点。在1917年的前几个月，《甲寅》的小圈子仍然是一个无可比拟的存在；我们很难在当时的章士钊和陈独秀之间划出一条清晰的界线，因为二者同时涉足新闻与政治；也很难明确地断言《新青年》是最重要的杂志。

事实上，在李大钊看来，《甲寅日刊》将会继续是最具影响力的政治杂志。

---

[1] 这两个杂志都不应与《甲寅周刊》相混淆，这是章士钊在20世纪20年代中期的持非常保守立场的杂志。

他在这份期刊的第一期中写道："今日之世界进化，其蜕演之度，可谓流动矣，频繁矣，迅捷矣，短促矣。《甲寅》于此而欲有以自贡以求助，进其功能则自所自尽之努力，亦宜千百万倍于畴昔也。"为了使《甲寅日刊》不辜负这个承诺，李大钊笔耕不辍，在接下来数月间为它写下了 70 多篇文章；他为这份杂志所做出的努力之巨，就连章士钊后来都认为李大钊在《甲寅日刊》上的功劳理应比他本人还多。与其前身在几年前所做的一样，《甲寅日刊》倡导政治调和的思想。在 1917 年 1 月下旬发表的社论中，李大钊指出："调和者，美之母也"，如果《甲寅日刊》能够帮助人们理解他们的共同利益，它会赢得读者的心。

然而，随着事态的发展，《新青年》（而非《甲寅》）发展成为当时最有影响力的杂志。就在李大钊对《甲寅》的复兴还抱有乐观态度没过多久，章士钊因首都政治局势迅速恶化而沮丧地再度将其关停。为此，他宣布要远离政治三年。他从新闻舞台的撤离为陈独秀开启了一条道路，而北京大学的事件进一步推波助澜：1916 年夏天袁世凯逝世后，蔡元培被提名为北京大学校长。蔡元培上任的第一个举措便是任命陈独秀为文科学长，不久之后，陈独秀招聘了章士钊在学校教授逻辑学。

到了 1917 年初，陈独秀和章士钊都搬到了北京大学，这里很快成为由新文化运动参与者组建的各类非正式的、分散的群体的重要根据地。陈独秀和章士钊与蔡元培一起，迅速挖掘与他们各自杂志相关联的温和知识分子组成的非正式网络，这样，早期的新文化团体中的个人成员第一次聚在了一处。章士钊直接负责聘请李大钊、杨昌济，或许还聘请了高一涵。除了这些人之外，胡适、刘文典、程演生、吴虞、梁漱溟和刘半农（1891—1934）以及与一到两种杂志有关联的人士，也相继加入了北京大学的教师队伍。

由于有成员在北京大学担任教师职位，新文化团体获得了一个有声望的合法平台，他们能够发挥比以往任何时候更大的影响力。如今，他们是"世界一流学府"的高薪教授，而非在中国政治边缘劳作的难民。在接下来的几年里，当他们彼此交往，并且在同一个机构里共同生活时，他们自然而然愈发紧密地结合在一起，并且相应地，渐渐显露出他们自身作为一个群体的意识。《甲寅》停刊以后，《新青年》受益于这种新的活力与才俊的融汇；陈独秀很快将杂志的编辑职责交给了一个集体打理，它的成员均来自新文化团体。

首都的政治阴谋从未停歇，1917 年夏天张勋流产的复辟计划，扼杀了该团体成员对于议会尚且残留的全部信念。自那时起，《新青年》从政治中抽身而退，专注于文化批评，从此为大规模新文化运动的发展创造了条件。

章士钊无疑与这一切擦肩而过。他没有过渡成为一个更加纯粹的文化批判者，而是辞去了他的大学职位，继续参与派系政治。于他而言，中国问题的解药仍然是政治而非文化。如果说章士钊最终没能为中国根深蒂固的问题提供一个彻底的全新视角，那么《甲寅》在这些问题的类型和范围上已经做出了很多努力，足以推动他人朝向这一角度继续进发。通过宣称自己超越了党派斗争，以及通过聚焦于知识分子的觉醒、阻碍个人自由的力量以及公民与国家之间的关系，《甲寅》为新文化运动铺平了道路，让《新青年》在这一道路上继续领航前行。

选译自：*The Formation and Positioning of the New Culture Community*, 1913–1917. *Modern China*, Vol.24, No.3(Jul，1998), pp.255–284.

如何"表演"传统婚姻？

——对四位"新文化—新文学"倡导者的家庭考察

撰文：沈卫威

一

传统婚姻模式是父母之命、媒妁之言下的所谓"包办"。这种汉民族的婚姻在千年的演化过程中被仪式化了，具有生活戏剧化的表演性。最为标准的仪式，第一个高潮节点是洞房花烛夜，此时此刻新郎新娘才初次面对。第二个高潮节点是男人大婚之后可以纳妾，多女侍一男，而女人则要恪守从一而终的妇道。第三个高潮节点是男女双方在子女成年后，复制自己经历过的婚姻方式，娶儿媳嫁女儿。第四个高潮节点是如果男人死去，女方守节。一波四折，具有完整的仪式化呈现。这种习以为常的婚姻过程，成为生活的常态，国家法律、约定俗成的宗族伦理、以长者为本位的家庭，再将这不平等的男女双方的冲突和情节淡化，因此，生活化的婚姻状态就不具有戏剧和小说所具有的真正的文学意义。戏剧小说所要呈现的是非常态，是打破"包办"的自主，是冲破四个高潮节点的"私奔""偷情"。因此才有文学是要表达人性中的"偷情"之说。

19 世纪末，短期的维新变法虽然失败了，但时事、世事向"新"、求"新"

的风向、风力，或强、或弱，一直没有停止。1905 年科举废止，取法日本、欧美的新式学堂（新式小学、中学、大学），成功取代了私塾—书院—科举的教育模式。连随之而来的启蒙刊物都与"新"字相关：《新青年》《新教育》《新女性》《新潮》《新月》，等等。"新教育"造就"新民""新人"需要一定的周期，于是出国留学成了造就"新人"的捷径。留学国外不仅仅是学习数理化的造器长技，也学习政经法的明道观念，更亲炙自由恋爱、自由婚姻的生活方式。留学生在海外有了这等见识，归国之后，许多人首先选择的是对旧式包办婚姻进行"革命"。他们既是传统中国向现代转型的推动者，也是变革社会生活和个体婚恋的尝试者。特别是现代都市的公共空间，为青年男女提供了时空流动的不确定性和人与人之间的陌生化，进而可以摆脱约定俗成的宗族伦理、以长者为本位的家庭的束缚，自由恋爱、自由结婚。

本文主要以四位有留学经历——新文化—新文学的倡导者胡适、鲁迅和反对者梅光迪、吴宓为讨论对象。呈现方式是回到历史现场的文学叙事。

这里所说的"表演"是专业术语的引申和转义，即说话、撰文、做事不真实，特别是和事实本身不相符，好像演戏一样。在传统社会向现代社会转型的中间地带，每个人身上都有旧时代留下的东西，如鲁迅所承认的"背着因袭的重担"，他们首先是传统婚姻舞台上的"演员"，不是自由的"看客"或自由人。但他们又是面对民国新社会的大学教授，是文人，是社会自由恋爱、自由婚姻大潮中的个体，必然会有从传统生活向现代新生活迈出一步的冲动。一个社会大舞台留给他们表演的局部空间本身就是在新旧的中间地带，或夹缝之中、或闸门之旁。守旧望新，或尝试迈步、或退却都在他们的"表演"之中。他们通常会用"呐喊"与"彷徨"、"黑暗的闸门"与"光明的地方"、"黑夜"与"白天"、"铁屋子"与"新天地"、"旧我"与"新我"、"告别"与"新生"、"旧影"与"新梦"等展示自己所处的人生小舞台。在当事人公开发表的文章中，若因现实社会的困扰，有些忌讳尚可理解，像日记、书信这些原本自己看或只给对方一个人看的私密文字，一旦成为"表演"，其中必然隐藏了实情。同时，若身份已是作家、名人，日记、书信是写给别人看的，是为公开发表或出版而写的，写作之初已经有意隐藏真实，进入"表演"状态，所展示出来的多已不属于自己的私密。

二

已有包办订婚的胡适，在美国留学期间，瞒着母亲和未婚妻江冬秀，与韦莲司谈了一场恋爱。恋爱中的胡适写有与国内未婚妻江冬秀相关的诗作《病中得冬秀书》：

一

病中得她书，不满八行纸，
全无要紧话，颇使我欢喜。

二

我不认得她，她不认得我，
我总常念她，这是为什么？
岂不因我们，分定长相亲，
由分生情意，所以非路人？
海外"土生子"，生不识故里，
终有故乡情，其理亦如此。

三

岂不爱自由？此意无人晓：
情愿不自由，也是自由了。[1]

"爱自由"的胡适，写下"情愿不自由，也是自由了"的这句话，具有十足的"表演"性。留学归来的胡适，是在洞房花烛夜才与江冬秀第一次见面的。他写的《新婚杂诗》（五首）之一是：

十三年没见面的相思，于今完结。
把一桩桩伤心旧事，从头细说。
你莫说你对不住我，

---

[1]《胡适全集》，第10卷，安徽教育出版社，2003年，第60—61页。

我也不说对不住你——

且牢牢记取这十二月三十夜的中天明月！ [1]

"牢牢记取"并非不变的婚姻承诺，但这一传统的婚姻形式却为胡适赢得"意外的便宜""意外的过分报酬"。

1921 年 8 月 30 日，他与商务印书馆编译所所长高梦旦谈话后，在日记上记有：

> 他谈起我的婚事，他说许多旧人都恭维我不背旧婚约，是一件最可佩服的事！他说，他的敬重我，这也是一个条件。我问他，这一件事有什么难能可贵之处？他说这是一件大牺牲。我说，我生平做的事，没有一件比这件事更讨便宜的了，有什么大牺牲？他问我何以更讨便宜？我说，当初我并不曾准备什么牺牲，我不过心里不忍伤几个人的心罢了。假如我那时忍心毁约，使这几个人终身痛苦，我良心上的责备，必然比什么痛苦都难受。其实我家庭里并没有什么大过不去的地方。这已是占便宜的，最占便宜的，是社会上对于此事的过分赞许；这种精神上的反应，真是意外的便宜，我是不怕人骂的，我也不曾求人赞许，我不过行吾心之所安罢了，而竟得这种意外的过分报酬，岂不是最便宜的事吗？若此事可算牺牲，谁不肯牺牲呢？ [2]

这段日记所记，像两个人表演的对白。

1923 年春，胡适到杭州烟霞洞养病，和 1917 年 12 月 30 日结婚时江冬秀的伴娘曹诚英相遇。很快，胡、曹两人陷入热恋。10 月 11 日，胡适在上海沧州旅馆与徐志摩闲谈时，出示近作《烟霞杂诗》，徐问："尚有匿而不宣者否？"胡适"赧然曰有，然未敢宣，以有所顾忌" [3]。这段对话所呈现的"表演"效果，在徐志摩的日记中有完整的记录。

---

[1] 《胡适全集》，第 10 卷，这里的"十二月三十夜"即农历 1917 年十一月十七日夜，第 77 页。

[2] 《胡适全集》，第 29 卷，第 436—437 页。

[3] 《徐志摩散文全编》，浙江文艺出版社，1991 年，第 661 页。

所有前台的"表演"，都和后台个人的真实生活相关联。人的生活无法离开面具，而戏剧的起源也正是人需要戴上面具的那一时刻。在能看到的胡适日记中，有胡、曹交往的文字记录，特别是诗作，但真情细节没有留下。

胡适的亲戚程法德在信中告诉笔者：

> 家父知此事甚详，他曾告诉我，1923年春，胡适去杭州烟霞洞养病（肺病），曹诚英随侍在侧，发生关系，胡适当时是想同冬秀离异后同她结婚，因冬秀以母子同亡威胁而作罢。结果诚英堕胎后由胡适保送到美国留学，一场风波平息（堕胎一事胡适仅告家父一人）。

随后，徐志摩有一首无题诗揭示了胡适的假面表演和他不得不"表演"的心态：

隐处西楼已半春，
绸缪未许有情人。
非关木石无恩意，
为恐东厢泼醋瓶。

处在由传统向现代社会的变革时代，具有个人魅力的胡适，崇尚自由主义，主张恋爱、婚姻自由，痛斥传统道德，抨击旧礼教，尤其对程朱理学存天理、灭人欲、以理杀人的信条深恶痛绝，自己却出演着一出由喜剧开场的个人悲剧：自觉不自觉地蹈了存天理、灭人欲的旧辙。面对这张传统的网，他只是尝试着冲击了一下，没有彻底撕开。在撕不开的情况下，他对传统婚姻的当事一方江冬秀只能是由瞒和骗，到忍让，以求全声名。社会上也曾有"适之先生爱惜羽毛"的说法，这其实就暗示着他言行中有戴着面具"表演"的成分。我在以往的胡适研究论著中，曾就这一问题有过相关的讨论，此处把具体的细节略去。

胡适在婚姻舞台上的这一"表演"，连蒋中正都感觉到了。1962年2月24日胡适因心脏病猝死台北，蒋中正送的挽联是"新文化中旧道德的楷模，旧伦理中新思想的师表"，这着实揭示出了胡适内在的分裂。

三

与胡适的隐处"偷情"不同，鲁迅是以不知道爱情的个人"牺牲"作为婚姻悲剧开场，到"我可以爱"的"私奔"喜剧高潮。他对传统包办婚姻的当事一方朱安是置之不理的"冷暴力"。因此，他的台词是个人的独语，连朱安言说的台词也是独语式的。

鲁迅对好友许寿裳谈及朱安："这是母亲给我的一件礼物，我只能好好地供养它，爱情是我所不知道的。"[1]

据荆有麟回忆，朱安曾抱怨："老太太嫌我没有儿子，大先生终年不同我讲话，怎么会生儿子呢？"[2]荆有麟还引述"据他家老妈讲"："大先生与太太每天只有三句话，早晨太太喊先生起来，先生答应一声'哼'，太太喊先生吃饭，先生又是'哼'，晚上先生睡觉迟，太太睡觉早，太太总要问：门关不关？这时节，先生才有一句简单话：'关'，或者'不关'，要不，是太太向先生要家用钱，先生才会讲较多的话，如'要多少？'或者再顺便问一下，什么东西添买不添买？但这种较长的话，一月之中，不过一两次。"[3]

鲁迅在1919年1月15日《新青年》第六卷第一号《随感录·四十》中有这样的独语，正是演员舞台上的独白：

> 爱情是什么东西？我也不知道……
>
> 但在女性一方面，本来也没有罪，现在是做了旧习惯的牺牲。我们既然自觉着人类的道德，良心上不肯犯他们少的老的的罪，又不能责备异性，也只好陪着做一世牺牲，完结了四千年的旧账。
>
> 做一世牺牲，是万分可怕的事；但血液究竟干净，声音究竟醒而且真……
>
> 我们还要叫出没有爱的悲哀，叫出无所可爱的悲哀……我们要叫

---

[1] 许寿裳：《亡友鲁迅印象记》，许寿裳：《鲁迅传》，国际文化出版公司，2010年，第60页。
[2] 荆有麟：《鲁迅回忆片段》，葛涛选编：《鲁迅零距离》，人民文学出版社，2012年，第344页。
[3] 荆有麟：《鲁迅回忆片段》，葛涛选编：《鲁迅零距离》，人民文学出版社，2012年，第345页。

到旧账勾消的时候。

旧账如何勾消？我说："完全解放了我们的孩子！"[1]

在还没有爱情也没有孩子时期的鲁迅，向读者、观众"表演"《我们现在怎样做父亲》。由自我"牺牲"之说，到"肩住了黑暗的闸门"[2]的高论，鲁迅让朱安守活寡，他自己陪着。写作《寡妇主义》的"寡男"鲁迅，长时间的言行如他《寡妇主义》一文所言：

> 至于因为不得已而过着独身生活者，则无论男女，精神上常不免发生变化，有着执拗猜疑阴险的性质者居多。欧洲中世的教士，日本维新前的御殿女中（女内侍），中国历代的宦官，那冷酷险狠，都超出常人许多倍。别的独身者也一样，生活既不合自然，心状也就大变，觉得世事都无味，人物都可憎，看见有些天真欢乐的人，便生恨恶。尤其是因为压抑性欲之故，所以于别人的性底事件就敏感，多疑；欣美，因而妒嫉。其实这也是势所必至的事：为社会所逼迫，表面上固不能不装作纯洁，但内心却终于逃不掉本能之力的牵掣，不自主地蠢动着缺憾之感的。[3]

鲁迅的这段台词，可谓自我写照。正如他所说的"无论男女，精神上常不免发生变化""表面上固不能不装作纯洁，但内心却终于逃不掉本能之力的牵掣，不自主地蠢动着缺憾之感的"。言为心声，这既是最初在日本学医的知识所得，也是个人生活的真实体验，更是"变态心理学"的文本呈现。

1926年初夏，鲁迅冲破传统包办婚姻的牢笼，在北京尝试与自己的学生许广平同居。但碍于朱安的存在和政敌的围攻，最终决定"私奔"，其表演转为喜剧，喜剧文本即《两地书》。更有意思的是许广平为北京尝试同居写有剧本《魔祟》。鲁迅的丰富性、复杂性还不仅如此。他在和许广平个人喜剧化表演的同时，又与他人合演着闹剧，后十年的许多杂文即是这一闹剧的"大闹"

---

[1]《鲁迅全集》，第 1 卷，人民文学出版社，1981 年，第 322—323 页。
[2]《鲁迅全集》，第 1 卷，人民文学出版社，1981 年，第 130 页。
[3]《鲁迅全集》，第 1 卷，人民文学出版社，1981 年，第 264—265 页。

表演。我早在《文化·心态·人格——认识胡适》一书中，将他与胡适、茅盾的死亡进行过比较，揭示其"前死亡现象"时，就他的"闹剧"表演有过这样的解说："寡男"鲁迅前20多年缺失型性心理变态，后十年虽和许广平结婚弥补了以前心理上的裂痕，疗治了一些病痛，但同时又产生了新的压力型性心理变态：

> 鲁迅由于与许广平年龄上的差距，最忌讳别人说他"老"，说他有"病"，说他"牙黄"。因为"老""病"意味着生的本能的衰退，"牙黄"及与牙齿脱落、松动等，在中医病理学上，属肾亏、阳衰之症。鲁迅的这种性心理变态，产生了许多杂文，而这些文章，多谈及病、死、老，而每当别人向他这三个心理的痛处刺来时，他总是十分敏感，给予十分猛烈、沉重的反击，也十分痛苦。这是一种生的本能（性心理）在向死的本能施加压力，是生的本能的自我防御。[1]

鲁迅的肺烂去了大半，到了致死的关头，但他仍不承认自己老了，不承认自己病入膏肓，仍要以生的本能来硬抗死亡。[2]

从自我"悲剧"表演开始，到"喜剧"私奔作为高潮，最后，鲁迅以"闹剧"把自己演完。

四

梅光迪1911年出国留学之前在安徽宣城老家与邻村姑娘王葆爱结婚，先后育有两子。仅婚姻而言，他与胡适走的路，开始相同，后来则截然相反。

梅光迪在美国与胡适讨论如何改良故国文学时，把胡适"逼上梁山"。胡适功成名就，对他来说是"虐心"的折磨。梅光迪在东南大学只干了三年，他创建的西洋文学系只存在了一年。梅光迪下台，西洋文学系被撤销，随后远走美

---

[1] 沈卫威：《文化·心态·人格——认识胡适》，河南大学出版社，1991年，第66页。此书中引述了鲁迅的多篇相关文章，这里略去。

[2] 沈卫威：《文化·心态·人格——认识胡适》，河南大学出版社，1991年，第68页。

国，这其中的一个重要原因是：已有妻儿的梅光迪与东南大学西洋文学系首届女学生李今英"热恋"，成为舆论焦点。男女同校，在东南大学刚开始一届，社会接受与否还在观望中。梅光迪本是《学衡》发起人，是东南大学反对胡适及北京大学新文化运动举大旗的人物，却自我颠覆到他所反对的新文化运动领袖所倡导的自由恋爱、自由婚姻的沟壑之中。梅光迪的言行与胡适形成巨大矛盾和逆差。在个性解放的大潮中，梅光迪的言行恰似戏剧舞台或当下电影中的反派大逆转。梅光迪以传统的"休妻"方式结束了包办婚姻，在自由恋爱中求得再次"新婚"的幸福。同时，他与胡适"逆袭"式的争斗仍在继续，便具有"心中的逆反情绪"[1]驱使的另一种表演。

吴宓的婚姻不是父母包办，但却是"媒妁之言"下的结合。相对于自由恋爱，这仍属于传统婚姻方式。因此，吴宓在日记中生动、真实的"表演"更有看点。其"表演"虚实相间，富有特殊性。他同样是"逆袭"式的反派大逆转，且自导自演。他和梅光迪是具有巨大文化担当和文化使命之人，不从于理却从于情。

他曾在与陈寅恪、楼光来的谈话后写下自己时常陷入分踏"二马"的痛苦。他对新人文主义观念中庸、中行、节制、纪律的张扬和浪漫爱情生活的追求，恰似"二马分道而奔"。他本人则受"车裂之刑"："譬如二马并驰，宓以左右二足分踏马背而絷之，又以二手坚握二马之缰于一处，强二马比肩同进。然使吾力不继，握缰不紧，二马分道而奔，则宓将受车裂之刑矣。此宓生之悲剧也。而以宓之性情及境遇，则欲不并踏此二马之背而不能。"[2]

事实上，吴宓对自己有更深刻的认识，他说："与寅恪谈，并与他人较。自觉（一）我犹未免为乡人也。其识见之偏狭，行事之朴陋，虽自诩真诚，而常为通人（如寅恪、宏度等）所笑。（二）我腹中空空，毫无实学。但务虚理空说，而绝少真获。既不通西国古今文字，又少读中国书籍。（三）我之所思所行，劳精疲神者，皆无益事，皆不可告人之事。宜痛改之。"[3]这里所说的"不可告人之事"即他在婚后，又一直在暗中追逐其他女性，不停地写情书、情诗、

---

[1] 梅铁山主编、梅杰执行主编：《梅光迪文存》，华中师范大学出版社，2011年，第187页。
[2] 吴宓：《吴宓日记》，第3卷，生活·读书·新知三联书店，1998年，第355页。
[3] 吴宓：《吴宓日记》，第3卷，生活·读书·新知三联书店，1998年，第429页。

日记的浪漫行为。

陈寅恪对吴宓的感觉："昔在美国初识宓时，即知宓本性浪漫，惟为旧礼教、旧道德之学说所拘系，感情不得发舒，积久而濒于破裂。犹壶水受热而沸腾，揭盖以出汽，比之任壶炸裂，殊为胜过。"[1]

已是三个孩子父亲的吴宓，爱上好友、同学朱君毅的未婚妻（后解除婚约）。其好友、学生之中，许多人都反对吴宓与妻子陈心一离婚，认为这种弃旧求新的行为，与提倡人文主义理想和旧礼教、旧道德的吴宓判若两人。最先劝阻的是陈寅恪。据吴宓 1928 年 11 月 27 日日记所示："宓略以宓之心情及困难之问题告之。寅恪则谓无论如何错误失悔，对于正式之妻，不能脱离背弃或丝毫蔑视。应严持道德，悬崖立马，勿存他想。双妻制度，亦不可行。以心一之效法张金凤，必由强迫，非出本心也。又谓宓此时已堕情网，遂致盲目。感情所激，理性全无。他日回思，所见必异。既已一误，何堪再误云云。按寅恪新婚得意，故为此说。且实不知宓内心之感想及与心一结婚以来之历史者。宓今昔性情并未改变。宓本具浪漫之特质，急激而重感情……宓则以本身提倡道德及旧礼教，乃偏有如此之遭遇。一方则有心一，一方则有彦，此则悲剧之最大者也。"[2]吴宓所弘扬的白璧德的人文主义和传统道德礼教是说给别人听、写给别人看的，是用来装饰面子和所谓学问师承的。这正如同制定宗教教义、教规的人，自己未必去遵守一样，鼓吹人文主义，宣传旧道德、旧礼教的吴宓，在女性面前，是最开放的男人，也最无理性。在这一点上，吴宓比胡适、鲁迅、茅盾等新文学的主力干将走得更远，也"新潮"得多。而他又偏偏是骂新派文人最起劲儿的一位。他先后追求的毛彦文、J、H、欧阳采薇、卢葆华、陈仰贤、张尔琼、高棣华等十多位时代新女性，大都是五四新文化—新文学启蒙、养育起来的，又都是倾向新文化—新文学阵营的。这就使得吴宓的言行显现出十足的"表演"效果。

吴宓在 1929 年 3 月 13 日与朋友的一次谈话中，道出了一种无可奈何的恋爱婚姻观："宓主张婚姻与恋爱分开，婚姻为社会义务，应严守一夫一妻制，

---

[1] 吴宓：《吴宓日记》，第 5 卷，生活·读书·新知三联书店，1998 年，第 60 页。
[2] 吴宓：《吴宓日记》，第 4 卷，生活·读书·新知三联书店，1998 年，第 168 页。

恋爱则为个人自由，应随意而无限制。婚姻属于事实，恋爱则属于感情，此二者并行不悖，斯为中道，斯为可行之道云云。宓现决就此行事。以心一为实际之妻，而不言离异；以彦为理想之友，而决不断绝。"[1]

在中华民国开国 17 年后的现代法制社会，在公民都要遵守一夫一妻的现实生活中，吴宓为自己设计了一条"婚姻属于事实，恋爱则属于感情，此二者并行不悖"的所谓"中道"。

1929 年 4 月，他计划与毛彦文在异地约会，但防陈心一猜疑，"不能不以磊落光明之心，而为秘密之行动"。爱面子的吴宓闹离婚、追毛彦文，又怕外人讥侮，且担心好友如汤用彤、柳诒徵、吴芳吉等失望而绝交。对朋友的劝谏，他表现出"痛愤"。好友温德对吴宓痴迷地追求本不爱他的毛彦文有一段劝阻，说："浪漫之爱，不但虚幻，且已为过去时代之陈腐观念，故宓不当受其影响，与中国今日之新派人物同一错误。盖求之必不能得，易妻亦难得幸福也。"[2] 新人文主义大师白璧德是反对卢梭及浪漫主义运动的，吴宓本人又痛恨新文化运动所倡导的个性解放，主张遵守传统道德、礼教。如今，自己却陷了进去，与他所痛骂的"新派人物同一错误"。这真是一个绝妙的自我否定和自我嘲弄，是当众抽打自己的嘴巴的真实"表演"。而他在日记中的种种所谓的自剖、自嘲、自我辩解，多有不实之处，或自欺欺人之谈，"表演"的成分很多。以至到离婚之后的 1930 年 3 月 3 日，他给在美国的毛彦文汇钱时，"为恐他人知晓"，故借用张荫麟的名字，作虚伪的掩饰，而不敢署自己的真名。

任教于清华大学的北京大学原"新潮社"成员朱自清对吴本人说："外人大都以宓离婚为奇怪，以为与宓平日之学说不合。"[3] 吴宓认为此是别人只知他的表面而未知其心性。这就道出他平时的"表演"已经给人留下了一个面相。主持《大公报》的张季鸾从生活的实际出发，劝阻吴宓说："以穷秀才当拥黄面婆而自乐其乐为言。且谓宓之性情不适于现代时髦女子。角逐情场，必失败

---

[1] 吴宓：《吴宓日记》，第 4 卷，第 228 页。
[2] 吴宓：《吴宓日记》，第 4 卷，第 245 页。
[3] 吴宓：《吴宓日记》，第 4 卷，第 313 页。

而痛苦云云。又谓即得所欢，亦恐苦多乐少，不如他日与心一言归于好。"[1] 更令吴宓痛苦的是，他的学生、朋友郭斌龢自国外来函，诚望吴宓与陈心一复合，说离婚有损人文主义的进行。[2] 在第二封令吴宓"痛愤"的信中，郭斌龢对吴的离婚又严加责备，力劝吴宓与陈心一破镜重圆，说吴宓"为《学衡》计，为人文主义计，为白师计，为理想道德事业计，均应与心一复合"。又指出吴宓"近来思想行事，皆是 Romantic，实应省戒"[3]。吴宓在复郭斌龢信中为自己辩解，说："宓之为此，乃本于真道德感情。若宓不离婚，则是乡愿小人，自欺欺人，不配提倡人文主义之道德。至于 Romantic，乃系生性，未游美前即已如此。"[4]

吴宓为追求毛彦文而离婚，毛彦文却嫁给了前总理熊希龄。

1999 年 6 月 21 日，我在台北找到了 103 岁高龄的毛彦文。我和她有这样一段对话：

> 我说："吴宓为你写的大量日记和诗词，最有名的《海伦曲》《忏情诗三十八首》，如今在大陆都已出版。"
>
> 她表示出一些遗憾："可惜我没有看到。"
>
> "那些诗文表达的多是对你的爱慕之情！"我进一步发话。
>
> "他是单方面的，是书呆子。"这是吴宓痴迷终生的女性给他的答案和评价。

文人生活本身很多时候就是在演戏，个人的差异只是表演成分的多少。相对于胡适、鲁迅的"表演"，吴宓更可爱、真实些。其真实的投入是斯坦尼斯拉夫斯基式的以内心体验为核心，"生活在形象的体验之中"。而胡适是梅兰芳式的"虚拟"，鲁迅是布莱希特式的"间离"。既然是"表演"，与个体真实相关联的，必然有被遮蔽的牺牲者。"冬秀以母子同亡威胁"拉回了胡适，让他和自己一起守住旧式婚姻，成全了胡适的声名，也求得了一个旧式女子应得的

---

[1] 吴宓：《吴宓日记》，第 5 卷，第 8 页。
[2] 吴宓：《吴宓日记》，第 5 卷，第 56 页。
[3] 吴宓：《吴宓日记》，第 5 卷，第 72 页。
[4] 吴宓：《吴宓日记》，第 5 卷，第 73 页。

并不完美的家。朱安最为可怜，她只是鲁迅名分上的妻子，守寡一生。许广平也有自己的不幸，十年的爱情与婚姻之后，自己要为鲁迅的另一种名分守寡，活在鲁迅的光环里，成为鲁迅遗产的一部分，没有自我。王葆爱、陈心一分别遭遇了梅光迪、吴宓这样"本具浪漫之特质，急激而重感情"又以"提倡道德及旧礼教"立言的"西洋文学"教授，也就得遭遇被"休"的终生痛苦。

从传统向现代转型过程中，男性仍是婚姻的主导。当婚变来临，这四位女性情感的单一、依附或没有经济独立的能力，所承受的痛苦往往更多。而胡适、鲁迅、梅光迪、吴宓的内在分裂和痛苦多由文字释放、转移，"表演"便成了一种自觉。更有意思的是，他们的这种"表演"还具有传染性、传承性。胡适影响到了顾颉刚，吴宓影响到了张荫麟。

五四运动在日本

——另一种"当事者"的体验、认知

撰文：李永晶

在现代中国的历史叙述中，五四运动（不拘广义还是狭义）居于特殊的地位：它被视为由旧民主主义转向新民主主义革命的转折点。不过，如果我们的目光稍稍脱离民族国家的叙事框架，我们就会注意到五四运动另外一种世界属性——它所影响的不仅仅是中国自身。事实上，五四运动另外意义上的一个重要当事者，即日本，同样通过对五四运动的观察、评价与解释，在特定程度上影响了自身的历史走向。今日中日两国在历史认识上颇有分歧之处，并时常成为争执、对立的焦点。不过，这种状况并不总让人忧虑。事实上，如果不将这种分歧强行纳入民族国家的框架，人们或许会获得对历史与文明的新洞察。五四运动在日本的"经历"，正是这样一个恰当的事例。

一般而言，对历史事件进行的实证研究有益于人们缩小分歧，甚至走向和解。不过，这种研究活动在多大程度上能取得这种效果，最终有赖于我们在何种程度上意识到了实证研究所预设的前提及其限制。换言之，历史会说出怎样的真相，最终依赖于主体更广阔、更深层的历史与文明认知。在此指出这一点的目的，并非是暗示某种新版本的历史相对主义，而是要指出，我们只有克服"事实—意义"或"理解—判断"这种关于历史学的二分法的认知模式，才能向着文明的方向迈出一步。这个过程必然困难重重，充满艰辛；但舍此之外，我们别无获得头脑清明的良法。

下文介绍的日本版的"五四运动"，主旨正在于借助他者的视线，突显上述问题与困难。有必要说明的是，本文将止于对日本五四运动研究概要的勾勒；这种做法固然有资料方面的局限，但对日本版的五四运动进行整体性描述无疑更有益于达成本文的主旨。简言之，再现围绕这一具体事件的相关"事实"与"意义"，将二者加以进一步的历史化，这种努力将有益于我们形成新的历史认识与意识。

历史现场：当事者的观察、评论与分析

在 1945 年日本战败之前，日本学术界并无关于五四运动的专门论述与研究，这与战后出现的某种"五四运动热"形成了对照。思想史学者野原四郎在 1966 年出版的《亚洲的历史与思想》一书中，收录有题为《五四运动与日本人》的长篇论文，可以说填补了日本五四运动研究的前史。在该文中，野原对处于历史现场的日本官方、主流媒体和个别学者的观察与评论做了详细的整理与分析，给读者提供了一副真实的历史画面。借助野原等人的历史叙述，我们可略见日本在五四运动中的角色及其对运动自身的看法。

概括而言，作为二战后的进步主义知识分子，野原的问题意识首先在于将日本军国主义错误的国策与历史认识揭示出来。对于这场震撼中国的运动的性质，当时日本主流的看法是"煽动说"，即五四运动源于学生团体外部因素的煽动与挑拨，旨在"排日"（具体后述）。野原对这种观点进行了批驳："事实上，学生运动本身代表了中国民众的意志，并且正因如此，包括学生在内的多样的市民团体、工人阶级等才能参与其中，最终迫使军阀政府拒绝在《巴黎和约》上署名签字"[1]。

野原这种今日看来非常妥当的看法，为何当时却几乎付诸阙如？人们不难

---

[1] 《亚洲的历史与思想》，第 99 页。

指出，日本作为"当事者"的角色遮蔽了它对中国情势的认知和理解。不过，因日本对此间中国的认识事实上与其对外政策高度一致，将其简单视为"错误"会妨碍我们对历史的进一步理解。野原在文中提供的当时的首相寺内正毅（1852—1919）与当时负责外交事务、其后出任首相的原敬（1856—1921）的促膝长谈，将日本既定的政策实质揭示了出来："从日本的利益来说，中国没有变成文明国、富国强兵没有实现那很好。如果这些真实现了，从中国人的风格来看，他们究竟能否对日本抱有好感，实在很难说……另外，如果外国开始分割中国，那么日本也必须取一份。不过，这种极端状况不会突然发生。因此，当下应该采取的政策就是，表面上要劝诱中国统一，实际上不统一也不错。总之，我们要注意不要引发中国敌视日本的不良情感，必须乘他们争斗之机获取日本的利益[1]。"仅从这种层面的国家利益的角度来看，日本奉行的两面政策并无多少可指责之处。问题在于，此时日本关于国家利益的观念，绑架了这个民族真正的自由成长。

众所周知，日本利用第一次世界大战的机会，于1914年8月出兵山东；翌年1月，大隈内阁携军事胜利的余威与欧洲列强无暇旁骛的机会，向中国政府提出了几乎等同于灭亡中国的"二十一条要求"。双方经过多场谈判而未满足日本要求后，5月7日，大隈内阁竟然发出了动用武力的最后通牒，逼迫中国政府就范。这种屈辱感，随即酿成了有名的"五七国耻纪念日"。

当然，这并非中日关系史上的突然变故。如同当时大总统袁世凯认识到的一样，日本因其"既有极大政略""此后但有进行，断无终止"。这种完全无视中国国民情感的对华政策，时人及后世学者多以"对华蔑视"来形容。1915年5月25日，双方最终签订统称为《中日民四条约》的系列条约。条约的签订在形式上避免了因日本动用武力而引发的绝交及更大的灾难，但中日双方在精神上已经形同陌路。有意思的是，此前交涉中双方频频使用的"同文同种""亲善"等辞令，此后逐渐淡出中国官员、学者以及一般民间舆论的视野。如同谈判日方代表日置益所言，与官方"亲善"一说相比，双方的"舆论感情极

---

[1] 《亚洲的历史与思想》，第92页。

为相反""且第三国之人，就中日两国关系之上，亦常揣测两国感情之恶"[1]。这种说法可谓对中日关系的客观描述。

1919年9月9日，宣称奉行对华不干涉主义的日本原敬内阁对涉华贷款事项做出决议，其中对五四运动做了如下评价："当下中国最具有势力的是全国中等以上学校学生组织的所谓的学生团体。无论怎样说，这些学生多少有些新知识，其志向操守也比较纯洁，因此我方非但不能轻视，今后还有必要慎重对待他们的存在。虽说如此，他们的运动努力即便是基于他们自身的想法，还是受到了林长民、熊希龄、汪大燮等政治家乃至英美两国人的煽动而成。"[2] 概言之，日本官方认为五四运动是受到一部分中国政治家（研究系）和英美两国煽动而成，这就是当时日本主流的五四事件起源的"煽动说"。

在坚持"煽动说"的同时，日本并未放松对中国现状的具体把握。比如，日本参谋本部在华情报机构聘用东洋史学家稻叶岩吉为研究代表，展开了包括"中国的思想""各国对中国设施经营现状，尤其是欧战休战以来列强最新进入的势力""本年五月以来日本因排日运动而受到的影响""中国对外尤其是对日感情"等在内的情势调查。1920年，该调查以《中国思想问题以及对外尤其是对日感情》为题发布秘密报告书，涉及北京、上海、关东、天津、青岛、汉口、台湾等地的具体情况。值得注意的是，该报告尤其注意到了来自俄罗斯的激进思想，即共产主义势力在中国的传播问题，可以说率先触碰到了中国历史大转折的脉搏。

与官方见解相辅相成，日本媒体多持"煽动说"，尤其强调美国资金对学生运动的支持。同时，媒体对中国展开了激烈的言辞批判。为了再现时代氛围，下面对野原引述的材料全文转述。1919年5月10日，《大阪每日》在社论中评论道："中国当局或一部分国民认为，为让日本遭受损害，最终要依靠日本以外的强国来贯彻其排日的要求，但这只是狂人的妄想……过去我们不知多少次道破了中国人排日的荒谬政策，但今日他们依然如故。恰如歇斯底里的妇人发狂而不自知一样，中国人也无法避免让国家陷入自杀的狂态吧。这种结果可归

---

[1] 王芸生编著：《六十年来中国与日本》（第六卷），三联书店，2005年，第87页。

[2] 野原四郎：《亚洲的历史与思想》，弘文堂，1966年，第93页。

结为中国国民性的弱点——中国人追求私利时奋不顾身，党同伐异时猛烈无比，全然不顾国家的兴亡盛衰。他们在策略上极尽狡诈、诡辩之能事，虚张声势以达成其所欲。中国人自己必须好好反省，同时要认识并警惕：一些外国人正在利用这种弱点，将中国人视为走狗，出于自身目的而煽动排日热潮，进而成了破坏和平的因素"（同上，第 97 页）。在进行批判的同时，日本舆论对中国提出了要求：不要背叛"日中亲善"，要重新回到日本提倡的"大亚细亚"主义这一立国之道上。

除了主流的"煽动说"之外，依据中国台湾学者黄自近的整理，当时日本言论界对于五四运动的爆发还有诸如"排外意识说""对日误解说""抵抗日本侵略说""经济利益冲突说""社会进化过程中失调现象说"等说法。作为主流"排日运动"见解的一环，持"排外意识说"的人认为中国时常以大国自居，蔑视邻国；外交事务只要稍稍不如意，自尊受损，便会展开排外运动。"对日误解说"则认为中国将日本的自卫手段、国防策略误解为侵略，从而引发了排日运动。"抵抗日本侵略说"则认为，五四运动是日本此间强力援助并挑拨段祺瑞政府讨伐南方军政府的结果，是对日本军国主义的总决算（黄自近：《吉野作造：对近代中国的认识与评价 1906—1932》，"中央研究院"近代史研究所，1995 年，第四章）。

在压倒性对华谴责声中，当时东京帝国大学教授吉野作造（1878—1932）的看法可谓独树一帜。在当时发表的《北京大学骚乱事件》一文中，吉野认为五四事件的发生完全基于学生的自发意志，而非外部的煽动；学生运动有着明确的精神支撑——运动的目的不仅仅是"排日"，更是要消除国家内部的祸根，即军阀统治。最后，他提出基于人道主义的原则，主张日本应该实行日华共存的对华政策。在《北京大学的新思潮》一文中，他全

吉野作造

面介绍陈独秀、李大钊、胡适的看法。这种中国观与他对世界秩序的认知一致。比如，对于世界大战，吉野论述说，美国的参战使得世界大战的本质发生了转换，即从传统的国家利益争夺战上升为重整国际新秩序的战争。1918 年 1 月，美国总统威尔逊发表关于战后世界秩序安排的"十四点声明"，在吉野看来是国内民主政治理念向国际社会的推广，国际社会由此进入了民主主义时代；中国此前数年间展开的新文化运动，正是民主浪潮在中国引起共鸣的明证。

尽管对五四运动与战后世界秩序的观察略有偏颇之处，但由于吉野持有的关于政治文明的普遍主义视角，他事实上准确指出了中国与世界政治秩序演变的大势。正因如此，后世学者通常对吉野的看法给予极高的评价。与此相对，在当时日本体系性的认知结构中，吉野的观点被媒体嘲讽为"东大某博士"的"学究解释"，是迂腐之论。今日看来，吉野的评论与洞察挽救了真正的学者的声誉。

1950—1960 年代：作为革命纪念日的"五四"

随着日本在 1945 年的战败，以及中共在随后的中国内战中的胜出，日本学术界开始重新认识中国的近现代史，尤其是涉及中共的历史。1948 年，上文提到的野原四郎发表《胡适氏与儒教》（收录于《东洋文化讲座 3》，白日书院），为战后日本重新认识五四运动的开端。1949 年，岩村三千夫出版《中国学生运动史》（世界评论社）一书，被认为是日本"第一部论述五四运动的著作"。1954 年，野原四郎与他人合作出版《中国现代史》（岩波新书）一书，成为此后三十余年间的畅销书；据统计，截至 1984 年，该书新版本的再版就已高达 25 次。该书对五四运动的看法，逐渐成为日本初高中历史教科书、辞典的依据。另外，野原为日本《亚洲历史事典》（平凡社，1960）撰写了"五四运动"条目，同样传播了战后初期日本对于五四运动的看法。

概括而言，此间日本对五四运动的看法，就是对毛泽东在《新民主主义论》中提出的有名的"新民主主义"转换论。比如，1952 年 10 月，日本创元社出版华岗《五四运动史》（上海海燕书店，1951 年）一书的日文译本，可谓对中国主流见解的直接推广。该译本还收录有陈伯达的论文《五四运动与知识分子的道路》的译文。尽管本书出版后记中有对于"新中国产生的新人"的叙述风格的不满，但日本此时出版这样一部著作，正意味着战后日本中国观与历史认识的巨大转换。

不同于上述依据新民主主义史观的论述，当时活跃的思想家、文学评论家竹内好展开了独特的论述。在 1948 年 5 月撰写的《关于五四纪念》一文中，他论述说，日本"把'五四'和'五七'分割开来，未能理解'五四'运动"，因为"'五四'直接的动机是'五七'，而'五七'事件却被隐藏了起来"。因此，"将日本政府与日本政府圈养的学者所隐藏的二十一条的真相挖掘出来，交到人民的手上……这是我们理解五四的手段。"认识到二十一条要求对中国、对中日关系造成创伤记忆的日本人，竹内好可谓第一人。与吉野作造基于理论洞察获得的见解不同，竹内好指出了具体历史事件在理解中国上的作用。

尽管有同样的军国主义思想批判的问题意识，但竹内好的批判首先指向了当时日本出现的上述"五四礼赞"论——当时的日本部分左翼势力举行了庆祝"（中国）新民主主义革命纪念日"的活动。他指出："五四运动的确是中国人民辉煌的胜利，但那与日本人民的胜利没有直接的关系。日本虽然纪念了五四运动，但那并不意味着日本革命就成立了。"竹内继续论述道："我们对于直接引发 1919 年 5 月 4 日运动

竹内好

的导火索，即运动四年前的二十一条，到底知道多少？……更何况，如同中国人从日本侵略中感到民族屈辱一般，我们日本国民自己要在良心苛责的意义上感到民族的屈辱，还有待时日吧。支配民族与被支配民族同样不自由。"

对于这种特殊的五四运动论，日本历史学家斋藤道彦如下的分析可谓恰如其分："竹内的问题中心不在于揭示五四运动或中国革命的历史真实面目，而是为了表明对日本现状的不满、批判以及幻灭感，创造出一种彼岸的模型。因

此，他所说的五四运动是中国'走向现代的转折点''既是社会革命，同时又是人自身的革命''既是政治解放运动，又是精神解放运动'等说法，毋宁说是促进了'新民主主义五四论'等一般看法的流行"（参见斋藤道彦：《五四运动的实像与虚像：1919.5.4 北京》，中央大学出版部，1992 年，第 68 页）。显然，这是对竹内好的一种尖锐的批评；不过，我们也由此窥见了五四运动在日本战后思想史上的位置。

在日本战后的五四运动研究史上，丸山松幸在 1969 年出版的《五四运动：其思想史》（纪伊国新书，1980 年精装版再版发行）占有特定地位。受当时如火如荼展开的无产阶级"文化大革命"的影响，丸山在比较精确地再现了五四运动前因后果的同时，尤其对中国知识分子的精神状况进行了阐发。

比如，对于发动运动主体的学生，他试图从内在的精神状态而非现实中的

《五四运动：其思想史》

巴黎和会的失败，来说明运动的深层动机。丸山论述道："近代西欧精神（民主与科学）与他们的生活现实（半殖民地半封建社会）过于脱节，他们最为敏锐地意识到了这种矛盾。这些矛盾将他们撕裂，在极端情况下他们甚至陷入了人格崩溃的状况。"在丸山看来，正是这种人格分裂的危机与现实，激发了中国知识分子行动的力量。丸山认为，导致这种人格崩溃状况的原因，在于此前辛亥革命的失败："用当时的话说，辛亥革命留下来的不是'光明'，而是'黑暗'。后来支撑五四运动的精神，正是形成于坦然面对这种'黑暗'、抵抗这种'黑暗'并对其加以重新审视的过程当中。"五四运动的本质在于那种"源于挫折感的深处的强烈否定的精神"（《五四运动思想史》，第 19 页）。作为五四运动的前史，丸山分析了新文化运动时期中国知识界的言论，事实上展开了广义的五四运动论。

丸山此书赢得声誉的原因，并不仅仅在于历史评论的深刻，同时还在于他对历史细节的还原。比如,在该书中他详细介绍了中日关系史上重要的"二十一条"。但他并未止于事实还原,而是紧接着进行了评论:"日本政府的意图在于,通过与袁世凯及其身边诸人进行个人的利益交换,来收买中国的主权。日本相信这是可能的,足见蔑视中国到了何种程度。因此,日本可以说完全没有想到中国可能发生强烈的抵抗"(同上,第56—57页)。因此,在他看来,"五四运动虽然是中国新民主主义的出发点,是人民中国的黎明,但导致运动出现的诱因,正是日本帝国主义的侵略"(同上,第14页)。将五四运动的根源推到1915年的"五七国耻",这一点丸山采纳了竹内好的看法。由于日本人未理解中国民众强烈的亡国危机感和由此爆发的反抗,丸山认为这是此后中日之间发生更大悲剧的根源。

作为这种看法的事实根据,丸山引用了日本外务省在1915年3月发布的《中国的对外抵制》中的相关记述。报告显示,在双方谈判期间,全国各大通商口岸城市,诸如哈尔滨、吉林、长春、北京、天津、烟台、上海、苏杭、南京、镇江、芜湖、安庆、长沙、汕头等地均发生了抵制日货的运动,结果导致日本对华输出额下降了一半(同上,第57页)。因此,"二十一条要求成为导致日本和中国对立的决定性转折点。日本的新闻报刊几乎都主张'动用强硬手段让中国屈服';而批判政府的主张,仅仅是指出政府在交涉折冲上的拙劣而已"(同上,第63页)。此时,日本政府、在野党更是一致决定使用强硬手段,这正是1915年5月7日日本发出最后通牒的时代背景。四年后爆发的五四运动,在这个意义上正是中国各界面对日本"挫折感"的总爆发。

简言之,丸山的五四运动论塑造或者说依据了一种强烈的历史认知模式,即"帝国主义侵略—中国人民反抗"的结构。在这一认知结构中,作者对日本帝国主义的侵略行为和错误的认知进行了彻底的揭露,同时,对中国人民的觉醒、抵抗与成功进行了讴歌。这种关于五四运动的看法,与同时代的竹内好、西藏顺等左翼知识分子的中国论相辅相成,可以说共同创造出了"革命中国"的"超近代论"(参见沟口雄三:《作为方法的中国》,三联书店,2011年,第35—43页)。

1970 年代以后：告别革命与告别中国

时间进入 1970 年代中后期，激进运动在世界范围内开始退出历史舞台。从这一时期开始，日本学术界开始反思战后日本出现的"新民主主义胜利纪念日"的五四运动历史像。沟口雄三在 1980 年代初的一篇文章中有如下自述："我们这些在战争期间或战后成长的中国研究者，最初对中国几乎都不具备批判性的眼光。毋宁说，对曾经因为批判、蔑视中国而自动参与了对中国侵略的战前或战时的研究者，如津田左右吉等人的近代主义中国观进行否定、批判或排除才是我们研究的出发点"（同上，第 5 页）。与这种反思同步，日本学者对五四运动的研究开始转向实证领域。

1978 年，野泽丰、田中正俊编著《讲座中国现代史 4——五四运动》（东京大学出版社出版）一书的出版，标志着日本告别革命史观后，对五四运动进入更加详细的实证研究阶段。其后，狭间直树著《五四运动研究序说》（京都大学人文科学共同研究报告第一卷，同朋舍，1982 年）、中央大学人文科学研究所编撰的《五四运动历史像的再检讨》（中央大学出版部，1986 年）共同构成了五四运动实证研究的一部分。这些研究不满足于对事件的单纯叙述，而是从社会史、经济史与政治史的角度，进行了更广阔也更有深度的探讨。

无须说，这些研究的出现有助于人们更客观地认识五四运动。比如，在《五四运动历史像的再检讨》这部文集中，编撰者之一的斋藤道彦提出了一些非常朴素的疑问。比如，如果说五四运动是"彻底的反帝"运动，那么为什么学生没有提出要求收回英国占据的威海和法国占据的胶州湾？在着重考察了巴黎和会期间山东省民为回收主权而展开的各种政治活动后，作者进一步提出了如下看法："五四运动既不是'彻底的反帝'运动，也不是'反封建'运动，而是全民族展开的山东主权回收运动"（同书，第 21 页）。当然，作者所说的五四运动，是指 1919 年 5 月 4 日天安门事件及其后数个月内的学生及社会运动，即狭义上的五四运动。

在随后出版的专著《五四运动的实像与虚像：1919.5.4 北京》（中央大学出版部，1992 年）中，斋藤道彦针对战后日本流行的一般观念，提出了五点新看法：（1）五四运动既不是反帝运动，也不是反封建运动，而是围绕山东问题在全民族范围内展开的主权回收运动；（2）北京政府在回收主权这一点上与国民一致，不能说是卖国政府，五四运动也不是针对政府的反对运动；（3）山东主权回收运动与新文化运动提倡的民主和科学逻辑不同，不是新文化运动；（4）运动的指导者既不是"共产主义者"，也不是"无政府主义者"，研究系的政治家发挥了重要的作用；（5）五四运动是一场回收主权的民族运动，而非民主运动（参见本书序章《关于五四运动的若干问题》）。日本学者关于五四运动的争论，就此告一段落。

值得一提的是，上面提到的无论是 1960 年代展开五四论的野原四郎、丸山松幸，还是 1980 年代展开实证分析的斋藤道彦等人，他们在历史叙述上都参照了周策纵于 1960 年出版的英文专著《五四运动史》（哈佛大学出版社）。与各种评价相比，如今已经成为历史学研究名著的《五四运动史》，可以说最初就因其实证研究而得到了广泛的关注与承认。实证研究在历史认识上的作用，可谓不言而喻。

研究五四运动的意义何在？

尽管如此，如同本文最初提及的一样，历史事件在后世时空中的解释自身，有着不亚于历史事件自身的作用。换言之，实证研究并不是研究的终点。我们从上文的简要叙述中已然看到，五四运动及其代表的中国新民主主义革命史观，在战后日本最初的三十余年间提供了特殊的"意义"；这种意义为日本知识分子反省历史污点、推动战后民主改革发挥了特定的作用。日本由此快速走向了现代政治文明。

同时，我们看到，在 1970 年代以后的实证主义视野中，作为历史事件的五四运动的真相得到了更多的揭示；日本学术界关于五四运动性质的争论偃旗息鼓。值得注意的是，堪称"告别革命"的这种实证主义研究，同时意味着日本在精神上的"告别中国"；中日两国近代以来的恩恩怨怨，就此一刀两断。然而，这种断绝的意义与可能的代价是什么？就事论事而言，如何寻找或者说赋予关于中国的实证研究以新的意义，对于日本学者而言或许是新的课题。

　　当然，这个课题首先是中国学者自身的课题。对于我们而言，无论是"革命"还是"中国"都是无法简单告别的对象。在我们依然可以感受到历史脉搏跳动的时刻，重新审视五四运动依然有着校准我们思考与行动方向的意义。

回看五四：20 世纪的中国与世界

撰文：马勇

　　五四运动无疑是中国历史上最伟大的事件之一，它标志着中国人，至少是中国知识人特别是青年学生政治意识的觉醒，是 1840 年以来中国青年知识人群体第一次全身心地投入政治，由此揭开了中国历史的新篇章，即中国的政治已不再限于职业政治家范围，而是扩大到了知识人，特别是青年学生层面；中国政治的阴晴冷暖已不再是职业政治家的任意作为，而在相当程度上取决于知识人合作与否，取决于知识人的态度。

　　就历史大势而言，五四运动开启了一个新的时代，也造就了一批新人。此后的中国历史，在相当长的一个时期内几乎一直受制于五四传统，也几乎一直操纵于那些所谓"五四新人"之手。因而在某种意义上说，五四之后的中国历史发展，种种成就皆应导源于五四，而种种失误、种种罪孽也几乎莫不与五四有关。鉴于此，欲准确理解和把握五四之后的中国社会与文化，不能不对五四的功过是非进行系统地梳理与分梳，汲取其经验、教训，抛却其不足、失误，从而继承五四真精神，减轻新一代中国人心灵上的五四迷雾，超越五四，为多灾多难的中国更为美好的明天而举国努力，真正实现五四青年以鲜血、生命捍卫的崇高目标。

作为已经消逝的过去，五四精神与五四运动已成为往昔记忆、客观存在。然而由于五四之后中国历史发展的特殊性，五四的历史意义和现实意义总是纠葛在一起，人们不惟依据现实的需要着力宣扬五四精神的某一方面，甚至基于现实要求将五四运动本不存在的精神强加于五四。致使五四真相、精神越发模糊，使五四成为政治家和那些期望有朝一日成为职业政治家的人们手中的一块"敲门砖""避邪符"。

一百年过去了，五四亲历者和那些自诩为五四精神直接传承者的各色人等，已随着不可抗拒的大自然规律而陆续作古。五四的符号象征在政治层面的影响力虽不能说已完全消失，但实际上则越来越弱。排除现实政治的干扰，系统、科学地分梳五四功过是非及意义、价值，虽不能说已具备充分条件，但毕竟有了某种可能。

五四运动

当然，可能并不等于现实。五四之所以能在其后一个相当长的历史时期里持续发挥作用，五四亲历者、五四精神传承者等人事因素固然重要，但根本原因绝不限于此。作为一个复杂的历史事件，五四不仅涉及、影响了当时中国各个阶层之社会公众，而且五四精神旨趣也并没有局限于某一点上，它既关照了当时中国社会各个阶层的普遍愿望，又辐射、触及了20世纪中国社会发展的全部课题。因此，20世纪中国在其每一关键性变化时刻，人们便不由自主地想到了五四，期望从五四精神遗产中获取智慧资源。从大历史视角去看，五四和其他近代史上的重大政治事件一样，依然会成为中国政治变动、社会发展的精神动力、智慧资源之一。也因此之故，纪念五四，就要将五四置放于20世纪的中国与世界，置放于全球史背景中进行关照与考察。

五四的选择

依照学术界通行理解，五四运动有广狭之分。狭义的五四运动指 1919 年因山东问题—巴黎和会而引发的政治运动，以 1919 年 5 月 4 日北京大游行、火烧赵家楼及学生被捕为标志；广义的五四运动则指 1919 年前后长达数十年的新文化运动、新文学运动，其内涵与外延都相当广泛，前后期变化也相当复杂、明显。

但不论广义的五四运动，还是狭义的五四运动，它们都是中国历史发展的必然趋势。狭义的五四运动即使没有山东问题—巴黎和会的引发也迟早或以其他借口而爆发，因为在那之前一个世纪，中国不是以和平的、温和的方式进入世界，而是通过一系列战争强制性的、被动地进入世界，中国人对外部世界的不适应，委屈、别扭，一直没有得到疏解、排解，随着民族国家的逐渐形成，中国人必定要通过某一重大事变重新定位中国与世界的关系，重新思索中国进入世界，世界进入中国的意义。所以说，狭义的五四运动，即便没有青岛问题、没有二十一条、没有巴黎和会，也一定会因某种机缘而发生。这是历史的宿命。

广义的五四运动更是历史的必然，因为中国政治发展、学术流变的内在规律在起着根本的、决定性的作用。

从中国政治发展角度看，五四运动的爆发与前此中国政治的急剧变化密切相关，是世纪初中国人精神迷惘、精神探索的继续和发展。易言之，五四运动虽直接启导于山东问题，但其思想背景却是世纪初中国人精神迷失、彷徨、困惑的必然之果。

20 世纪的最初几年，清政府鉴于维新运动失败、排外主义运动不可遏制，并最终诉诸武力，致使中国蒙受了奇耻大辱等一系列失败，深切感到清帝国政治统治岌岌可危，于是在 1901 年初，当慈禧太后、光绪帝以及所谓"行在"尚驻跸西安的时候，就郑重其事宣布"预约变法"，以期以有限度的政治变革重新认同被中断的维新路径，以新政消弭社会的普遍反抗，以尽量与世界一致换取列强重新信任。清政府竭力贬低、排斥康有为、梁启超在过去几年在政治变革、社会进步中的贡献，以为康梁的变法是假变法真谋私，而此时重新开启的新政才是真改革。不管这种说法有多少问题，但从思想本源来说，清帝国最高统治层毕竟真正第一次认同了中国政治变革的必要性，认同中国的进步之关键不是继续如何保持中学之体，也不是学来多少西学之用，而是中国能否与世界一致，同步共振，环球同此凉热。

平心而论，清政府对待这次新政的态度是积极而真诚的。1901年，特别是1903年之后，清政府也确实采取了一些有力的改革措施，诸如调整官制、整顿吏治、改订刑律、裁汰绿营、编练新军、奖励实业、兴办学堂、废除科举以及准许满汉通婚、劝谕妇女放足等。然而尽管如此，从总体上说，清政府这次新政终于失败，到了1904、1905年实际上已难以再继续进行下去。正如1905年7月一份上谕所说："方今时局艰难，百端待理，朝廷屡下明诏，力图变法，锐意振兴，数年以来，规模虽具而实效未彰，总由承办人员向无讲求，未能洞达原委，似此因循敷衍，何由起衰弱而救颠危？"

承办者不力固然是新政失败的原因之一，但绝不是根本原因。事实上，此次新政只是统治者的一厢情愿，它不仅没有引起举国上下的一致兴趣，君民齐心，共度时艰，反而引起一些汉人士大夫对清政府的厌恶以及对满洲人的仇视。这些士大夫普遍相信，如果从1840年算起，中国的危局已经六十多年了，即便从1895年算起，维新的说辞也已经有十个年头了。中国事实上已经陷入改革疲劳症，汉人士大夫面对清帝国裹足不前，左右摇摆，早就出现了审美疲劳，孙中山十年前不信任满洲人的言辞，渐渐引起更多汉人士大夫的深思、认同。他们认为，中国当前的唯一出路是革命，是将满洲人建立的异族政权彻底推翻，然后另起炉灶，重建中国。用章太炎的话说："满洲弗逐，而欲士之争濯磨，民之敌忾效死，以期至乎独立不羁之域，此必不可得之数也。浸微浸衰，亦终为欧美之奴隶而已矣。非种不去，良种不滋；败群不除，善群不殖。自非躬执大彗以扫除其故家污俗，而望禹域之自完也，岂可得乎！"

章太炎的这种激进政治主张虽然不足以代表当时社会的普遍心理，因为当时尚有另外一些汉人士大夫对清政府新政寄予无限期望，幻想清政府能汲取戊戌教训，通过君主立宪为中国未来开辟一条生路。但章太炎以及他的同志对满洲人的不信任无疑促进了社会关系的紧张，加重了清政府新政的难度，也使中国人在世纪初遂陷入严重的精神困惑之中。

鉴于这样一种实际情况，清政府以及同情清政府的士大夫，几乎不约而同地意识到必须加大改革的力度，尽快确立立宪政体，以政治体制的实质性变革取信于民，换取民众特别是知识人的支持。否则，"国民之中，主张激烈之革命论者，日益蔓延。"于是，君主立宪的呼声日高一日。

1904 年 5 月，张謇替湖广总督张之洞、两江总督魏光焘代撰了《拟请立宪奏稿》，随后又致信直隶总督袁世凯，希望袁能效法日本伊藤博文，利用在清廷中的重要地位和影响，督促清廷早日立宪。他说："公今揽天下重兵，肩天下重任，宜与国家有死生休戚之谊。顾亦知国家之危，非夫甲午、庚子所得比方乎？不变政体，枝枝节节之补救无益也。"与此同时，清政府驻法国公使孙宝琦也以变更国体为请，他强调："近年中国民智大开，凡有血气者，无不痛国势之衰微，愤外侮之凭陵，倡言改革，莫之能遏。宝琦窃谓，倡论自下，恐为酿祸之阶，决议于上，乃为政治之本。"他恳请清廷认清形势，当机立断，"仿英、德、日本之制，定为立宪政体之国，先行宣布中外，于以固结民心，保存邦本。"借用一段形象的文字说，1904 年的中国，"通国上下望立宪政体之成立，已有万流奔注，不趋于海不止之势。失此不图，则泛滥为患，祸且甚于古昔之洪水也夫！一转移间，利害若此，谋国是者，奈何不急起而为之所也！"似乎不立宪中国必亡，只有立宪才是解救中国的唯一出路。

立宪的呼声与行动在 20 世纪初年甚嚣尘上，最得人心，知识人无不相信立宪政治优于君主专制，这不仅有甲午战争所证实，而且不出十年，又被日俄战争再度证明。宪政国家日本用十年时间相继战胜亚洲、欧洲两个大帝国，而且赢得那么干脆、那么利索。事实面前人们不能不默然自省，不能不承认立宪政治的意义、威力。但事实表明，既得利益者不可能心甘情愿地放弃权力，当君主的权力可以超越法律的时候，既得利益集团必将借助于君主的权力为维护自身的利益服务。到了这个时候，所谓君主立宪，不过是给君主专制披上一件合法的政治外衣，从而使君主专制集团对任何反抗与不满都能从容不迫地对付之。当 1911 年 5 月 8 日第一届责任内阁名单发布后，一直满怀期待的民族资产阶级、立宪党人迅即失望，责任内阁演变成了皇族内阁、权贵内阁，看来在分权以及权力监督问题上，清帝国的统治者在内心深处依然不甘心、不死心，也不放心。满洲权贵在权力独占还是权力分享上，迅即撕下虚伪的面纱，赤裸裸地表达了自己的贪婪。下面的这份文件便可说明清廷当权者此时的心态："都察院代奏，直省谘议局议员呈请另行组织内阁一折。黜陟百司，系君上大权，载在先朝钦定宪法大纲，并注明议员不得干预。值兹预备立宪之时，凡我君民上下，何得稍出乎大纲范围之外，乃议员等一再陈请，议论渐近嚣张，若不亟为申明，日久恐滋流弊。朝廷用人，审时度势，一秉大公，尔臣民等均当秉遵钦定宪法大纲，不得率行干请，以符君主立宪之本旨。钦此。"

君主立宪不足以解决中国问题，这一主张既反映了世纪初中国人的精神迷惘、困惑，实际上也是解决中国问题的一个理论误区。它不仅挽救不了清帝国进入历史的命运，而且给此后中国历史发展带来深远而又恶劣的影响。

当君主立宪运动紧锣密鼓的时候，并不是所有的中国人都相信这一主张。以孙中山为代表的革命党人从根本上蔑视清政府的立宪运动，而坚持以暴力革命的手段，彻底推翻清政府，"驱逐鞑虏，恢复中华"。1905 年 10 月，孙中山在同盟会机关报《民报》发刊词中，系统地阐释了以民族、民权、民生为主要内容的三民主义理论，坚信中国只要参照三民主义的方略便能解决所有问题，既可顺利完成政治革命，又可避免欧美诸国于政治革命之后所出现的社会危机。他说："近时志士舌敝唇枯，惟企强中国以比欧美。然而欧美强矣，其民实困，观大同盟罢工与无政府党、社会党日炽，社会革命其将不远。吾国纵能媲美于欧美，犹不免于第二次之革命，而况追逐于人已然之末轨者之终无成耶！夫欧美社会之祸，伏之数十年，及今而后发见之，又不能使之遽去。吾国治民生主义者，发达最先，睹其祸害于未萌，诚可举政治革命、社会革命毕其功于一役。还视欧美，彼此瞠乎后也。"

很难说孙中山的设想是一种无根据的乐观主义情绪，但事实上孙中山手创的中华民国也恰恰仅仅完成了政治革命，赶跑了皇帝。中华民国在其最初的年代里似乎仅有一块好听的招牌，其他方面则依然如故。中国人在精神上的空虚与迷惘不是减轻了，而是加重了，似乎比辛亥革命之前更加混乱。因为在辛亥革命之前人们毕竟尚没有看到革命后的清醒，总觉得革命后的中国一定是别有一番新气象。

辛亥革命以及随之而来的政治上的剧烈变动，造成国人信仰的空前危机与混乱，中国向何处去？又一次成为中国人心头久久不能忘怀而苦苦思索的问题。正如鲁迅所描述的那样：

> 见过辛亥革命，见过二次革命，见过袁世凯称帝、张勋复辟，看来看去，就看得怀疑起来，于是失望，颓唐得很了。
>
> 我想，我的神经也许有些瞀乱了。否则，那就可怕。
>
> 我觉得仿佛久没有所谓中华民国。
>
> 我觉得革命以前，我是做奴隶；革命以后不多久，就受了奴隶的骗，变成他们的奴隶了。
>
> 我觉得有许多民国国民而是民国的敌人。
>
> 我觉得有许多民国国民很像住在德法等国里的犹太人，他们的意中别有一个国度。
>
> 我觉得许多烈士的血都被别人踏灭了，然而又不是故意的。
>
> 我觉得什么都要从新做过。

鲁迅的思考反映了当时国人精神迷失的实际状况，对辛亥革命的实际后果的严重不满正是五四运动得以爆发的直接思想背景。正是基于这种精神上的迷惘、困惑，新一代知识人开始登上历史舞台，他们批判性地对待辛亥革命发起者的精神遗产，以期通过新的思维路向为中国问题的根本解决寻求一剂灵丹妙药。他们苦思寻求的结果，正如多年后毛泽东所指出的那样，中国是以农民为主体的国家，中国问题的真正解决一定是广大农民群众的积极参与，"国民革命需要一个大的农村变动。辛亥革命没有这个变动，所以失败了。"

无须否认，农民是中国社会较为落后、较为分散、较为不开化的阶级，中国问题的根本解决既然取决于农民群众的参与与否，那么又势必存在着一个如何引导农民的问题。辛亥革命之后的新一代知识人，亦即五四新人，几乎无一例外地以为应当对农民进行改造，以现代观念革除农民的劣根性，用当时的话说就是"改革国民性"。鲁迅说："说起民元的事来，那时确是光明得多，当时我也在南京教育部，觉得中国将来很有希望。自然，那时恶劣分子固然也有的，然而他总失败。一到二年二次革命之后，即渐渐坏下去，坏而又坏，遂成了现在的情形。其实这也不是新添的坏，乃是涂饰的新漆剥落已尽，于是旧相又显了出来。使奴才主持家政，哪里会有好样子。最初的革命是排满，容易做到的，其次的改革是要国民改革自己的坏根性，于是就不肯了。所以此后最要紧的改革国民性，否则，无论是专制，是共和，是什么什么，招牌虽换，货色照旧，全不行的。"

鲁迅的话虽说在五四之后，但他确实道出了五四新人在辛亥革命失败之后的思考，是五四之前几年思想文化界的普遍认识。他们相信中国问题的真解决既不限于技术问题，也不单纯是政治问题，而是更深层次的文化问题。只有从文化的层面解决了中国向何处去的问题，才能使中国问题的其他方面获得连带的解决。他们寄希望于青年一代，期望青年一代确立现代化的意识与信念，既克服自身的劣根性，又能促进整个国民性的改革。诚如"五四运动的总司令"陈独秀在新文化运动的宣言书《敬告青年》中所说的那样："青年如初春，如朝日，如百卉之萌动，如利刃之新发于硎，人生最可宝贵之时期也。青年之于社会，犹新鲜活泼细胞之在人身。新陈代谢，陈腐朽败者无时不在天然淘汰之途，与新鲜活泼者以空间之位置及时间

《青年杂志》

之生命。人身遵新陈代谢之道则健康，陈腐朽败之细胞充塞人身则人身死；社会遵新陈代谢之道则隆盛，陈腐朽败之分子充塞社会则社会亡。"

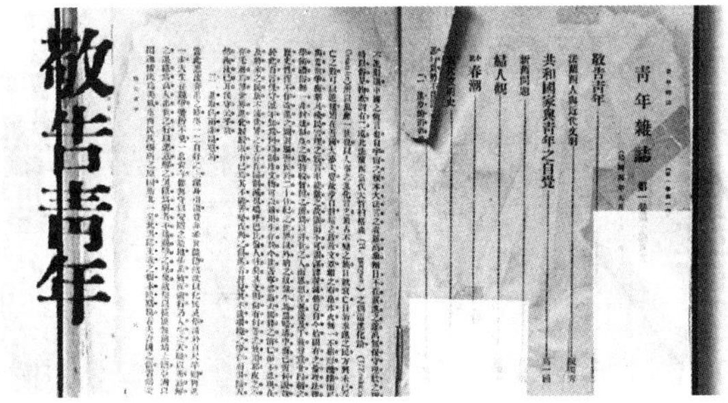

在世纪初国人精神迷失而不知所措的特殊背景下，五四的选择为当时苦闷的思想文化界带来了一线希望，因而很快成为新派知识人的普遍认识。他们逐渐摆脱辛亥革命失败之后的彷徨与犹豫，以全新的精神面貌去从事他们的理想事业，中国历史从此又揭开了新的一页。

秩序重建

五四改造国民性、启发国民意识、重塑国民品格的选择，是世纪初国人精神迷惘的必然结果，也是鸦片战争以来中国自救自强运动再转再变的逻辑发展。就其本质而言，五四的选择自然比洋务运动、戊戌变法、辛亥革命等运动的诸多举措深刻得多，五四已触及中国社会存在的深层——民族文化的心理结构，已经意识到中国的发展不仅取决于社会全体成员的共同认识，而且取决于社会全体成员能否具备共同的语言、素质。

但是从另一方面看，五四的选择虽然是当时知识精英深思熟虑的结果，然其问题的焦点似乎找错了方向。辛亥革命的不成功以及前此种种救亡图存运动归于失败，除去国民不觉悟之外恐怕尚有其他方面的重要原因。换言之，近代中国几次大规模的救亡图存运动都找到过当时中国问题的根本症结之所在，但它们之所以统统归于失败而无法成功，并不都在于国民不觉悟，而是另有原因在。

我们知道，中国历史上的意识危机、社会危机并不是到了近代才有，然在近代之前的中国基本上都能顺利地解决这些危机，从而使中国社会不断地变化与前进。如果不是西方列强以炮舰撞开中国的大门，中国社会依其内在规律似乎应该能够缓慢地完成其向现代社会的转变。列强扰乱了中国社会的正常发展，仅就社会经济而言，它一方面对中国传统社会经济结构起了很大的分解作用，破坏了中国自给自足的自然经济基础，破坏了城市的手工业和农民的家庭手工业；另一方面，促进了中国城乡商品经济的发展，促进了中国民族工业和民族资产阶级的发生与发展。

当然，列强的根本目的并不是为了促进中国传统社会向现代社会的转化，并不是促进中国的工业化、城市化，而是为了解决他们因工业革命而迅速释放出来的工业产能，建立起他们的世界市场。因此，列强东来一方面刺激了中国社会的解体、分化、发展；另一方面则导致了这一发展超前、失衡、失序。中国民族资产阶级没有获得充分发育，其先天不足无法担当推动中国社会发生根本性转变的历史重任，致使近代中国一直无法真正完成新旧交替。至于在思想意识上，中国有没有经过一次真正意义上的思想启蒙，所谓中国早期资本主义思想启蒙运动，其实只是面对渐趋僵化的儒家伦理而生发的思想异端，还不是近代意义上的思想解放、思想启蒙。在这个意义上说，五四的选择虽然极为重要，但并没有抓住中国问题的关键。不仅中国传统社会的发展无须社会全体成员的共同参与，而且近代中国的根本问题也并不是引导全体国民的觉悟，而是使中国民族资产阶级获得充分的发展，成为社会的主导阶级。

中国民族资产阶级先天不足的原因是多方面的。然如前所述，其根本原因在于近代中国社会发展的超前和失序，是近代中国社会秩序危机的必然结果。

在中国尚未与西方世界真正接触的传统社会里，社会的整体结构及其内在各部分的关联相对来说处于一种高度和谐的状态之中，社会的再生机制以及应付危机的能力似乎从未被人怀疑过。因此当西方传教士抵达中国的最初的那些年代里，他们无不对中国的文化成就和社会秩序的和谐而感到欢欣鼓舞。第一个直接掌握中国语文，并对中国古典文明进行过深入研究的西方传教士利玛窦，对孔子的哲学有着浓厚的兴趣，强调西方人如果批判性研究那些被载入史册的孔子的言行，便不得不由衷地承认孔子可以与任何异教哲学家相媲美，而且还要远远超过他们中的大多数人。

利玛窦的态度代表了当时欧洲的普遍心态，在十六七世纪，中国文明的发展虽然也遇到过一些内部障碍，但从总体上说，与欧洲文明相比并不落后，在许多领域中国仍处在世界先进国家的行列。欧洲人看到了这一点，他们力图吸收中国文明，改造他们的固有文化，在那之后的两三个世纪里，欧洲人对中国文明逐渐产生了浓厚的兴趣，在他们的心目中，遥远而神秘的中国是最理想、最完美的贤明政治，道德高尚、文化发达，足以作为欧洲人的楷模。

然而，这种情况在中国人方面则导致了另外一种结果，中国人在与西方人的接触过程中，囿于传统的华夏文化中心主义的观念，确曾有过为时并不太长的自我满足。但当中国人冷静地反省中西社会与文化的差异时，突然发现欧洲人在某些方面要比中国先进得多。特别是经过鸦片战争等实力交锋之后，学习西方文化的某些方面已逐渐成为社会的共识。

鸦片战争

　　学习西方、赶上西方是鸦片战争之后中国人的共同追求，尽管经历了种种挫折与失败，中国人始终并没有放弃过这种选择。不过，正是这种挫折与失败，引发了国人的自我怀疑情绪，觉得中国之所以不能赶上西方，除了某些外在的因素外，可能与中国的传统文化和旧的秩序密切相关。我们看到，五四的选择正是这种怀疑情绪的恶性膨胀，它使国人对中国旧的秩序与文化传统的怀疑达到了登峰造极的地步。

　　五四新人为了启发国人的觉悟，竭力批判中国的旧道德，以为正是中国的旧道德铸就了国民的劣根性，造成了国民的蒙昧主义，使中国迟迟不得翻身和进步。因而，中国欲求进步与发展，便不能不彻底废除旧道德，建立新道德，使国民在价值取向上与现代社会相合。陈独秀说："现代生活，以经济为之命脉，而个人独立主义，乃为经济学产生之大则，其影响遂及于伦理学。故现代伦理学上之个人人格独立，与经济学上之个人财产独立，互相证明，其说遂至不可动摇；而社会风纪、物质文明，因此大进。中土儒者，以纲常立教。为人子为人妻者，既失个人独立之人格，复无个人独立之财产。"

　　陈独秀从经济关系探讨道德观念转变的必然性，自然要比鸦片战争以来国人的自我怀疑要深刻得多。正因为如此，五四对传统秩序的破坏也要严重得多，它触及了中国传统社会秩序的根基，使秩序危机达到近代以来空前的程度。但是，当我们冷静反省当年的情况，我们又不得不承认五四对旧秩序的破坏具有相当的负面效应，其理论本身也陷入了两难的境地。

　　伦理观念的变迁取决于社会经济的发展，在某一特定的社会经济状况下，必然产生与之相应的伦理观念。当中国社会经济尚未达到陈独秀所期望的"现代"标准时，理论观念的提前转变势必导致社会秩序的混乱与失范。从这个意义上说，近代以来不是中国旧有的观念阻碍了社会的进步与发展，而是社会经济状况的变化滞后于意识形态的变迁。换言之，包括五四在内的近代国人在精神上的追求远远超过社会的实际承受能力，遂使意识形态不是为社会的稳定与有序服务，而是加剧了社会秩序的混乱与失范。

社会秩序的混乱与失范，在某种情况下有助于养成人们的竞争意识，客观上或许有助于地区经济的增长与繁荣，人们出于基本的生存需要，不得不在激烈的竞争中完善自身，适应环境。但在更多的情况下，社会的繁荣与发展，不仅有赖于能否赢得一个和平的外部环境，而且取决于社会内部全体成员能否携手一致，齐心合力，建立与健全一个长期持续稳定的内部机制。在某种意义上说，近代以来中国问题迟迟得不到根本解决，中国传统社会迟迟没有完成向现代社会的转化，除去种种复杂的背景和原因外，恐怕社会内部秩序的混乱，各种利益集团之间无法则的相互冲突、社会公众信仰的多元化与多变性等，未始不是根本原因之一。

五四新人并不是全然没有意识到这一点，他们在破坏旧秩序的同时，确曾思考过如何重建新秩序的问题。陈独秀对民主科学、法兰西文明的呼唤，李大钊对唯物史观的介绍，吴虞对墨家精神的仰慕，胡适对实用主义的偏爱，等等，无不可视为重建社会秩序的重要步骤。他们一方面排斥旧秩序的精神支柱，另一方面也渴望以新的时代精神重建新的社会秩序。陈独秀说："夫道德之所由起，起于二人以上相互之际，与宗教法律，同为维持群治之具。"丝毫没有否认道德在维持社会秩序方面的效用。

不过问题在于，五四对中国的社会秩序毕竟建设太少，破坏太大。一方面，五四新人精神追求的多元化使国人无所适从，使近代以来国人的信仰危机到达无以复加的程度。"所以近一年来，居然也有几个不肯徒托空言的人，叹息一番之后，还要想法子来挽救。第一个是康有为，指手画脚的说'虚君共和'才好，陈独秀便斥他不兴；其次是一班灵学派的人，不知何以起了古奥的思想，要请'孟圣矣乎'的鬼来画策；陈百年、钱玄同、刘半农又道他胡说。"于此不难想见国人信仰到了何等混乱的状况。

另一方面，五四新人所提出的道德标准和精神追求，远远脱离中国的社会实际，因而在新秩序重建过程中的实际效用未免大大减低。如陈独秀期望国人建立"自主的而非奴隶"的人格，称"解放云者，脱离夫奴隶之羁绊，以完其自主自由之谓也。我有手足，自谋温饱；我有口舌，自陈好恶；我有心思，自崇所信。决不认他人之越俎，亦不主我而奴他人：盖自认为独立自主之人格以上，一切操行、一切权力、一切信仰，唯有听命各自固有之智能，断无盲从隶属他人之理。"不要说这种主张能否真正实现，即便真的实现了，那又将是怎样一种状况还难想象吗？胡适赞成娜拉离家出走，然而鲁迅则反问道，娜拉出走之后怎样？不是回到旧规范的怀抱，便是像子君那样悲惨地死去，活着进入政界商界，成为社会上的某种花瓶。简言之，五四的精神追求虽好，但它毕竟超越了社会发展的实际条件和社会的实际承受能力，因而对社会秩序的重建与稳定并没有获得倡导者预想的效果。

从总体上说，五四的选择代表了中国历史发展的必然方向，是中国现代化进程中的必然环节。但它依然患有近代国人操之过急的浮躁心理，无视社会秩序和谐在社会发展与进步中的决定性作用。他们渴望一夜之间发生天翻地覆的变化，不愿在有序的环境里为民族复兴做艰苦细致的长期努力。五四之后中国一系列戏剧性变化，差不多都可以从这里寻找到思想渊源。

现代化是一个长期而艰巨的历史过程，现代西方国家的现代化历史已充分表明，如果没有一个稳定、和谐的内部秩序，任何浮躁的空喊都无济于事。社会秩序的建立与稳定并不单单是政府的责任，全体社会成员不仅应建立起社会秩序的共识，而且要有一种为民族根本利益而自我牺牲的勇气。当民族利益需要的时候，社会成员不是信奉"自陈好恶""自崇所信"的自我中心主义，而是确立一种为民族利益牺牲个人的献身精神，将个人的作为纳入秩序的轨道。

爱国情结

现代化的真正实现有赖于能否确立稳定的社会秩序，而秩序建构、建设一方面需要政府积极协调各个利益集团的冲突，使各利益集团在确认现代化共识的前提下进行有序竞争；另一方面，各利益集团以及全体社会公众，为了国家和民族现代化的整体利益，既要充分利用对政府的监督权力，使政府的行为不至于超越秩序、破坏秩序，或危及国家和民族的根本利益；又要接受政府的指导与协调，使各利益集团及全体社会公众的行为也纳入秩序的轨道。简言之，为了现代化之根本目标，任何个人、任何利益集团、任何行为的责任者、担当者，都必须在秩序之内进行活动，而不应超越、凌驾于秩序之上。

当然，和任何事物的发展规律一样，秩序本身也是一种运动中的范畴。它既不可能凝固于某一点，同时，从实际运作程序看，它也不可能永远处于平衡状态。它的平衡是暂时的，不平衡是绝对的。但平衡是根本目标，不平衡是为了重新实现更高层次上的平衡的必然阶段，而不是社会成员的追求目标。

反观近代中国的全部历史，我们不难发现，中国现代化历程之所以一百多年来步履维艰、裹足不前，或收效甚微，除却无数复杂的内外在因素和机遇丧失外，最根本的原因之一，恐怕还在于社会公众一直未能确立现代化根本目标下的秩序共识，遂使中国秩序一直处于不平衡状态。

中国秩序的失衡不始于五四，而是与中国现代化同时起步。早在 19 世纪中叶，中国现代化酝酿之际，中国秩序的失衡即已显露征兆。早期洋务运动思想家和传统社会改良主义者，困惑于中国进步与发展的阻力何以如此巨大的客观事实，便已试图从传统秩序方面寻找内在原因。如果说龚自珍"无八百年不易之天下，天下有万亿年不易之道。然而十年而易，五十年而易，则以拘一祖之法，惮千夫之议，听其自堕，以俟踵兴者之改图尔"的说法，依然是"药方之贩古时丹"，企求发挥传统秩序的调节功能，挽救社会危机的话，那么，魏源提出的"欲制夷患，必筹夷情""师夷之长技以制夷"以及"款夷"主张等，在客观上势必引发对旧秩序合理性的怀疑。他说："天下事，人情所不便者变可复，人情所群便者变则不可复。江河百源，一趋于海，反江河之水而归之山，得乎？履不必同，期于适足；治不必同，期于利民。是以忠、质、文异尚，子、丑、寅异建，五帝不袭礼，三王不沿乐，况郡县之世而谈封建，阡陌之世而谈井田，笞杖之世而谈肉刑哉！礼，时为大，顺次之，体次之，宜次之。"这实际上是要求改变中国旧有的传统社会秩序以合乎变化了的现实。

不过，魏源的这种思想倾向一直深刻影响着晚清的政治变革，直至清朝末年的新政、君宪等，依然可以看到魏源思想的影子。这时的思想家虽然对旧秩序之不合时宜性提出过种种责难与建议，但他们并不是要求彻底破坏旧有秩序、传统秩序，而是期望以清政府为主导自觉协调旧秩序与现实生活中不适应的部分，促进社会秩序由不平衡达到平衡。

但是，自魏源以来的这些善良愿望毕竟统统化为泡影，于是人们便很自然地从根本上怀疑旧秩序存在的合理性、合法性，怀疑清政府的能力、诚意，甚至怀疑辛亥后创建的共和体制没有力量、没有效率。于是，清末民初几十年间相继发生辛亥革命、五四运动。

辛亥革命、五四运动对现存政府合法性的怀疑无疑是基于善的理念，也就是说，他们依据善的理念作为批判和评价现实生活和现实国家的标准。因此，他们实际上是把体制的各种政治形态的改变和道德目的等同起来。这一点毛泽东后来有分析："五四运动所反对的是卖国政府，是勾结帝国主义出卖民族利益的政府，是压迫人民的政府。这样的政府要不要反对呢？假使不要反对的话，那么，五四运动就是错的。这是很明白的，这样的政府一定要反对，卖国政府应该打倒。你们看，孙中山先生远在五四运动以前，就是当时政府的叛徒，他反对了清朝政府，并且推翻了清朝政府。他做的对不对呢？我以为是很对的。因为他所反对的不是反抗帝国主义的政府，而是勾结帝国主义的政府，不是革命的政府，而是压迫革命的政府。五四运动正是做了反对卖国政府的工作，所以它是革命的运动。"

辛亥革命我们暂且勿论。关于五四，毛泽东已经讲得很清楚，它是中国人民反对"卖国政府"的一次革命运动。由于政府"卖国"，因此必须打倒、必须推翻。这里的实质性问题其实是秩序与爱国的内在关联。

无须否认，探讨这一问题的首要困难在于如何确认当时政府的法律地位，其次是如何确认五四爱国运动对政府的指控。换言之，反政府者认为政府行为构成卖国罪，因而反对之、推翻之。那么，政府是否承认这一指控呢？或者从超越性立场看，反政府的指控是否成立呢？这些问题甚为复杂，要说清楚并不那么容易，这实际上是辛亥革命遗留下来的历史问题。1916年6月6日，袁世凯在国人的一片咒骂声中死去。不久，袁世凯政府的副总统黎元洪"依法就职"，继任总统。在革命党人强烈要求下，黎元洪恢复了《民国约法》，召回了旧国会议员，重新组织了内阁，由段祺瑞任总理。对黎元洪的做法，孙中山甚为满意，于是他指示中华革命党通告国内外各支分部："迫袁贼自毙，黎大总统依法就职，因令各省党军停止进行。今约法归复，国会定期召集。破坏既终，建设方始，革命名义，已不复存，即一切党务亦应停止。"这就于事实上承认了黎元洪政府的合法性。

不久，黎元洪与段祺瑞闹分裂，黎将段解职。段纠集北洋系军人谴责黎，黎于是同意张勋出面调停。然而张勋又有自己的打算，他不是调停黎段矛盾，而是借机进入北京复辟了清朝。1917年7月，段祺瑞以共和国再造者的姿态进入北京，平息了张勋—溥仪的短命复辟，又逼黎元洪让位于副总统冯国璋。

冯段之间有过短暂的合作，但由于他们分属于北洋系的两大系统，利益的驱使造成他们并不可能真正合作。1918年10月，段祺瑞安福集团控制的国会将冯挤下台，而冯所属的直系集团则以段勾结日本为借口，指责段出卖中国以换取贷款。此后北方政府在人事上还有种种变动，但在相当长的一个时期实际上都是段祺瑞一系控制着。五四运动的主要矛头就是针对段祺瑞的所谓北洋政府。

与段祺瑞的北洋政府对峙的是南方孙中山领导的"中华民国军政府"。这是中国当时的实际状况，从法理学的角度看，南北两政府都有其存在的法律依据。事实上，不论南方政府，还是一般国民，都视段祺瑞的北京政府为一政治实体，否则南方政府就不会和北方政府对等谈判，五四学生、一般民众也就不会向段祺瑞的北京政府请愿。

就国际地位看，国际社会承认段祺瑞政府是中国的合法代表，出席巴黎和会的代表除了王正廷代表南方军政府外，其余的均应看作北方政府人士。

再看五四运动对北方政府的指控。山东问题是五四运动的导火线，但此事由来已久，甚为复杂。如果站在客观、公正立场上看，中国拒绝在《巴黎和约》的最后文本上签字，不仅维护了中国的主权尊严，而且将在国际社会引起强烈反响，有助于中国国际地位的提高。正如福开森当年所描述的那样："据美国人之感想，以威总统对于山东问题让步于日本，以期日本加入国际联盟，实属铸成大错。现在群情忿慨，甚为反对。欲图补救，惟有中国绝端拒绝签字之一法而已。若拒绝签字，则较诸保留为尤善，且有助于中国之国际地位甚大也"；"美国舆论及参议院对于巴黎中国代表团拒绝签署和约一事，深表赞同，情意恳至（挚）。"因此，中国政府拒绝签字是正确的选择。

中国政府代表团最后确实这样做了，这也确实是五四运动的巨大历史功绩。在一定程度上也可以说："在五四运动的巨大的革命洪流下，当时军阀政府不得不被迫向帝国主义进行交涉，巴黎和会的代表陆征祥等竟不敢签字和约。这是中国人民的胜利，这是中国革命走上新民主主义阶段的开始。"

不过，当我们回过头来重新审视一下巴黎和会上中国代表团的全部交涉过程，我们便很容易发现北方政府虽然在是否签约上有过某些犹豫，但自始至终的主流见解差不多都是拒绝签约。先看陆征祥等人于五四运动爆发前二日即5月2日"引咎辞职书"中的一段话："我国对德宣战，原冀列席和会。乃此次和会办法，迥与历次公会不同，各国列席全权先即大分差等，我国仅得其二，抗议虚掷东流。此祥之无状者一。到会列席，原为提议商酌，冀有公道之主张，稍减利权之损失。所有希望各案，尤以胶州为先，迭次陈述理由，各国多表同意，内有政府之决心，外有国民之后盾，乃力争数月之结果，终违当日之初衷。此祥之无状者二。"很显然，中国代表团在和会上一开始的底牌就是要收回山东的主权，只是由于种种原因而未能实现。对这一结果，代表团和北方政府当然负有责任，但毕竟国势太弱。"弱国无外交"，弱国可供交换的东西太少，无法争得在国际上的应有地位。

巴黎和会上的中国代表团

然而问题在于，既然代表团和北方政府的底牌是收回山东主权，何以称北方政府是"卖国政府"，何以因此又引起规模如此宏大的所谓"五四爱国运动"？如欲解释此一问题，只有从秩序与爱国的内在关联入手。

爱国是一个公民最起码的责任心，如果一个人连自己的国家都不爱，那么他在中国这样文化传统的国度里便难以生存。作为中国的政治家，最大的耻辱莫过于卖国，最高的荣誉也就是看他能否在盖棺论定时获得爱国者的美谥。对于国民特别是青年学生，自古以来就有一种强烈的爱国主义情绪，屈原、岳飞、文天祥等都是很好的榜样。中国人在正常情况下可能有时对国内政治麻木不仁，但在涉及国家主权、民族利益的时候，我们的国民，尤其是青年学生便极容易唤起自己的良知。因此我们看到，中国聪明的政治家无不注意以爱国心调动青年的热情。比如蒋介石并不认同五四的启蒙价值、文化意义，但他在谈及五四时，也不能不肯定五四运动中学生的爱国热情是一种极为宝贵的思想资源。简言之，在不同的中国人那里，爱国的心态是完全不相同的。

青年的爱国激情最容易被人挑拨，也最容易被人利用。不过，这种挑拨与利用的外在条件必定是秩序失范最严重的时候。如果秩序处在最佳状态，政府可以对社会和青年进行有益的指导，社会公众和青年也比较容易以理性的态度利用自己的权力监督政府。依此反观五四运动爆发那一年，我们看到中国的秩序是近代以来最坏的几个年头之一，不仅南北政府对峙且和谈不成，而各个政府内部利益集团也在进行无休止的明争暗斗。如北方政府，"安福系所组成的新国会，于1918年9月选举徐世昌为大总统，冯国璋遂下野。安福系认为这次选举既能倒冯，又举一个毫无军权实力的北洋元老徐世昌来作傀儡，那末段祺瑞仍居有参战督办地位，无论是出面组阁与否，实际上操纵全部军政大权。但是徐世昌并非甘心作傀儡，他这次能被选出为大总统，亦正是利用直皖二系之争，坐收渔人之利。"像在这种失范的秩序下，青年学生的爱国热情即使不被利用，也往往是一种盲目的行为。

史料表明，五四运动爆发前夕的中国，不仅青年学生不了解事情的真相，即或某些当事者对政府的"秘密外交"及各利益集团之间的关系也不甚了了。"三四间，上海报界接王正廷专使自巴黎来电云：吾辈提议于和会者，主张废除二十一款及其它秘约不遗余力,推测日本之伎俩仅有二途:曰引诱,曰用武。然皆与正谊公道相违;必不出此。但吾国人中有因私利而让步者,其事与商人违法贬卖者无异,此实卖国之徒也。所望全国舆论对于该卖国贼群起而攻之,然后我辈在此乃能有讨论取消该条件之余地。此电文既披露于各报,于是群情忿怒如触汤火,谓果有是人者,真秦桧再生于今日,李完用复乎中土矣!……时人既读此电,以为此卖国贼必指在巴黎之华人掣专使之肘者,始疑叶玉虎氏,然叶滞在美洲尚未抵欧,于是群疑梁启超氏。"

作为中国政府代表团的正式成员和南方政府的唯一代表,王正廷仅以"推测"之词吁请国内舆论有所表示,可见此时中国之秩序处于一种非正常的状态。而国内人民特别是青年学生当此时真有所表示不是有点儿盲目,有点儿不太负责任了吗?

再看五四亲历者匡互生 1925 年对五四大游行背景的回忆。他说:"北京各校全体学生本来有一种五月七日举行示威游行运动的预备。不料自五月一日起,由巴黎和会传到北京的消息一天险恶一天。到了五月三日,由几家报纸和几个外国教员宣传的消息,竟说中国的外交已完全失败,并说失败的原因完全在曹汝霖、章宗祥、陆宗舆等秘密订立的高徐、济顺两路借款合同的换文上所有的'欣然承诺'四个大字上面。因为'二十一条'的承认还可以说是由于最后通牒压迫的结果,在以谋求永久和平相标榜的和会场中可以借着各国的同情把全案推翻的,但日本的外交家却能立刻拿出中国专使所未曾知道的密约换文上所有的'欣然承诺'四个字来作非强迫承认的反证,来作箝制中国专使的口的利器。这一个消息宣传以后,北京所有的学生除了那些脑筋素来麻木的人以外,没有不痛骂曹、章、陆等没有良心的,没有不想借一个机会来表示一种反抗的精神的。因空气这样紧张的缘故,大家就有提前举行示威运动的提议,于是五月四日举行游街大会的议案就由各校代表会议议决了。"

学生的爱国热情诚然可贵,但当秩序紊乱之际的任何冲动即使收到良好的实际效果,也很难说是一种理性的选择,更不要说被不同派系的政治活动家所利用了。当我们冷静思索巴黎和会的消息是如何传到学生那里去的时候,我们不能不怀疑北方政府内部运作程序的紊乱、各派系之间的争斗以及他们对学生爱国热情的利用。据当时参与政府处理和会事务的叶景莘回忆说,五月一日,外交委员会决定不签约,由汪大燮、林长民将电稿亲呈总统徐世昌,徐令国务院拍发巴黎中国代表团。"但二日国务院又密电专使签约,院里电报处一个林长民的同乡当晚潜去报告他。三日清晨,汪、林到会,汪命即刻结束会务,……林密电梁启超并请他通知巴黎中国留学生,他另又通知国民外交协会嘱发电反对。我……打了英文电与上海复旦公学李登辉校长,说'政府主签,我们在此已尽其所能反对,请上海响应'。这个电的署名是随便写了三个英文字……傍晚,我到汪处报告,汪问还有什么办法可想,我说:'北大学生本要游行,何不去告蔡先生。'汪即坐马车从东单二条口赶到东堂子胡同西口蔡宅。蔡即电召北大学生代表于当晚九点在他家会议。"叶、汪、林的爱国热情我们无须怀疑,但是我们不能不想到作为当局成员当此关头首先想到发动学生,利用学生去实现自己在正常的政治运作中无法实现的政治主张,不仅有悖于自己的政治身份,实际上也多少有点对学生真诚爱国情感的亵渎。

然而,一百年过去了,谁又想到去这样思考呢?究其原因,这正是中国人的爱国情结在起着顽强的作用。似乎只要是为了爱国,采取什么样的手段都不算过分,造成什么样的后果也都无所谓。殊不知,一个美妙的爱国名词有时会掩盖着并不一定正义的行为。中国欲真正完成向现代社会的过渡与转变,恐怕在唤起国人的爱国热情的同时,也应该再提倡一点别的什么东西,比如法律、秩序等。

学生之使命

如果一个民族中的青年学生对政治麻木不仁,对时事不事关心,那么这个民族不但难以实现现代化,恐怕也难以生存和延续。一个民族的真正希望在于青年、在于学生,因此怎样才能唤起青年学生的觉醒,调动青年学生的积极性、创造性和爱国心,这是任何一个政府都不能不高度重视的大事。

但是,从学生方面而言,优点和缺点共存,优势与劣势同在。热情、好动,无不具有强烈的爱国意识和奋发精神,这无疑都是值得永远保持的优良品质。

不过，正是有了这种特出的优势，也必须坦率地承认，往往容易被那些怀有某些特殊政治目的的人所利用。因此，青年学生在保持发扬自身优势的同时，也应时时以一种理性的态度对待自身，明确自己的真正责任与历史使命，在保持高度爱国热情的前提下，确立一种现代的秩序意识。

一个社会如果没有秩序就什么事情也干不成，即使是在反对外国侵略，争取民族权利和尊严的斗争中也应具有一定的秩序。而且，由于学生自身的散漫性和冲动性特征，虽然容易唤醒他们的爱国热情，但实际上往往许多后来的行为就不是学生领袖或社会权威人士所能左右得了的，更不要说令行禁止了。所以，学生的爱国热情如果不能在理性和秩序中得到节制，最后吃亏的依然只能是学生自己。

在五四运动中，学生的爱国激情和英勇无畏的献身精神无疑应当充分肯定，但是如果仅从总结学生运动的历史经验与教训的立场来反思，也不得不承认有许多后来发生的事情并不是学生的最初愿望，甚至有许多方面有悖于现代社会的最基本和最起码的要求。据五四运动亲历者和组织者许德珩回忆："四月底，巴黎和会决定了要把德国强占我们的山东'权利'，判给日本帝国主义强盗继承。同时还拒绝了取消袁世凯与日本所订的二十一条卖国条约。五月一日，我们得到这个晴天霹雳的消息，参加在国民杂志社的各校学生代表，当天下午在北大西斋饭厅召开了一个紧急会议，讨论办法。高工的一个学生代表，当场咬破手指，写血书，大家激昂得眼里要冒出火来……三日晚上的会，北大全体学生都到了，各学校也到了许多代表，礼堂里里外外都挤满了人，这算是北京全体学生大团结的一个会议。会开到很紧急的时候，有一位十八九岁的同学，拿出一把菜刀要当场自杀，以激励国人。"

这种为理想而献身的精神令人肃然起敬。但也不难想象在这样一种冲动的氛围中，学生的行动必然缺乏有力的领导和周密的计划。另据五四亲历者杨晦的回忆："五月三日，各校代表和北大学生在北大的三院礼堂开大会，当时群情激昂，发言踊跃，有一位同学咬破了手指，血书'还我青岛'四个字，表示决心。在会上，有人提议：留日学生可以那么对付章宗祥，我们为什么不可以对他们三个（曹、章、陆）来一下？就是说，要把（白）旗子送到他们的家里去。

大家一致同意，准备行动。决定提前于明天五月四日举行示威游行，并给卖国贼送白旗……第二天，北大学生每个人手里都有旗子了。找到卖国贼怎么样呢？也有人想到那里跟卖国贼干一场的；但是大多数人，都没有斗争经验，想的很单纯，只打算把旗送去，像留日学生对章宗祥那样，搞他们一下就算完事。"

在这样一种气氛中，大多数人的意见往往并不能起主导作用。在人们的潜意识层面实际上是渴望事情闹得越大越好，只是勇于自己亲手去做的人毕竟太少，只要有人去做，大多数人并不会反对和阻拦。"五四那天，究竟因为筹备组织的时间过于匆促，北京各高等学校学生参加示威游行队伍的，也只有城里几个学校，郊外的像清华学校等都赶不及参加。当主席团在天安门前开露天大会决定游行程序时，只说先到总统府要求拒绝在《巴黎和约》上签字，并惩办曹、陆、章三卖国贼，再到东交民巷英、美、法、意等公使馆，表示国民外交的声势，并没有决议到曹、陆、章等住宅去的，但当游行队伍经过东交民巷以后，有人突然高呼要到赵家楼曹汝霖的住宅去示威。在群情激愤的时候，这响亮的口号得到了群众一致的拥护。"

当群情激愤达到难以克制的程度，任何理性的原则都被抛诸脑后，即使有个别清醒者欲阻止这种行动，也往往不得要领而失败。"大队在东交民巷被阻，自一点半钟起至三点半钟止，足足停立了两个钟头之久。最后就由大家决定改道向曹汝霖家里走去。这时候负总指挥的责任的傅斯年，虽恐发生意外，极力阻止勿去，却亦毫无效力了。大队经过东长安街往赵家楼的时候，沿途都高呼卖国贼曹汝霖，卖国贼章宗祥，卖国贼陆某、徐某、段某和其它骂政府的话。这时候群众的各个分子都没有个性的存在，只是大家同样唱着，同样走着。"在失去个性存在的人群中，一切激情、一切意识、一切行为都化为一种集体的无意识。到了这种时候，运动的实际进程不但运动的领导者无法把握，即使所有的人也不知道往后将要发生什么样的事情。

到了这个时候，学生运动的领袖已无能为力，往后的发展只能听凭感觉，而感觉当此情绪异常激动之时往往是不准确的，因而事情的结局便极可能与运动发起者的主观愿望相反。"学生既在使馆界口鹄立两个小时之久，而市民之加入者亦甚众，当时群众义愤填膺，急欲得卖国贼而一泄之。于是议定先寻曹氏，次寻章、陆。曹所住之赵家楼在石大人胡同内某小胡同，距石大人胡同东口约有二里之遥，群众入彼口时即放声呐喊杀骂国贼曹汝霖，声震天地，居民皆立门首以观。及抵曹氏宅附近，见有某姓小洋房，误以为曹宅，群众白旗掷其屋上，既而警吏某亟白其冤谓：离此不远有宽敞之大绿门乃真曹氏之宅也。"以如此盲动的举止，还有什么事情不会发生呢？

据当事人后来回忆："当到曹宅前面的时候，大多数的学生都从墙外把所持的旗帜抛入墙内，正预备着散队回校时，而那些预备牺牲的几个热烈同学，却乘着大家狂呼着的时候，早已猛力地跳上围墙上的窗洞上，把铁窗冲毁，滚入曹汝霖的住宅里去……跳进去的几个同学从内面把那紧闭重锁的后门打开。后门打开之后，如鲫如鳞的群众就一拥而入。对着后门立着的一块木屏，被一个人猛力地踢倒在地，发出轰然一声……因为他们到处搜不出那确实被大家证明在内开会未曾逃出的曹汝霖、陆宗舆、章宗祥，只得烧了他们借以从容商量作恶的巢穴，以泄一时的忿怒……忽然在东院房间的木桶里走出一个身着西装，面像日本人的人，被一个同学赶上去用一根旗杆劈头一击，那人就倒身在地佯作身死，于是动手打他的人就往后走出，而一时'曹汝霖已经被大家打死了'的喊声就传遍了内外，胆怯的学生就乘机回校避祸去了……哪里知道那佯作身死的人已乘机逃到外面一间皮蛋店里去躲藏好了。后来另一批搜寻曹、章的人在一间皮蛋店里面的一间黑屋的床上又把曾经被打装死的人搜寻出来，大家就拉住他的两只脚从那间黑暗屋里倒着拖到皮蛋店的门口，同声问他是什么人，他总是绝对地不作声，大家耐不过，就各用那手中所持长不满尺的小旗杆向他的面孔上横打乱敲，而那些手中没有武器的学生就只得权借皮蛋作武器向被打的人的头上打中几十百把个皮蛋，于是死不作声的被打的头上只见满面的鲜血和那塞满了耳目口鼻的皮蛋汁了。"

像这样泄一时之愤，痛快则固然痛快，但它不仅无助于爱国运动，而且极容易转移社会的注意力和舆论的焦点，到头来吃亏的还只是学生自己。它所带来的负面效应还不仅仅在于学生被逮捕，而实际上对此后的中国历史发展产生了极为深远的消极影响，至少使刚刚有些起色的文化繁荣又一度衰歇，使中国的政治黑暗日甚一日，或许正如鲁迅所揭示的那样："五四事件一起，这运动的大营北京大学负了盛名，但同时也遭了险。终于，《新青年》的编辑中枢不得不复归上海，《新潮》群中的健将，则大抵远远的到欧美留学去了。《新潮》这杂志，也以虽有大吹大擂的豫告，却至今还未出版的'名著绍介'收场。……在北京这地方——北京虽然是'五四运动'的策源地，但自从支持着《新青年》和《新潮》的人们，风流云散以来，一九二○至二二年这三年间，倒显着寂寞荒凉的古战场的情景。"这难道不令人感到惋惜吗？

当五四运动二十九周年的时候，胡适说过一番意味深长的话，限于当时的时代氛围，人们不大容易听得进去，今天回味起来，似乎不无启发意义。他说："五四运动是一个新思潮、新文化运动，当时并不是政治运动。""那时，我们觉得要想提倡新文化、新思

胡适

潮，就必须在非政治的基础上建立一种新的基础。所以我们那时的主张不谈政治是不可能的。但我们很多人确实做到二十年不谈政治，我个人就是在五四运动的二十一年后才做外交官的。我们当时极力的避开政治，但是政治不能避开我们，反之却来追我们，以致五四运动慢慢成了带有政治性的运动。各党派的领导人都认为这是一种伟大的力量……后来政治性就格外的加强了。这也许是好的，也许是坏的，我个人不愿评论。但文化的意义，就慢慢地削弱了。我个人觉得，这个政治化的运动未免太早，因为力量实在不够。二十九年以来，我个人始终觉得政治的基础应该建筑在文化及思想的基础上，从文化方面去努力，现在还要从各方面去努力。"

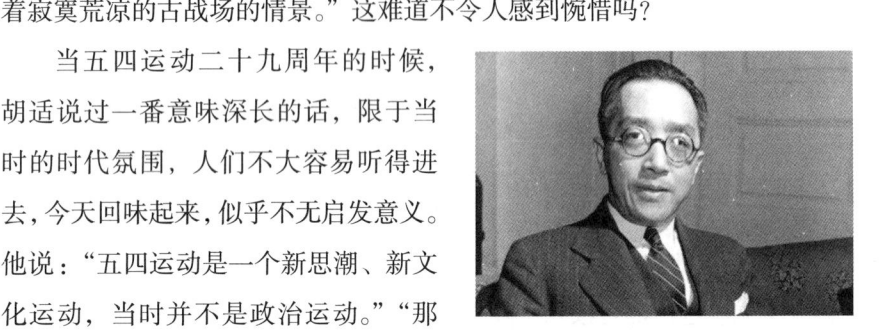

一个民族的现代化是一个艰难而痛苦的历程，它不仅需要持续稳定的国内秩序和和平的外部环境，而且需要民族成员有一种锲而不舍的韧性，一代一代地进行下去。青年是民族的未来和民族的希望，青年的责任与历史使命不仅要爱国，而且要有真本事、真本领来建设祖国，青年要善于保存实力，要善于把力量贡献到祖国更需要的地方。诚如已有人所总结的那样，伟大的五四爱国运动，"从远大的观点看起来，自然是几十年来的一件大事。从这里面发生出来

的好效果，自然也不少。引起学生的自动精神，是一件；引起学生对于社会国家的兴趣，是一件；引起学生作文、演说的能力，组织的能力，是三件；使学生增加团体生活的经验，是四件；引起许多学生求知识的欲望，是五件；这都是旧日的课堂生活所不能产生的。我们不能不认为学生运动的重要贡献。"不过，"社会若能保持一种水平线以上的清明，一切政治上的鼓吹和设施，制度上的评判和革新，都应该由成年的人去料理。未成年的一班人（学生时代的男女）应该有安心求学的权利，社会也用不着他们来作学校生活之外的活动。但是，我们现在不幸生在这个变态的社会里，没有这种常态社会中人应该有的福气。社会上许多事，被一班成年的或老年的人弄坏了，别的阶级又不肯出来干涉纠正，于是这种干涉纠正的责任，遂落在一般未成年的男女学生的肩膀上。""但是我们不要忘记，这种运动是非常的事，是变态社会里不得已的事。但是他又是很不经济的不幸事。因为是不得已，故他的发生不可以原谅的。因为是很不经济的不幸事，故这种运动是暂时不得已的救急办法，却不可长期存在的。""罢课于敌人无损，于自己却有大损失，这是人人共知的。但我们看来，用罢课作武器，还有精神上的很大损失。"

这些话，青年学生们听来或许逆耳，但随着时间的流逝，随着国家政治生活日趋清明，日趋上轨道，人们便不能不承认这些逆耳的话可能还是有些道理的。因为，虽说镇压学生运动的绝没有好下场，但历史毕竟也已反复证明："从古学生干预国政，自东汉太学、南宋陈东，皆无良好效果，况今日耶？"

新文化运动中的边缘声音

整理：周官雨希、徐添

新文化运动，我们已经了解了很多"主流思想"，但这之外的"边缘声音"则很少听到。本文借助对无政府主义、儒家思想与反传统、基督形象的嬗变等问题的探讨，再现历史的复杂性与曲折性以及思想史的多元性。我们从不同角度选取了三篇来自海外期刊的文章。

第一篇文章探讨了蔡元培与儒家思想之间的联系，它使我们从新文化与旧传统的二元对立中抽离出来，重新思考传统思维对新文化主将的影响。

第二篇文章简要介绍了无政府主义思想在中国的传播以及中国无政府主义者的活动。

第三篇文章，从比较文学的角度，以不同文本为媒介，通过耶稣形象的本土化过程来审视宗教在新文化运动中所起到的作用。

蔡元培：儒家的遗产？

整理自：*Ts´ai Yuan-p´ei and the Confucian Heritage*：*Modern China*，Vol. 11, No. 3 (Jul., 1985), pp. 251–300

作者：Arif Dirlik

20 世纪初的新文化运动以反传统为主，但是各种研究又发现传统思维在其中扮演着错综复杂的角色。在大众的眼中，蔡元培似乎很难被当作是一个儒家思想的支持者。无论是早年参加光复会立志"驱逐鞑虏，还我河山"，还是在其年富力强之时担任教育部部长及北大校长，以"思想自由，兼容并包"之势横扫京师大学堂的官僚气息与颓唐氛围，蔡元培都以其"自由与独立"的精神闻名于时，似乎同陈旧腐朽、强调君君臣臣、父父子子的儒家思想格格不入。然而，《蔡元培和儒家遗产》（*Ts'ai Yuan-p'ei and the Confucian Heritage*）的作者却告诉我们，蔡元培并非完全是一位新派人士，从某种角度上看，他的思想仍在儒家的延长线上。

蔡元培的幼年在传统社会中度过，深受经史之学熏陶的他很早希望能够凭借儒家思想彻底解决当时的贫穷、疾病以及其他社会问题，但 19 世纪最后一个十年里中国所发生的如甲午战争、戊戌变法等诸多大事却让他的旧观念体系摇摇欲坠。1897 年，严复将赫胥黎的著作《进化论和伦理学》（*Evolution and Ethics*）翻译成中文《天演论》，在当时的中国知识界掀起了一场前所未有的大风暴，"物竞天择,适者生存"的生物学原理经由斯

蔡元培

宾塞推论，再经严复演绎后成了中国救亡图存的最大依据。在这种论调的暗示下，如不放弃儒家，迎接西方文化，中国仍将难逃"优胜劣汰"的厄运。

蔡元培在这种论调的暗示下，放弃了原来的信仰，他甚至也拒绝温和的改良，转而投向了革命的怀抱。尽管他担任了光复会会长，但相比于积极的革命活动，蔡元培仍比较关注社会变革中的道德与教育问题，他认为十年以来中国革命裹足不前的原因在于道德和教育问题。1907 年,他决定赴欧留学。在欧洲，他接触了进化论、空想社会主义和法国的革命理念（自由、平等、博爱），这使得他更加认定教育和民众普遍的支持才是改造中国社会的关键。

蔡元培的观点同风行一时的社会达尔文主义相左，其时盛行的斯宾塞的学说认为，国家强弱才是民族存亡的关键，个人自由应当让位于民族国家（无论严复还是梁启超，他们当时都这样认为）。然而怀揣着人文主义信念的蔡元培却选择性地接受了克鲁泡特金的"互助"学说。克鲁泡特金提出了"互助"的观点，但却没有形而上学的支持，宇宙和人的本质究竟是什么这个问题关系到为何要实行"互助"，所以蔡不得不继续寻找答案。在德国新康德主义那里，蔡元培结合中国的"大同"思想，找到了解决之道，那就是只有实现了全人类的福祉才能有个人的幸福，但要实现全人类的福祉却并不一定要纯粹的自我牺牲。从这个理念出发，蔡元培视国家间的合作和个人自由为人类演化的关键，他认为，只有文化之间的互相交流才是救亡图存之道，而这又与教育息息相关。

1912年中华民国成立后，担任教育总长的蔡元培得以将其理念付诸实践。他提出要对国民实施军国民教育、实利教育、国民道德教育、世界观教育、美感教育等所谓"五育并举"的计划，借此以突出"人"的地位。但在当时，无论袁世凯还是孙中山都不同意他的看法，他们都是国家主义的信徒。蔡元培最终在北京大学实施了自己的计划，在他担任校长期间，他将北京大学改造成了一所致力于研究和追寻知识的高等学府。蔡元培对培育人才的看法同儒家思想十分相似，即个人自由是同社会责任联系在一起的。纯粹的个人主义不能满足社会的需要，传统的"修身齐家治国平天下"的自我实现式道路才是大学培育人才的真正目的。蔡元培肯定教化的意义，但并不意味着完全否定政府与法律的作用。即便是儒家依然需要法律来维持必要的治安。但他认为，国家机器对个人的干涉必须在最低限度内，这又与儒家学说不谋而合。但可惜的是，五四运动之后的十年正是现代民族主义狂飙突进的十年，国家利益高于一切，个人可以牺牲小我，一切以国家民族为重，蔡元培的思想鲜有应者。当五四运动发生时，蔡元培同情学生的立场，但又反对学生走上街头；自相矛盾的他最后只能搬出士大夫的老法子，他以辞职相要挟，迫使当局释放学生。此后数年，他远赴欧洲，直至北伐成功后才从国外归来。而他温和的"互助""育才"观念却无法再呼唤起青年人的热情，令人讽刺的是，许多年之后，最后其一手创建的教育体系也被他所在的那个国民党摧毁殆尽。

蔡元培从未称呼自己为"儒家学者",但他对道德思想、自我修养和服务社会等观念的看法却与儒家传统不谋而合,其对于和谐的强调,个人自由与社会义务之间的平衡,也不由得不让人怀疑这位"反传统"分子在基本观点上与儒家的相同之处。也许,在五四一代知识分子的心灵深处,传统与现代并不存在一条明显的界线。

勤工俭学与世界语:无政府主义与社会革命

整理自:*The New Culture Movement Revisited*,*Anarchism and the Idea of Social Revolution*,*Modern China*,Vol.11,No.3 (Jul.,1985),pp.251–300
作者:Arif Dirlik

无论是在中国大陆还是中国台湾历史学家笔下,新文化运动中无政府主义研究长期处于缺位状态。在老一辈的两岸学者眼中,五四运动或归之于胡适所倡导的自由主义,或归功于李大钊、陈独秀提倡的社会主义。而对自由主义与社会主义在中国的传播产生重要影响的无政府主义却在漫长的历史中得不到应有的重视。《重访新文化运动:无政府主义与社会革命思想》(*The New culture Movement Revisited Anarchism and the Idea of Social Revolution*)一文简要梳理了五四前后无政府主义在中国的发展及其对新文化运动中诸思潮产生的影响,作者意在表明:在为后来更为激进的思想提供意识形态及组织核心上,中国的无政府主义对五四运动产生了巨大的促进作用,它将工人带入这场浩大的运动之中,使工人与知识分子融为一体。无政府主义主张社会革命、重视个人精神,对20世纪的中国产生了深远的影响。

在五四运动之前,无政府主义常常同这一时期的各种思潮混在一起,即便是受过西方优秀政治学教育的美国外交官也在其报告中将中国的布尔什维克主义和无政府主义混为一谈。陈独秀曾指出,是清末朝廷的腐败无能才产生了无政府主义分子在中国各地到处活动的形象,而真正的无政府主义者却寥寥无几。事实上,正是中国政府对无政府主义的无情打压才使得无政府主义思想暴露在公众面前，进而使无政府主义传播开来。五四运动后不久，中国各地出现了大大小小的无政府主义协会，这些协会遍及北京、上海、漳州、汉口以及长沙，甚至在海外也出现了中国人组织的无政府主义者协会。五四时期，中国各报社出版的报纸上刊载了许多无政府主义文学作品，据统计，光是1922年至1923年，国内外出现的无政府主义刊物就达70份。这些无政府主义者为新文化运动提供了最初的比较系统、激进的社会改造思想，他们及其无政府主义哲学不仅影响了中国知识分子的思想，而且极大地影响了从广州、北京到巴黎的各地的民众。

1915年，两个与无政府主义有关的团体在中国的知识分子中间成立，这极大地推动了新文化运动的发展。第一个团体在巴黎成立，成员是一些很早就接触无政府主义的知识分子，大部分人和胡适、陈独秀是同辈人，他们借助个人关系网影响中国知识界；第二个组织是刘师复在广州成立的无政府主义小组，该小组成员主要是本地的年轻人，大多是新文化运动时期接触了无政府思想的教师和学生；1919年之后，他们成了无政府主义运动的主将。巴黎的无政府主义者对新文化运动的推动更为明显。他们在1911年以后发起了勤工俭学计划，为了发展教育，吴稚晖和李石曾等人于1912年成立了"世界社"，他们相信，通过组织学生游学可以解决阶级分化的问题。第一次世界大战前，这些巴黎的无政府主义者们计划让一批学生来法国勤工俭学，但这个计划因为战争的爆发而被搁置下来。一战期间，由于来法留学的学生数量较少，无政府主义者们将注意力转向了一战期间来法的中国劳工，而一战之后，他们再次转向学生：这些工人与学生中的许多人后来都成了共产党和中国青年党的领导者，这些人中尽管有许多人后来放弃了无政府主义，但并没有摆脱无政府主义对他们的影响。在法国无政府组织发起勤工俭学的同时，广东的无政府主义者在其领袖刘师复去世后在各大城市中心宣传其主张，帮助工人成立广东茶行工会，同时他们还在无政府主义的思想指导下创办了世界语学校。广州的无政府主义者还投身于陈炯明麾下继续宣传他们的主张。1916年，曾信仰无政府主义的蔡元培担任北大校长，在他任校长期间，他虽没有公然宣传自己的观点，但他的改革却为无政府主义的传播创造了宽松的讨论环境。这些事情使得无政府主义在1915年至 1928 年广为流布，相关刊物盛行一时。

在新文化运动的历史上，无政府主义者的早期思想倾向于直接的社会革命，他们之所以会有这样的教育和组织上的行动，主要是因为他们视社会革命为一种使中国转向社会主义的手段。对他们而言，社会革命有两层意义：一是彻底的社会大变革；二是全体之革命。无政府主义者的社会革命思想，首先是反政治的。他们反对少数人参与的有限的政治革命，并将一场彻底的革命视为克服自私、获得"公道"的唯一途径。他们反对强权，将国家视为强权的代表，并将消灭国家作为革命的主要任务和废除强权的先决条件。其次，无政府主义者也将传统视为强权的根源，希冀能够净化中国传统思想。他们要求"儒家革命"，因为在他们看来，儒家思想是封建家庭和国家的根基。《新世纪》杂志称："我们今天的社会，就像一座高塔。婚姻是它的根基。"如果说家庭也是强权，那么废除婚姻、消灭家庭也就等于消灭了强权。第三，他们也要求消灭阶级剥削，但却和马克思主义有所不同，他们考虑到经济基础上的阶级压迫，将废除私有权和高利润产品作为社会革命的目标。在这个问题上，刘师复更为激进，他认为，资本主义是当今社会的两大恶魔之一，而另一个恶魔则是国家。他们拒绝将阶级斗争当作解决阶级压迫的手段，更倾向于从道德的角度解决问题。

无政府主义者的革命思想来源于克鲁泡特金哲学，它将个人视为一切的出发点，革命的目标是要将个人从现代社会的强权下解放出来并且去激发人的善良。这使得无政府主义呈现出两面性，一方面因为主张革命而表现出暴力倾向，另一方面却由于需要解放个人、激发人内心的善良而重视教育。前者是无政府主义的消极面，而后者却恰恰是无政府主义的积极面，而二者也不可被简单地对立起来，教育可以被看作是暴力革命之后的一种"再革命"。作为一种新文化运动时期的激进思潮，无政府主义曾影响了一整代的年轻人，即便无政府主义思想在 20 世纪中期很快消退，但它作为一种激进思想的社会影响并未消失。当其威力减弱之时，从国外传来的布尔什维克主义接过了它的口号，终将中国带入了一个新时代。

基督东来：新文化运动中的耶稣重塑

整理自：*Rewriting Jesus in Republican China*，*Religion*，*Literature*，*and Cultural Nationalism*，*The Journal of Religion*，Vol.91，No.2，(April, 2011)

作者：Zhange Ni

在官方的历史教科书中，德先生和赛先生是新文化运动的两面大旗。人们对新文化运动的记忆往往停留在反传统、反宗教，崇尚西方自由与民主。然而，真相确实如此吗？在《共和制中国的耶稣重塑：宗教、文学与文化民族主义》（*Rewriting Jesus in Republican China*，*Religion*，*Literature*，*and Cultural Nationalism*）一文中，作者摆脱了片面化单线条的历史叙述，以事实为据，试图复原新文化运动时期宗教活动和耶稣形象的真实情况。

作者首先对新文化运动的主要目标做出确认，即对内启蒙、对外救国。20世纪20年代，中国已经推翻了封建专制统治，实现了共和。然而很快有识之士便发现，新共和有名无实，国家仍处在生死存亡的边缘。问题究竟出在哪里？人们把目光转向了文化。作者借用安东尼·D.史密斯（Anthony D.Smith）的定义，把新文化运动的指导理念总结为"国民建设的文化民族主义"（nation-building cultural nationalism），区别于"国家本位的政治民族主义"（state-oriented political nationalism），文化民族主义是一种"现代的、世俗的意识形态，有着民间宗教式的作用。如传统信仰一样，它对个人和团体都会产生影响，尽管它的来源是世俗的、非传统的。"在文化民族主义的狂热下，"打倒孔家店"、反对基督教的声浪成了时代的主流。但是，以往被掩盖了的基督教中国化、本土化的努力也确实同时存在，暗流涌动，生生不息。而其中，借着新式文学的东风，对《圣经》中耶稣形象的重新描述则成了新文化运动中宗教方面最重要的活动。

对已有人物形象的重新解读是新文化时期文学创作的热门之一。这其中不单单包括耶稣，也囊括了古今中外的各种历史的、神话的、宗教的人物。鲁迅的《故事新编》就是最佳例证。重写的目的在于通过传说、记忆、习俗和价值的重构来塑造出新的合乎现代国家公民需要的民族身份认知。作者列举了当时较有影响力的重写耶稣的作品，并对它们的作者、内容、写作目的做出了细致分析。其中包括：1928年夏莱蒂的《耶稣与猪》；1935年赵紫宸的《耶稣传》；1933年朱雯的《逾越节》；1938年张仕章的《革命的木匠》；1942年茅盾的《耶稣之死》；1945年端木蕻良的《复活》；1946年聂绀弩的《石头坟》。这些作者大多并非基督教徒，但他们却都非常了解《圣经》。这主要是因为当时的知识分子普遍有广泛阅读西文的热潮。他们把《圣经》作为文学作品，强调其中的美学意识和道德情操。例如冰心就曾写过一组"圣诗"，而鲁迅也在他的《野草·复仇》中描绘了十字架上的耶稣。

对于耶稣形象的重构经历了去神话化（demythologization）和再神圣化（resacralization）两个步骤。前者主要是为了把耶稣作为历史人物从宗教光环中剥离出来，突出他为以色列的民族解放做出的牺牲，以及包容博爱的人道主义。后者主要是将耶稣与中国传统中的忠和恕相连，使其成为完美人格的化身，由内而外地"圣化"成一个悲情的民族英雄。这样的转变之所以能够实现一方面是因为当时的中国与《圣经》中以色列的社会权力结构具有相似性，另一方面也得益于新文化运动兼收并蓄的开放性。非信徒赞美耶稣的道德完美和自我牺牲，而信徒们则在此基础上宣传基督教，强调它是代表着自由、民主与科学的西方现代文明的根源。为了在中国的社会文化革新中站稳脚跟，基督教会和学者广泛涉足出版社、图书馆、研究机构、翻译计划等各项文化活动，如1925年，"中华基督教文社"的成立。由此可见，新文化运动时期的宗教并非始终处于被压迫状态，反而自有其影响与应对。新文化运动并非顺我者昌、逆我者亡的浩浩汤汤，而是思想文化竞相争流的激湍。激湍之下，必有深潭；深潭之中，暗流汹涌。

影像 | photo

活力与秩序 ：都市里的小城镇生活

摄影、撰文：于默

一

城市的发展是各个势力均衡的结果。越来越多的人如飞蛾扑火般从小城镇涌入城市的光明之源。每个都市繁华的背后，都隐藏着一个个小城镇的故事。繁华都市中的人是从小城镇补充来的，他们或已迈进都市，或即将迈进都市，或永不迈入都市。这带来了两个变化：人们对于小城镇生活观念的变化和小城镇生活本身的变化。而对于小城镇上的人来说，小城镇是故乡，凝聚着青春的记忆。他们都没有忘掉各自的活力与秩序。

小城镇上的时间是停滞的，人是过去的，好像一切都停留在 20 世纪八九十年代。那是他们的黄金时代，年轻人还没有大批进城务工。他们认为只要通过自己的努力，在小城镇上也能过得很好。可从 2000 年开始，小城镇的状态变了。生活开始压抑，青春开始苍白，文学上日渐流行写小城镇青年进城的故事，甚至有"北漂伤痕文学"一说，似乎把小城镇生活贴上了不必要的标签。

比起文学来，摄影更是一个光影、现象、人际关系的洞穴。洞穴的入口是相机的镜头。苏珊·桑塔格在《论摄影》中说："摄影就是挪用所摄的东西，意即将自己投入与世界的某种关系中。这世界似乎明白易懂——因而似乎可予以支配。"现在，有一位名叫于默的摄影师，他把洞穴开掘到时间停滞的小城镇，把自己投入与小城镇的某种关系中，用黑白的胶片，用光与影，更逼真地讲述那小城镇芸芸众生的故事。他使我们知道，总有一群人，过着他照片中的日子。

二

我拍的照片不美也不新奇，所以既不适合参加展览，也不适合刊登媒体。朋友之邀难推辞，选了几张普普通通的人应个景。想象中比较理想的方式是出本书，没有书号、没有价格、没有文字、没有边框、满打满印，像一块儿砖头的照片的书。

这块儿砖叫小城镇故事。这个城我建了十年。城再建也不大，就像是我的野心。

我爱游荡。游手好闲的人爱矫情，不太爱定性。照片拍得业余再业余，逼急了才突击一次暗房。只是游荡到哪里要是不摁两下快门总觉得缺点什么，所以一路摁了下来，不知不觉小城镇有了个雏形。照片方方正正的像个老城，电视也方正，但电视不安，城里太乱。

我喜欢小城镇，它的尺度可触，真实。里面没有轰轰烈烈，大到不着边际，但有滋有味地活着，生动。闲来无事，家长里短的也会聊天聊地。

聊着就有故事。我打小儿就爱听故事。有的故事明明白白，有的故事心领神会。有的故事有结果，有的故事是故事的故事，生生不息。我不太喜欢明明白白有结果的故事，就像明明白白有结果的照片，结果好坏，人都不舒服。不如蔓生蔓长，翘首以待，喜怒哀乐地跟着故事走，慢慢也成了故事的一个角儿。

我建的这个城小，古怪的是它没有边界。它在往小里头长，故事中都是不着边际的话。细水长流，一代一代讲着，故事就是城池，就是家国。不管看得见看不见，不论是马可·波罗还是蒙古可汗，一句老话儿：城都塌了，故事永远讲不完。

我的这些照片是城墙里的一块儿砖，墙塌了，砖也许还在。

2016，上海

2013，福州

2014，泉州

历史学人 / 影像

2012，昆明

2014，杭州

历史学人 / 影像

2015，广州

2013，泉州

历史学人 / 影像

2014，厦门

2013，泉州

2015，汕头

探访 | interview

杨奎松：从戊戌到五四的中国革命

采访、撰文：李礼

> 在欧美日本社会主义、无政府主义等各种新思想、新观念的影响下，
> 中国青年知识分子的思想观念已经开始发生了潜移默化的改变。其中
> 一个最值得重视的改变，就是相当一批人的等级观、阶级观被颠覆了。

一

历史学人：印象中，您的兴趣似乎主要聚焦于中国现当代革命，但我注意到您的一些著作也涉及晚清、民初，即革命的"由来"问题。比如早先出版的《中国近代社会主义思潮研究》，以及近年的《"鬼子"来了：现代中国之惑》。总体上，您如何看待近代以来持续不断的中国革命现象？

杨奎松：我是研究历史的，历史研究的一个主要功能，是尽可能还原历史事实的真相，告诉人们过去发生过什么，许多对后来影响重大的事情是怎么发生的，以及它们为什么会发生，等等。也就是说，历史学家研究的其实是实然问题，而非应然问题。历史上哪件事该不该发生，或发生的事情在今人看来是好是坏，严格说来未必是历史学家必须回答的问题。

再者，从历史研究的角度，历史上的事情，好或不好，都是相对的，很难一概而论。革命就更是如此。英国革命、美国革命，好像今天也没有几个说不

好、不该的。法国革命比英、美革命要暴力，但也是有说好的，有说不好的，说好的今天也多有批评。但很少有人说法国人当年不该争人权，不该主张"自由、平等、博爱"，不该反帝制、建共和。中国革命恐怕也是如此，不能一听"革命"两个字，就认为都是暴力。即使存在暴力，也有程度的不同。何况，我们今天讲"中国革命"，也不能一概而论，不做界定。民主革命、民族革命、社会革命，是一种革命吗？

历史学人：很多人脑海里有一种历史感受，近代中国似乎有过几次避免暴力革命、转入政治改革的机遇，比如 1898 年变法、1900 年之后的新政。可惜都没有抓住，这导致之后几十年很多事和革命搅在一起，似乎只有破，没有立。您对此如何评价？也顺便请教一下您对戊戌变法和清末革命的看法。

杨奎松：首先，我们今天使用的"革命"一词，指的是"Revolution"。该词的基本意思，是彻底改变，不意味着一定就是暴力改变。当然，在中国，要彻底改变旧的制度、体制、文化，往往会引发暴力。但即使在中国，革命也不都是血腥的，或者说暴力的程度也有很大不同。

比如，1898 年的戊戌变法，在我看也是革命。尽管它暴烈的程度，远不如后来发生的一系列革命。但是，我们不能因为它暴力的程度低一些，就把它说成是不革命或反革命的。指出戊戌变法其实是具有革命的性质的，也确实诉诸过暴力手段，流过血、死过人，有助于后人了解，在中国彻底改变旧制度、旧体制，会多么难，中国的革命为什么总是要流血。

说戊戌变法也是革命，并不是无中生有。无论从康有为等追求的目标来看，还是从其变法激进的程度来看，包括从主事者最后选择激烈对抗，失败后或流血或逃亡的结果来看，我们都很难简单地把它看成是一场根本排斥暴力的改良运动。还在变法过程中，时任直隶总督的荣禄就曾当面质问过康有为："变法不错，但一二百年之成法，岂能遽变？"他怎么答？康毫不含糊地回答说："杀几个一品大员，法即变矣。"不难看出，康、梁他们从一开始就做好了流血的准备，要么流变法者的血，要么流拒变法者的血。因为，在他们内心里，就像谭嗣同说的那样："今日中国除非闹到新旧两党流血遍地，否则不会有复兴之望。"这也是为什么，一个由上至下的维新变法，康有为等竟推动光绪皇帝在三个月里一气颁布了100多道变法诏书，平均每天一道还多。稍有常识者都清楚，如此激进，非招致反动不可。康有为、梁启超、谭嗣同等人当时真的幼稚到对此危险浑然无知吗？未必。

注意一下梁启超几个月前关于我等只谋急进，不图渐进，当"以种族革命为本位"，不以立宪为本位的言论；注意一下他们在变法过程中发现后党阻挠，光绪权位不稳，马上就计划暗杀；注意一下康有为变法失败后，刚刚逃亡到香港，就向日本人"借兵"，要"略取武汉""攻占南京""再移军北上"……不难看出他们急于求成，是抱定了不惜诉诸革命暴力的决心的。谭嗣同最后以死明志，也反映了这样一种心理。

确实有人认为，如果戊戌的变法不那么急进，抑或慈禧施行新政后，孙中山等不挑动反满，中国后来很可能就不会走暴力流血的路。但这种看法恐怕是太过一厢情愿了。我们多少了解一点当时世界大环境、大背景及其发展的大趋势，和中国社会当时的主要问题，应该就不会得出这种假设来。

19世纪末至20世纪初，当康、梁和严复等还在致力于学日本搞君主立宪的时候，开始席卷欧美乃至东亚的社会政治思潮，已经不是民主主义，而是民族主义和社会主义（包括共产主义和无政府主义）了。这也是为什么，还在戊戌变法前夕，梁启超就提到过"以种族革命为本位"的问题，以及1902年中国学生大批涌入日本后，许多人几乎马上就变成了激烈的反满分子、无政府主义分子，以及社会主义思想的追随者，甚至就连梁启超一度都转向反满革命并崇尚社会主义了。

更重要的是，晚清革命在中国不可避免，并不是因为国人有了人权和平等的意识，开始厌恶皇权和帝制了。而是世界范围民族主义的浪潮兴起后，使得原本就存在的满汉民族矛盾不可避免地白热化了。

从1901年以后开始如雪片般四处传播的反满文字中可知，大批汉族知识青年都受到民族主义的思想影响，开始认定，260年来，占人口绝大多数的汉人，一直受着从长城外打进来的极少数满人的统治和奴役。正是这样一种心理迅速构成了20世纪初中国革命爆发的主要思想基础。

在这里需要注意的一个问题是，反满革命的宣传最初确实非常激烈，如邹容的《革命军》等，是扬言要"诛绝五百万有奇披毛戴角之满洲种"的。但两年后，就连邹容自己也改变了这种态度。因为当时大家多半信奉的还是19世纪末兴起于欧洲的"一个民族一个国家"的思想，因此也就比较认同孙中山"驱除鞑虏"，即将满人赶回到长城以外去的主张了。

这场革命有没有可能避免呢？理论上如果清朝统治者清楚地意识到危机所在，主动退让，也许不是不可能。但这恰恰就是为什么，在中国，在各国，革命从来都难以避免的原因所在。因为握有政权、享受着种种既得利益的统治者，通常都不大可能看得懂历史发展大势的。最好的情况，也就是像西太后那样，在走投无路的情况下，会想到可以由自己掌控变法，来化解危机。从今天来看，西太后此举不仅解决不了中国当时的民族矛盾问题，而且还极大地加速了革命的到来，因为新政把原本不想革命的汉人，也都推到反满革命一边去了。

先前的反满运动，基本上局限在海外华侨及闽粤等地秘密会党中间。晚清废科举、兴学校后，原本还依赖于清王朝来谋得上升空间的广大普通读书人，一夜间全被抛到社会上去了，而年复一年进入新学堂读书的大批少年学生，同样都要自谋生计，这就毁掉了让汉族年轻知识人臣服于满人统治的几乎是唯一的理由。更何况，他们用来谋生的知识和技能自此基本都来自西学，无论在新学堂，还是在出国留学中，他们也更容易受到各种新思想和新观念的刺激和影响，更容易把汉人所遭遇的种种灾难和屈辱，一概归结为残暴无能的满人统治的结果。

在这种情况下，清末新政施行不过几年之后，反满革命接连爆发，清王朝最后于一夜间即被几乎全体汉人，反满的、不反满的，包括被拿着清廷俸禄的汉族权贵所弃，可以说不可避免。

二

历史学人：那么您怎么看革命的烈度，何为激烈，何为不激烈？辛亥革命比起此前的欧美革命，有何差异？

杨奎松：一般来说，政治革命争的是政权，目标敌人只是少数统治者，范围不大，而且受实力对比等条件制约，还有妥协迂回的可能，故通常都不会太过激烈。民族革命争的是独立和文化主导地位，暴力的程度和范围因民族关系情况和力量对比情况不同而会有很大不同，故有的可能很激烈，有的可能不用诉诸暴力。比较而言，我们今天谈到的较激烈的革命，应该指的是"社会革命"。社会革命争的是平等，尤其是经济平等。一旦涉及"等贵贱，均贫富"的问题，就很容易把穷苦阶层的社会大众调动起来，革命也就容易变激烈了。因为把"富""贵"者视为敌人，并以剥夺财产、地位为手段，不仅革命的对象和范围可能无限扩大，而且革命烈度也往往难以把控。

就不同性质的革命会有不同激烈程度问题，我们可拿英、美、法、俄四国革命做一简单比较。英国革命是典型的政治革命，争的是权利，贵族和国王经过长期较力，一步步接近民主，虽有暴力，但流血不多。美国革命带有民族革命性质，揭出的旗号是人权平等，但真正目标其实是独立。因此，出面组织领导革命，向宗主国要人权、要平等的主要是社会精英阶层，一旦在军事上挫败英国，双方达成妥协，北美各殖民地也就顺势通过协商妥协，逐步建立起世界上第一个联邦共和制国家了。法国革命也是政治革命，旨在争人权自由，却因过分强调平权，一度使平民的意志占据了主导地位，结果把政治革命引向了社会革命，出现了过度暴力和血腥的局面。俄国十月革命是典型的社会革命，一上来就剥夺了地主和资本家，并且将资产阶级，甚至上层小资产阶级一概视为敌人，革命自然就变得很激烈了。

如果对照上述四种情况，可以看出，中国的辛亥革命实际上还是一场民族革命，并不像后来许多国人以为的那样，是一场推翻帝制的共和民主革命。孙中山固然早就提出要学美国"创立共和（民国）"，但辛亥前中国既没有发展出公民权利意识的社会基础，更没有经历过思想启蒙和由上到下各阶层争取权利的斗争。辛亥期间在推翻满人统治的武装起义的过程中废帝制、建共和，只是大势所趋，别无选择。但它不可能真的带来宪政民主，不论是英国式的，还是美国式的，抑或法国式的。因为当时中国还没有形成一个有着共同利益，并对自身权利有着共同诉求的纳税者群体。

之所以要特别指出这一点，是因为只有明了这一情况，才有助于我们理解辛亥后的中国，为什么革命仍旧停不下来。因为，如果政治革命的任务没有完成，也就意味着人权、民主、自由等，都得不到保障，最基本的权利平等实现不了，其他任何平等都是空的。在20世纪上半期国际权利平等思潮的冲击影响下，一定会引发持续不断的矛盾和斗争。

三

历史学人：1898年那场变法以日本君主立宪为蓝本，20世纪初清末新政的宪政尝试，在辛亥革命后也一度得以延续。那么，为何到了五四之后，这些曾经的宪政方案却都式微了？

杨奎松：这种情况与19世纪欧美资本主义发展、扩张，所暴露出来的严重危机有关。仅就欧洲英、法、德等国自身而言，因贫富悬殊、阶级分化，逼成的社会运动、罢工示威，乃至城市起义，就接连不断，此起彼伏。1848年马克思、恩格斯的《共产党宣言》，就诞生在欧洲接二连三的暴力革命的背景下。那之前，温和的改良的社会主义主张和试验还很流行；那以后，无政府主义、共产主义、革命社会主义的激烈主张，影响极大。这是当时的社会现状和社会环境造成的。这些激进理论的建构者，所以认定暴力革命是必须的，是因为此前的各种斗争都显示，掌握在特殊利益集团手中的国家政权本身，就是暴力压迫的机关；要根本改变社会贫富悬殊、少数压迫剥削多数人的现状，就非得用暴力手段推翻压迫阶级，直至根本废除国家不可。受到这种情境和思想的冲击与影响，那些对中国问题充满危机感，想学西方的志士仁人，稍一接触欧美社会，就会动摇他们原来单纯想照搬西方民主宪政的想法。

我们知道，孙中山最初组织兴中会，进行反满革命时，其入会誓词是"驱除鞑虏，恢复中华，创立合众政府"。这里面没有社会主义的内容，只体现出民族主义和民主共和的思想。但是，1905年他再建同盟会时，誓词中就加上了社会政策方面的内容，变成了"驱除鞑虏，恢复中华，创立民国，平均地权"。

所以会有这样的变化，就是因为他在 1895 年广州起义失败后，于 1896 年秋至 1897 年夏流亡英国 9 个月，还在大英博物馆的阅览室里蹲了两个月，对欧洲社会变革产生了新的认识，开始认同社会主义思想了。

1905 年创建同盟会之前，他曾亲赴欧洲第二国际总部，告诉其领导人说，在他的领导下，中国革命不仅会成功，而且中国还将成为世界上第一个社会主义国家。他的理由是，欧洲资产阶级统治已经稳固，无产阶级想要推翻资产阶级恐怕要花上一百年的时间。而他将吸取欧美历史教训，将民族、民主及社会革命"毕其功于一役"。中国民族民主革命成功之日，就是社会主义开始实现之时。

包括康有为、梁启超，他们在国内时也只识得民主政治之皮毛，或多少受到某些民族主义（梁启超称之为"种族革命"）思想的影响。流亡日本，特别是游历欧美后，两人都对他们过去想要模仿的欧美日本民主宪政，包括对工业发达后因社会分化所带来的贫富悬殊，开始感到失望。梁启超一度认定，资本主义即将寿终正寝，20 世纪社会主义必将取资本主义而代之。康有为更是断言资本主义没有前途，必致"贫富不均而人格不平"，他尤其担心欧美工人结社反抗会"酿铁血之祸"。据此，他很快将此前他提出过的，人类只能由"据乱"到"升平"到"太平"的所谓"大同三世说"，与西方共产主义乌托邦两相结合，在 1903 年前后初步成就了一本专门论证国家、阶级，甚至家庭等终将消亡的《大同书》。

换言之，进入 20 世纪以后，凡思想上多少与当时的世界能接上轨的政治家，不管谁来设想中国的社会改造，几乎都会想要避免重蹈资本主义的覆辙。以中国人习惯于找捷径的性格，许多人所以转而醉心社会主义，其实就想要找到一条既能避免重蹈资本主义社会分化、阶级斗争的覆辙，又可以得到资本主义工业发展利益的超越之路。

历史学人：您深入研究过社会主义在华传播历史，能否认为 20 世纪初以来的中国革命，很大程度上是无政府主义和各种社会主义思想影响的结果？

杨奎松：从 20 世纪初到五四前后，中国持续发生过三次社会主义思想传播

的热潮。一是1902—1907年，主要发生在流亡或留学在日本的数万中国人中间；二是1910—1912年辛亥革命期间，主要在北京、上海、南京、广州等几个大城市里；三是1919—1922年五四运动期间，几乎遍及全国各个城市。第一次热潮中无政府主义的思想传播影响最大；第二次社会政策思想与无政府主义思想影响各半；第三次对中国思想界冲击最大，各种改良社会主义思想、无政府主义思想、俄国布尔什维克革命共产主义思想，都得到了相当广泛的传播，并直接间接地带动了各种社会运动。

当然，孙中山和康、梁两派人实际上既不相信无政府主义，也不认同共产主义或革命的社会主义。他们固然都诉诸过暴力，一方是志在驱满兴汉，另造汉人的国家；一方是志在武装勤王，以求由上至下再启变法。形式上，他们一度围绕着要不要"革命"的问题，爆发过一场激烈的论战。但这场由康、梁一派人挑起的论战，很大程度上其实是他们自认"正统"，痛恶孙中山这种"宵小之辈"出来搅局。因此，他们对孙中山最激烈的指责，就是声称孙依靠"下流社会"，如"赌徒、光棍、大盗、小偷、乞丐、流氓、狱囚"之流，"排满"是"祸国"，搞"社会革命"是"肇攘夺变乱之患"，欲重演赤眉、黄巾之变。

实际上，孙中山对社会人群和社会改造的认知，与康、梁并无本质不同，他一样相信"上智下愚"。在他看来，世间之事，只能用"先知觉后知"的办法，调动"后知后觉"者按"先知先觉"者指引之路，领着广大"不知不觉"的底层大众去实现。因此，孙中山发动革命起义固然多靠"下流社会"，如会党等，但其"建国方略"，包括所谓"民权革命""民生革命"的方案里，都是自上而下，坚持要由他这样的先知先觉者来主导、来"训政"，以渐次来推行的。他的"社会革命"，也不过是打算在重建汉人国家后，在他领导下，政府用和平赎买的办法购得大量土地，一方面用于平均地权，做未雨绸缪之策；一方面便于大量引进外资，来帮助中国开发工业。在他看来，中国只有"大贫小贫"问题，不存在社会分化问题，因此他从来不赞同在中国搞什么"均贫富"。

如果我上面所说基本符合史实的话，那么我们理当可以得出结论，不仅康、梁的革命谈不上多暴力，孙中山的革命也绝不可能有康、梁宣传所说的那么激烈。

四

历史学人：到了 1920 年代，中国革命的"烈度"反而更强了，除了政治革命任务未完成，是否还有一些深层次原因？作为其中一个历史节点，五四运动究竟改变了什么？

杨奎松：假如我们把晚清以来的中国革命视为一个持续的进程的话，确实能够发现，革命的烈度和广度，在五四前后出现了明显的变化。之前的革命，康、梁一派人就不用说了，即使孙中山革命党所发动的革命，充其量也只是一些城市中的暗杀或少数人的起义。辛亥革命大概是最具血腥的革命了，武汉和广州等几个城市都发生了满人大批被汉人杀害的情况。但这种情况也仅仅发生在少数城市，而且持续的时间很短。而在 1920 年代中期以后，革命的范围、烈度和规模，显然都远甚于辛亥之前的革命了。

2019 年是我们通常所说的五四运动发生的 100 周年，很多学者都在撰文纪念或研讨。但是，五四带给现代中国最大的冲击和影响是什么呢？是学生的爱国热情，还是对"民主""科学"精神的推崇，抑或是"打倒孔家店"的文化革命勇气？我觉得都不是。

爱国的学生运动即使不算甲午年的公车上书，至少从 20 世纪初留日学生那里开始，就没有停过。"民主""科学"问题，大量的研究成果都同意说，作为思想启蒙，它们在五四后基本被救亡的情绪压倒了。至于五四新文化的反传统作用，恐怕五四还没结束就消失了，或者用余英时的说法，五四反传统原本就没有脱离传统的思维模式。

那么，相对于中国现代历史，五四时期最重要的影响是什么呢？在我看，就外部环境的冲击和影响而言，最关键的是俄国 1917 年的十月革命。因为俄国与中国毗邻，再加上列宁领导的这场革命一开始就是以世界革命为目标的，因此，它向中国输出革命原本就是题中应有之义。1919 年负责指导世界革命的共产国际的建立，1920 年和 1922 年两度召集东方民族革命分子会议，以及 1920—1922 年中国多个共产主义小组自发组成，它们以及其他各种激进组织的代表相继前往苏俄寻求共产国际的承认和支持等，都再明显不过地反映出中国革命正在脱出旧的轨道，而转向一个新的方向了。

但是，这和五四有什么关系呢？

以往学界的研究多强调外部作用，如俄共、共产国际派人来华，提供各种帮助等。传统党史则更强调内因，说俄共来人前中国已有一部分人做好了各种"准备"。这两种说法在史实上都不很准确。

事实上，俄国十月革命虽然发生在1917年11月，但俄共特别是共产国际向东亚三国输出革命是在其红军从西向东推进到远东地区后，即1920年春派维经斯基等到中国与李大钊、陈独秀等接触后才开始的。而还在差不多两年前，中国一些激进知识分子就已经开始对俄国革命表示认同了。这在当时国际国内舆论条件下，还不是一件那么轻而易举的事情。因为之前举国舆论都还在欢呼俄国的二月革命，突然间又冒出来一个列宁和布尔什维克，一举推翻了二月革命建立的临时政府，欧美政府及其舆论都接受不了，中国政府和中国的知识界、舆论界自然也都接受不了。

俄国新政权最让人接受不了的，一是它宣称建立了一个社会主义国家；二是它宣称它是世界上第一个平民（工兵）政权。前一个宣告在多数欧美国家政府看来实属大逆不道，但对中国人可能还不致造成太大震惊。毕竟梁启超15年前就有过这类预言，孙中山12年前还向国际社会公开预告过他有志于将中国变成世界第一个社会主义国家。不过，对于大多数中国知识人来说，后一点却是最难接受的。当时来自欧美通讯社的大量报道都显示，俄国布尔什维克新政权，就是建立在康、梁等最害怕的那个"下流社会"基础上，旨在"等贵贱，均贫富"的强力机器。

那么，为什么还是会有越来越多中国的知识人以及青年学生会认同他们，甚至自发地开始组织共产组织，抑或自费派代表前往苏俄去考察，去争取承认呢？在我看来，一个最重要的原因，是相当一段时间以来，在欧美日本社会主义、无政府主义等各种新思想、新观念的影响下，中国青年知识分子的思想观念已经开始发生了潜移默化的改变。其中一个最值得重视的改变，就是相当一批人的等级观、阶级观被颠覆了。他们不再会像康、梁那样，固执地坚持"上智下愚"说，甚至不再认同传统的"劳心者治人，劳力者治于人"的观点，因此也不再那么讨厌所谓的"下流社会"了。

我想，这恐怕就是你提到的那个历史表象下的更深层次的原因吧。

五

历史学人：那时中国知识分子思想观念上的改变，能否请您展开一下，说得更具体一些？这种改变又导致了怎样的影响或者说历史后果？

杨奎松：简单地说，无论中外，古代国家都是讲等级、讲尊卑的。不同民族或国家等级制形成的原因不同，表现形式也各不相同。中国两千年专制集权官僚体制，一方面建构了君臣父子"家天下"的政治文化，一方面通过"学而优则仕"的科举制度，设立了"万般皆下品，唯有读书高"这一社会等级尊卑的分界线。直到20世纪初，绝大多数人都相信，除了皇帝以外，社会上主要就是两种人，一种是上等人，一种是下等人；劳心者基本上都是高贵的，劳力者基本上都是低贱的。不难想象，如果五四时期所有人仍旧抱持着这样一种思想观念，列宁领导社会底层的工人、士兵推翻社会中上层精英领导的政府这件事，中国的知识人和青年学生如何能够理解和接受？

五四时期许多知识人和青年学生所以很快就接受并理解了俄国革命这一事实，最主要的，就是因为多数人在观念上已经不再歧视辛勤劳作的底层劳苦阶级，并且也开始不再以"十指不沾阳春水"为荣了。

这一变化是怎么来的呢？自然也是19世纪以来欧美社会运动及其激进思想的影响。

早在19世纪后半期，西人在华办的英文报纸，以及传教士办的中文报刊，就开始报道欧美种种社会运动，特别是劳工阶层结社、游行、罢工，乃至与政府巷战的消息。进入20世纪以后，包括在日本和在中国出版的不少中国人办的报纸刊物，也开始注意介绍和传播与此有关的各种思想和主张了。

在中国人中，最早开始鼓吹劳动光荣，相信劳工联合必定能够战胜资本家的，是在日本和法国受到无政府主义思想影响的一批年轻的知识人和学生。他们中有些人还在辛亥革命前就开始在广州和香港从事所谓的"工团运动"，一些工友还参与了帮助革命党制造炸弹、运输武器的秘密活动。辛亥革命后，上海的徐企文曾创立过一个"中华工党"，并因此付出了生命的代价。一战开始后，中西报刊关于欧美劳工组织合法化、工党势力强大，以及通过劳动立法，限制劳动时间、限制童工、照顾女工之类的消息更加密集，这些都极大地冲击了，甚至改变了国人的传统观念。

这里举两组数字吧。先说"劳动"这个概念。

我粗略统计过 1910—1921 年"劳动"这一概念在中国报刊标题上出现频率的变化。1911 年以前，中文报刊与英文报刊上出现的比例是 9 : 49；1911 年是 31 : 77；1912 年是 44 : 91；1913 是 47 : 89；1914 年是 52 : 78；1915 年是 42 : 54；1916 年是 42 : 66；1917 年是 75 : 110；1918 年是 115 : 203；1919 年是 346 : 466；1920 年是 536 : 557；1921 年是 505 : 452。

这一比较及其变化可以说明两点，一是有关"劳动"问题的报道和文章在从辛亥前到五四时期，出现了更大的增长。这种增长进至 1917 年以后，几乎是飞跃式的。二是这方面的报道和文章，早先主要还只是出现在各种英文报刊上，辛亥以后中文报刊亦开始跟上，1919 年以后双方数字已明显接近，1921年中文报刊的篇目数量已超过了英文报刊。

我这里统计的报刊还只是发行持续时间较长的报刊，而且只限于中国大陆，不包括日本，也不包括香港。也就是说，它能够反映的只是大陆范围内思想较平和的那些读书人的兴趣。这类报道和文章日渐增多，清楚地说明许多并无激进思想的读书人也越来越关注这类话题，并且多少都能够正视甚至接受在欧美出现的这种社会等级尊卑观念的转变了。

让我们再看一下"劳工"一词出现和变动的情况。非常明显的是，直到 1918 年前，中文报刊几乎不使用"劳工"一词，谈论欧美的工人运动的，几乎只见于英文报刊；出现在中文报刊上中国工厂劳动者的消息，多半都和"闹事""偷窃"之类明显带有贬义的报道有关，使用的概念，也是"工人"，而非"劳工"。然而，这一情况在 1918 年年底突然发生了改变。在天安门中山公园举行的庆祝第一次世界大战胜利的群众集会上，北京大学校长蔡元培破天荒地发表了题为《劳工神圣》的公开演说。自此之后，"劳工"一词几乎马上就开始频繁地出现在中文报刊的标题中了。1919 年，中文篇目的数量已经占到英文篇目数字的四分之一了；1920 年更进一步占到二分之一还多。

这之后发生了什么，我想我们不用再讲了。相信多数读者都知道，还在 1918 年夏秋，北大教授李大钊已经连着写了几篇文章在欢呼俄国布尔什维克的胜利了。他的观点明显地在变得激进，11 月讲演时他已经把俄国十月革命直接视为"庶民的胜利"了。而这个"庶民"，并非是一些人讲的"Democracy"的汉译，而是"劳工主义"的意思。他解释得很清楚，俄国革命的意义根本在于它是"劳工主义胜利"，而这恰恰是未来人类发展的方向，因为未来人类新世界，必定是"人人都成了庶民，也就都成了工人"的。

由此或可得出我的一个结论了，那就是，五四时期中国社会发生的最具重要性的思想变化，既不是民族主义从此高涨，更不是民主主义及科学理性获得启蒙，而是社会平等意识普遍发展起来，劳动者的社会地位在许多知识人的心目中迅速提高，人们对未来社会发展方向的看法开始发生改变。这也是为什么，五四时期不少知识分子会力主要"与劳工阶级打成一气"，大批青年学生会努力去拥抱"泛劳动主义""新村主义"，会去组织"工读互助""平民教育演讲团""劳动补习学校"等。如此也就不难了解，何以 1920—1922 年会有许多学生热心"研究""马克斯主义"，何以各地会有多个共产组织生长出来，何以中国后来能够走上俄国十月革命的道路了。

历史学人：谢谢，这些分析可能会让很多人对那一段历史，有了新的理解。

历史学人 / 访谈

显微镜下的中国：沈艾娣访谈

采访、撰文：毕苑

当学生们在北京街头游行示威，呼喊着"还我青岛""打倒卖国贼"时，
山西省城附近的赤桥村乡绅刘大鹏则在思考地方政治。

按照他的习惯，1919 年 5 月 4 日早晨，当儿孙们围坐膝下书声琅琅，刘
大鹏开始记日记，这是他持续了近三十年的功课。是日，刘大鹏在日记里谈论
山西的"六政"，其中兴利者三：水利、森林、蚕桑；除弊者三：禁烟、剪发、
天足。在他看来，所兴之利堪称无效，而所除之弊，不仅烟未除，剪发、天足
反倒扰民尤甚。在日记里，他批评地方官府施政方法，"初意非不善，乃奉行
不善"。事实上，在最近的日记里，他数次提到放足。比如在 2 月 12 日，他在
日记中写道：

> 查办妇女放足之事，今日益紧迫，沿街公布告示曰："妇人女子足，
> 千万不要缠，委员查看见，加倍罚大洋。"此外又鸣锣示众，勒令放足，
> 此是我晋紧要之政，不容宽松政者也。

149

作为一位儒家信徒，地方政府在妇女放足一事上如此用力，他颇不理解，在 2 月 21 日，他又感叹"现时所行之政，莫此为要"，"殊令人难解也"。他也记下了那些利用这项政策创收的官吏做法：无论放与不放，皆要罚款，否则便收监。几个月后，他 19 岁的孙女喜鸾将要出嫁，得益于父亲接受了一些新观念，她是家里第一个没有缠足的女孩，同时也是山西第一代未缠足女性。

直到 5 月 11 日，儿子刘珣回到家，和刘大鹏谈起了省城学生举旗上街游行的事，刘大鹏才知晓发生何事。他颇为关心，有数条日记与此有关。5 月 31 日，他又听一位乡人王剑说，省城学生停课上街演说，北京和各省学校亦皆如此。他有些忧虑，"这个风潮不小，深恐此大起乱事耳"。

不过，以 1919 年 5 月 4 日为核心事件的五四新文化运动，只是刘大鹏身处新旧时代变迁的 19—20 世纪无数重大事件中的一项而已。他曾经经历过 1895 年的公车上书，以及 1911 年帝制的覆灭，同时也目睹了山西推行的现代化新政招致的诸多苛政与来自民众的抱怨。辛亥革命之后，他写道："予于时事大不相宜。人皆维新，我独守旧。人皆破坏纲常，我独维持伦理。人皆争求仕宦，我独甘为遗逸，此所以与世相违，踽踽独行也。"

沈艾娣女士 2005 年出版《梦醒子：一位华北乡居者的人生 (1857—1942)》(*The Man Awakened from Dreams，one man´s life in a north China village*)，这本华北研究的创新之作引发了一轮对刘大鹏的研究热潮。某种程度上，此书可谓对"传统 VS 现代"这种把历史文化截然分为两截的简单处理方式的修正。历史学家罗威廉（William T.Rowe）评价此书："提供了一份关于 19 世纪末 20 世纪初中国历史独树一帜、才华横溢，又充满人文关怀的叙述，从一位偏僻乡村下层绅士的视角，它使读者宛如置身于这遥远的时空之中，为我们打开一扇窗，来理解国家大事如何与日常生活发生接触，以及这些大事对于普通民众观念的真正（常常与直觉相悖）影响。"而沈艾娣对叙事的强调，使这本讲述一位踽踽独行者的历史著作，不同于简单的社会文化史或区域史，她对历史过程和细节的微观描写，背后有着对重大历史问题的关怀和思考，得以重新捕获到一个过去历史人物的心灵和他所处的时代精神与困境。

以下是对沈艾娣的访问，从刘大鹏开始，又不止于此。

毕苑：亲爱的艾娣，回想我们从认识至今，已有十七八年了。写到这里我被这个数字吓了一跳。将近 20 年，这是一个人最青春美好的时光，同时也是一个年轻学者学术思想从萌芽到成熟的重要时期。我们始终关注着彼此的成长，但是诚实地说，我从你那里受惠良多。

就从我们的相识开始说起吧。那时我在山西大学读硕士，你来山西访学。彼时中国史学界的社会史研究之风正在兴起，老师们带领我们尚处于摸索阶段。在当时的我们看来，社会史不同于传统史学研究之处在于要多利用田野材料、民间史料，更多使用人类学等交叉学科的方法，以新的视角看问题，由此将传统史学的研究领域大大拓展。一时间，中国史学研究仿佛布满了新的生长点，学者们对引进西方史学研究方法充满了热情。想必你也体察到了这些。

这时候，你带着一个"为山西一位乡居者刘大鹏写传"的题目来到我们身边。在我眼里，你的这个题目模模糊糊切合了我对"社会史"的认知，一切都让我感到新鲜。那时候我年轻，对"理论"充满了热情，沉迷于克利福德·吉尔兹（Clifford Geertz）的"地方性知识"和"深描"等一批人类学概念。包括你在序中提到的卡洛·金兹堡（Carlo Ginzburg）的《奶酪与蛆虫》、罗伯特·达恩顿（Robert Darnton）的《屠猫记：法国文化史钩沉》，在我看来既是"社会史"，更是一种"新文化史"。现在你把你的这本书定义为一种"微观史"研究，在你看来，"社会史"及"新文化史"和你眼中的"微观史"以及"区域史"有什么区别，是否可以帮我们清理一下？这些又如何"指导"你的研究？

沈艾娣：我们的相识似乎就在不久之前。我依然记得我们第一次在电话中的交谈。我们计划在山西大学图书馆的阶梯上碰面，你问我怎么才能认出我来。我很感动，实际上我肯定是图书馆阶梯上唯一的外国人，但你最初并没有认为这是理所当然。

就你的问题而言，我从不认为自己达到了某种学术上的成熟，甚至也不愿去达到！对我来说，我的作品总是在探索新的领域，在新的研究计划中我准备涉足英国史（我之前从未研究过）以及 18 世纪史。我们初次见面的时候，你确实比我对理论更感兴趣。我深受高中拉丁语老师的影响，从希腊和罗马经典开始，接受了一些零散的训练，他教会了我一种非常细致的哲学方法。后来在剑桥就读本科期间，我学习了大量的后现代理论，尽管我不喜欢这些理论，但它们还是对我的思考产生了影响。之后我成为科大卫（David Faure）的学生，他的研究方法如今被归类为地方志或历史人类学。

我从上述三个思想源头学到的东西贯穿了我所有的研究，除此以外，我觉得自己并没有被研究领域中的理论牵着鼻子走。与此相反，我更愿意去寻找一些会为我感兴趣的主题提供全新思路的理论，不论是法国历史学家和他们的新文化史，还是最早写作微观史的意大利学者。

"社会史"这个术语主要是为了区别于在英美国家占据主导地位的"政治史"。许多西方学者在 1960 年代拒斥精英政治的历史，从而转向社会史，然后是文化史，但要真正地理解历史，这些视角我们缺一不可。如今我正在研究18 世纪史，马克思主义史学史的传统给这一时期的研究带来了反常的效果，那就是相比于 18 世纪英国的政治史，清代中期的政治史中尤其缺乏对保守社会精英的研究，对此我感到非常震惊。像孟森这样的学者曾在 20 世纪二三十年代做过这方面的研究，但自此以后，即便在 1950 年代西方政治史如日中天之时，大多数从事清代研究的中国学者都在马克思主义的框架中，强调"自下而上的历史"，而忽略了精英政治。在今天的美国和欧洲，知识分子史和外交史都有复兴的势头，我希望在中国，政治史领域可以出现同样的变化。

毕苑：你说的我们见面的细节我都不记得了，太有趣了。我曾去你利兹大学的办公室看过，铺天盖地贴满了太原县地图、赤桥村资料和刘大鹏的家谱。你的同事说，因为你，刘大鹏成了你们系里最著名的中国人。但对于中国学者来说，大家好奇的是，为什么研究刘大鹏？他是否具有"典型性"？这应该是最初你遇到的中国人提出最多的问题了吧。在我看来答案当然是否定的。历史研究方法没有一定之规，只是研究者一贯的思维定式禁锢了选题取向。实际上并不存在一个绝对的"历史时期的全貌"，一个非典型的人物当然能够反映一个历史时期的相貌，甚至是改写。不知你是否认同？

沈艾娣：研究一个"典型"主题的麻烦之处在于，你不可避免地变成老生常谈，或是走向道德说教。你要么钻进数据堆里（这极易变得枯燥），要么挑选一个故事，宣称它的重要性，但这是一种道德抉择。我想写一些有意思的东西，又想做出不同的道德抉择，我想表明普通人的生活是重要的，不只是在群体里，而是作为个体。作为个体，每个人都是不同的。

毕苑：这部书你说明是为英美大学生而作，为反思现代性而作。这是我读很多西方学者所写的中国历史书感到值得思考的地方。我们从欧美学者的研究中汲取新的研究方法、视角和新观念，但是你们已经经过了现代化的阶段，具备反思现代性的社会条件；而中国还面临很多阻碍现代性确立的因素，我们面对的问题不同。在这方面，我们阅读欧美学者的著作，往往感到不满足。杜赞奇教授（Prasenjit Duara）在评价你这本书时说："刘大鹏的许多观点，在其中年之时就已沦为许多人的笑柄"，这或许正是中国现代化发展的证明。但是他又说："但他（刘大鹏）对于新发展的批评，却颇有说服力。"这二者既矛盾又可以并存，你如何看待这个问题？

沈艾娣：这个论点很有趣！现在想来，我越发相信你是对的。当然，我们在西方书写历史是在思考与我们的生活和社会息息相关的问题，与此同时，中国的学者思考的是与他们的生活和社会息息相关的问题。这不可避免地会出现差异，由于这个原因，双方常会感到对方的作品多少让自己有些沮丧。现代化就是其中的一个例子。

但我觉得另一个更突出的例子是身份问题。身份是许多西方国家尤其是美国政治中的核心论题。所以美国历史学家在书写中国时，常以一种让中国学者觉得古怪和失望的方式论述这些他们感兴趣的论题。我的确觉得就史学史而言，思考中国和西方学术之间为何存在差异，比起评判双方孰优孰劣来更有建设性，也更有意思。

毕苑：在刘大鹏研究之前，你已经完成了一个课题，那就是对20世纪中国建立民族国家的研究。《制造共和国民：中国的政治仪式与象征，1911—1929》，（当代中国制度系列，牛津大学出版社2000年出版）。这部书还没有被译介到中国来。从题目来看，这部书是以仪式和象征为对象，研究1911年至1929年中国共和公民如何被塑造。请大致介绍一下这部书的内容和观点。

沈艾娣：我这本书中的主题是，共和公民的观念是在国家节假日、剪辫剃发，还有孙中山的葬礼等仪式和象征中被加以塑造的。这就是新文化史的角度，因为我深受林·亨特（Lynn Hunt）和法国大革命的影响。我不是唯一一个受其影响的人，很多其他学者使用过类似的研究方法。你自己的著作《建造常识：教科书与近代中国文化转型》也秉承了同样的脉络，只不过你具体聚焦的主题是教育。我觉得这个角度或许更有价值，我从写这本书起就开始意识到，自己此前太过关注现代化进程中的城市精英了。你对于教育和教科书的关注，意味着你关心的是这些变革中对更大比例的民众产生影响的方向。

毕苑：我注意到你使用了"Citizen"（含有法律意义的"现代公民"）一词，而不是一般意义上的"nation""countryman"（国民）。这让我惊叹于你的发现力和使用概念的谨慎准确。因为"公民"概念正是辛亥功成后的1912年正式引进的。当年1月份《教育杂志》发表署名"天民"的文章《公民教育问题》，文章列举了几种影响较大的德国教育家的理论，指出公民教育已经成为近世教育的新思潮。同时蔡元培以教育总长的身份发表《新教育意见》，其中概述："何为公民道德？曰法兰西人革命也，所标揭者曰自由、平等、亲爱，道德之要旨，尽于是矣"，对公民教育内容第一次加以阐发。这是中国"公民教育"的开端。然而，中国公民教育真正落实是在新文化运动开展之后。1916年《国民学校令实施细则》修身要旨中规定"自第三年起兼授公民须知，示以民国之组织及立法司法行政之大要"。我认为这是新文化运动作为一场社会启蒙运动最大的功绩所在。今年是以《新青年》杂志创刊为代表的中国新文化运动开始一百周年。你对新文化运动作为文化运动和政治运动有什么样的肯定或批评？

沈艾娣：我教书的时候会告诉学生，五四运动既是一个政治运动，又是一个文化运动。然而，在我看来，如果把它看作是文化运动，必须要意识到（我相信你也会认同），这个运动的根源在于晚清末年开始的教育体制改革。作为一个政治运动，最有意思之处或许在于，这个运动自发起的那一刻起就是一项长期的遗产，它既塑造了统治中国大陆的政治精英，也塑造了中国台湾的政治精英，直到 1980 年代。

毕苑：你的研究是从 1911 年至 1929 年，从政权上来说，处于北洋军阀时期和南京国民政府初期。这段时间中国发生的"重大政治事件"不外乎辛亥革命、中华民国建立、新文化运动以及北伐成功、南京国民政府建立。以往研究多偏重于史实考察，偏重于精英角度的政治史或思想史研究，而你利用了非常丰富的新资料，包括报纸、回忆、访谈和图片等，从文化角度来看那个时期的政治史，理解"政治"与普通百姓的思想情感相交叉的方式，以及激进的政府和它的新公民之间的复杂互动。这是我感兴趣的具有"新文化史"色彩的"动态"研究。因为所谓新文化史的特点正在于通过各种文化体系的调查去研究话语、仪式中权力运作的机制、手段以及达到的效果，从而揭示权力和文化的关系。在这方面，林·亨特是开创者，汤普森（E.P.Thompson）和戴维斯（Natalie.Davis）对不同的共同体和仪式的研究、夏尔提埃（Roger.Chartier）对于文本印刷和阅读的研究等都是不同阶段的经典成果。新文化史发展至今也产生了不少流弊，我认为你的著作更加注意纠正"新文化史""泛文化化"的缺点。你怎样评价你此著的特点？最终帮助你得出什么样的结论或者什么新发现？

沈艾娣：在所有这些历史学家中，我最欣赏的是戴维斯的作品。我很喜欢《边缘女人》一书，它探讨了 17 世纪的欧洲、北美洲和南美洲三类相对边缘化的女性。最近我重读了她的作品《16 世纪法国的礼物》，因为我一直在研究乾隆皇帝在马戛尔尼使团访华期间送给乔治三世的礼物。她有一双非常敏锐的眼睛，善于发现照亮了整个社会的重要且有趣的论题，这是检验出一名真正历史学家的不二法门。我觉得自己从她身上学到的主要不是新文化史，而是文体和情节在历史写作中的重要性，归根结底，是把这二者和一个有力的历史论述结合在一起的可能性。

毕苑：在做刘大鹏研究期间，你告诉我已经开始了关于中国天主教的研究。你曾为此前往梵蒂冈搜集档案，用访学机会再到中国访谈天主教徒，利用所得的扎实广泛的数据统计和口述文献等资料，最终完成研究并出版成书：《一个中国天主教村庄里的传教士诅咒及神话》（加州大学出版社，2013年出版）。我认为这是一部更加精彩的著作。

这部书讲的是自从17世纪以来一个中国天主教村庄的故事，用它直接联系起一个村庄、一个国家的历史和全球化进程中的天主教。你搜集了许多当地信仰天主教的商人和农民与远道而来的意大利天主教使团发生冲突的故事，试图让读者重新思考，一个在信仰上融合了中国悠久的民间宗教和意大利天主教相似之处的中国内地村庄，和义和团运动兴起时极端暴力行为之间的关联。

沈艾娣：惯常思维会把中国的基督教当作一种外来宗教加以思考，但是在山西的天主教村庄，人们并不这么认为。这些人从清朝早期开始，世代都是天主教徒，他们的宗教是他们身份的一部分，也是他们村庄身份的一部分。我非常喜欢为这本书所进行的研究，尤其是听老人们讲述这个村庄的历史。这些历史中有很多民间故事的特征，我觉得吸引人的地方在于，如何能够在它们和罗马传教士档案中平淡无奇的事件叙述之间寻找到关联性。

我发现，基督教拥有一个极其广阔的传统。最终表明，18世纪意大利乡村的天主教活动和传统中国民间宗教有着相当多的相似性，仅仅是因为人们从事的劳作以及环境存在着相似性。比如说，祈雨者在这两个传统中都扮演着重要的角色，因为雨水对山区农业至关重要，所以信众会自然而然地向上帝祈雨。再比如说，这两个宗教传统中，普通民众都会出资请神职人员举行仪式，告慰祖先。这对现代的、城市的新教徒而言都是陌生的，他们确实可能会不赞成这些活动，但不代表他们不是基督徒。

我了解更多之后才发现，在这些社会群体中，把基督教看成是外来宗教的观念是伴随着政治帝国主义的兴起才开始变得重要的，尤其是在《天津条约》签订之后形势愈演愈烈。因此，义和团暴力行为的根本原因与其说是当地天主教活动的本性使然，倒不如说是国际的政治背景。

毕苑：感谢作答，这让我好像又回到了我们最初相识的日子。请代我再次感谢你的父母，他们对我的招待我一直感怀在心。你选择应聘牛津大学，回到他们身边，他们一定十分欣慰。

沈艾娣：我也要感谢你的家人在我拜访期间友好且热情的招待。我从你和你的父母（近些年是从你丈夫）那里学到了许多关于中国历史、文化和社会的知识。我甚至拿你母亲织的棉衣来教英国高中学生了解中国。与此同时，自从我们第一次见面起，你父亲对西方哲学所有流派的极大热情让我意识到，我需要更加广泛地阅读。近年来你和你丈夫视野宽广的知识分子研究兴趣同样帮助我更多地了解了自己文化的历史和观念。

translation | 译 稿

霍夫施塔特——美国自由主义的主要诠释者

撰文：大卫·斯科特·布朗（David S. Brown）

翻译：陶小路

> 在一个自由社会中，历史学家可以自由地尝试破除各种神话，但是，那种同样的制造神话的冲动他也无法幸免。

理查德·霍夫施塔特身上罩着一层神秘光环。近三十年来一直流传着这样一个传说：霍夫施塔特为最好的出版商写了最好的书籍，拿到了最好的奖，并且在最好的时代，在最好的城市里的第一流学校教书。与诸多历史学家交游，《美国政治传统》、克诺夫出版公司（House of Knopf）、普利策奖、纽约、哥伦比亚大学和战后美国……人们不禁对那个已经不复存在的学术巨人世界产生一种朦胧的依恋，这些巨人们对启蒙思想所具有的疗愈效用充满信心。这个世界孕育于20世纪30年代大萧条的集体记忆，受到50年代麦卡锡掀起的反智主义冲击，被激进的60年代学生运动排斥。随着时代的发展，美国社会发生了变化，历史的书写方式也发生了变化。老一代热衷于探索精

理查德·霍夫施塔特

英人物的政治和思想，逐渐地，这种偏好让位于以种族、阶级和性别为重心、覆盖范围广泛的诸多研究，历史的讲述方式发生了一场革命。如今，随着战后最后一批伟大的历史学家退场，坦率地评价其中最伟大的一位似乎是有价值的。理查德·霍夫施塔特作为历史学家的生涯与20世纪自由主义的鼎盛时期（1933—1968年）重合。在回顾他的生涯的过程中，我们能够看到，来自内部和外部的诸多动机交织在一起，它们共同塑造了霍夫施塔特独特的洞察力，他始终都对美国民主的承诺以及面临的危机保持警觉。

随着学术界左转，美国政治文化右转，自由主义者坚守在不断萎缩的中间立场。作为战后共识象征的霍夫施塔特至今仍然在美国国内最受欢迎的大众和政治刊物中被引用，这证明了他对公众的想象力有着不同寻常的影响。霍夫施塔特因患白血病在他54岁那年不幸逝世，30多年后，众多记者和博客作者仍然经常使用因霍夫施塔特的著作而广为人知的社会心理学概念：地位焦虑（status anxiety）、偏执狂风格、反智主义。在专业历史学家当中，只有杰出的进步主义历史学家弗雷德里克·杰克逊·特纳（Frederick Jackson Turner）和查尔斯·比尔德（Charles Beard）以及战后知名史家C. 范恩·伍德沃德（C. Vann Woodward）和小亚瑟·施莱辛格对美国文化的持久影响才能与他相提并论。和这些历史学家一样，霍夫施塔特展现出一种令人羡慕的能力：他能够与众多具有批判力和政治意识的读者建立起一种默契的关系。他也有着上述历史学家所具有的引人注目的智识魅力，偏好写作"与现实有联系"的学术作品，他的这些著作既能够反映，同时也塑造了20世纪自由主义思想的进程。

霍夫施塔特对美国生活日益城市化、种族多元化的特点非常敏感，在这一点上他超出任何一位同代历史学家。他急切地要迎接未来，而非纪念过去，那些长久以来给美国文明指示方向的传统路标——资本主义、个人主义和孤立主义的文化——被他抛弃。他知道，长期以来，这些根基稳固的价值能够满足那些急于将自己的身份定位为信仰基督教新教、从事农业生产的人民的美国人的需要。但是时代的发展让这种愿景破灭——19世纪的自由主义在20世纪30年代崩溃了。19世纪的自由主义未能解决20世纪30年代的工业危机，也没有能够消弭意识形态上的分裂——这种分裂而后导致了法西斯主义在西方点燃的战

161

火，以及共产主义在东方的得胜，面对这样的历史现实，霍夫施塔特在智识上给出了锐利的回应。他的批评，同时引起保守派和进步派的强烈反对。他们的确有理由担心。霍夫施塔特的父亲是移民，这块土地根深蒂固的传统对他没有牵绊，他借由历史揭示出那个古老的美国政治传统的种种弊端，通过推论强调战后时代的自由主义所作出的，在他看来更加人道、世界主义和多元化的承诺。盎格鲁—撒克逊主义和农耕主义出局，种族多元和现代性进场。随着旧规则的土崩瓦解，美国人对新英雄和新视角的需求促使霍夫施塔特重新书写美国历史，以此作为改变美国文化的前奏。

霍夫施塔特在他最受欢迎的作品里倡导一种深思熟虑且务实的社会哲学，这种社会哲学同情由"罗斯福新政"启动的福利国家改革。如果认为他的观点本质上是相对主义的，那就大错特错了。霍夫施塔特尊重历史，正视事实、证据，他会很积极地重新思考自己早年的立场，并且会对之前所做的表述进行修正，这很令人钦佩。20世纪50年代他在历史学的研究中使用社会科学方法引起了很多争议，他这么做是出于更加全面和准确地理解过去的迫切愿望，他希望将历史学的探究扩展到前一代人所偏爱的经济解释之外，去思考更广泛，但更微妙的人类活动。通过分析研究对象的心理和情感需求，霍夫施塔特希望能更好地呈现出历史的复杂性，同时也让历史叙述变得更清晰。最重要的是，他喜欢清醒、理智的思考以及坚实的论证，而这些正是他的作品的基础。

然而，社会环境不可避免地会影响历史分析，所以我们不仅要理解历史学家的作品，还要理解给他的努力提供支持和意义的公共以及个人的境况。"研究历史之前，"一位评论家建议说，"你要先研究历史学家……历史学家作为一个个体，也是历史和社会的产物；历史学习者在去认识一位历史学家时需要看到这两方面。"霍夫施塔特称这种悖论为"历史学家的介入"（historian engage）——指的是历史学家介入他在记录的事件中去。毫无疑问的是，历史学家的介入会牺牲掉一种客观视角，然而，因为是从一手经验来认知事物，他们也会获得许多新的见解和视角。

时代剧变也会刺激想象力。在霍夫施塔特的成长时期，美国人生活中在道德、思想和政治上确立已久的主流观念突然就崩塌了。那个时代的不堪一击无疑会影响亲历者对很多事情的看法。两次世界大战、大萧条、苏德条约、纳粹大屠杀以及冷战初期的动荡，这些构成了霍夫施塔特人生前三十年的背景，灰暗而阴郁。这些动荡的岁月让他介入这个彻底被改变的战后世界，这个介入过程深入而有意义。胡佛主义和孤立主义的失败宣告了老自由主义的破产，他觉得自己可以自由挑战美国历史的主流叙述。

身份对于理解霍夫施塔特著作是在怎样的脉络中产生的至关重要。霍夫施塔特有着一半犹太血统，他属于将世俗主义、世界主义和普遍主义的观点纳入作品之中的第一批知识分子；因此，在这个人们迅速背离新教传统的国家里，作为思想者的霍夫施塔特推动了变化的发生。霍夫施塔特需要做到有别于美国历史学家通常处理研究对象的方式。霍夫施塔特在早先历史写作流派中看到一种"WASP（白人盎格鲁—撒克逊新教徒）偏见"，盎格鲁—撒克逊人总是处于历史叙述的中心，而更细致，同时强调文化多样性的叙述则被忽视。当他开始反叛战前史学史的主流之时，其他人仍然对自己继承的传统尽心尽力。1942年，霍夫施塔特读研究生阶段最有影响力的老师梅尔·柯蒂（Merle Curti）宣

布离开附属于哥伦比亚大学的教师学院，前往威斯康星大学任教。柯蒂的同事，出生于伊利诺伊州的艾伦·内文斯（Allan Nevins）对友人的即将离开表示遗憾，但仍然对柯蒂表示祝贺，认为搬到美国的中心地带生活会提升他的道德水准。他热烈颂扬了麦迪逊市的种种优点："你的孩子的成长环境会比任何一个生活在纽约或者靠近纽约的孩子要好，中西部才是真正的美国。"霍夫施塔特从来不认同这种观点，也没有过这种观点背后的怀旧情绪。他来自布法罗，那是一个许多族群混居的城市，没有哪一种身份占据主导地位。他对人们来自何处本来就没有很清晰的感觉，加上美国历史学家传统上来自新英格兰或中西部地区，

霍夫施塔特读研究生阶段最有影响力的老师梅尔·柯蒂（Merle Curti）

这种感觉就更加模糊了。他的创造力也因此被激发。"我永远无法完全认同任

何集体"，他后来这样表示道："这种边缘性如今成了许多美国人都会有的体验，所以如今我不是一个没有代表性的美国人。"

霍夫施塔特对社会边缘的认同（以及迷恋）与他对人类弱点——包括他自己的弱点——很深入的认识融合在一起。他的儿子丹·霍夫施塔特（Dan Hofstadter）回忆说："他是忧郁症患者，但他是一个快乐的忧郁症患者，我的意思是说，他没有那种人们熟悉的躁郁症，他的忧郁症被他的快乐化解，就像盐会在水里溶解一样。"根据哥伦比亚历史学家沃尔特·梅茨格（Walter Metzger）的说法，霍夫施塔特性情上的这种分裂在他出版的作品里也有体现。"他的写作风格有一些狂躁，又有一些抑郁"，沃尔特强调道。即使是粗略阅读霍夫施塔特的作品，也能看到他经常（有时是因为不小心）对自己的研究发现做夸大处理。这部分是一种让自己的研究受到关注的写作策略，在作品里采用这种修辞策略能够让其无法被忽视。然而，在更深的层面上，这种写作方法是由他内心关切的问题带来的，他的作品正因此焕发活力，但同时也削弱了他对平衡的追求。在脆弱的时候，他完全忽视了美国的实际状况：在他的笔下，法西斯主义这个当时最大的邪恶遍布整个美国。他在《美国政治传统》(*The American Political Tradition*）中对西奥多·罗斯福的带有批判性（同时也很滑稽）的描述让罗斯福看起来像是一个精简版的墨索里尼。在《改革时代》(*The Age of Reform*），他用非常确定无疑的语气着重指出美国中西部的民粹主义带有反犹色彩；1964年，极端保守派巴里·戈德沃特（Barry Goldwater）赢得共和党提名，霍夫施塔特对此事的描述方式让人联想起希特勒上台："获得提名让处于有利地位的他得以建立一种新的政治联盟，这种政治联盟将建立在沙文主义、经济极端保守主义和种族仇恨的基础上。"这些例子（还有更多的例子）让人很难不留下这样一种印象，那就是，除了戏谑的部分，霍夫施塔特的作品里还有一些变化无常，也许略微偏执的一面。

历史学家 H. 斯图尔特·休斯（H. Stuart Hughes）认为，霍夫施塔特的焦虑是因为他预感到自己会早逝。"有些人对生活和自己的健康抱有悲观的态度，认为自己注定会早早离开人世，我认为迪克就是如此。他的处世态度非常之悲观。"丹·霍夫施塔特补充说："我觉得，他母亲的死和我母亲的死，让他处于一种无法舒缓的不适状态，这种种不适并不是想象的产物，他很清楚地知道自己的遗传基因不良，运气糟糕。他似乎有时候会觉得不怀好意的上天一直在折磨自己。"这种怀疑也被霍夫施塔特带进了自己的学术研究中。我们去读霍夫施塔特的作品，很快就会注意到，他对公众对政治多元化和智识自由的热诚与投入缺乏信心。这是一种敏锐而非残酷的判断，与他看待世界的方式一致。"迪克对人类身上的种种局限有非常强烈的感知，他对人类的命运也完全不会感情用事"，威廉·莱彻滕伯格（William Leuchtenburg）说："有一天，他和我在哥伦比亚大学里走着，我当时在热烈地谈论着心理疗法如何能够改善人们的生活，迪克摇摇头，引用心理分析师奥托·芬尼谢尔（Otto Fenichel）的话来说明，我们的生活在婴儿期就已经被不可逆转地决定了。"

霍夫施塔特的这种逐渐形成的、无可逃脱的疏离感在他的学术事业中得到了一种制衡，这一点非常重要。"他是一个非常脆弱的人，不是很勇敢，但是他在工作中变得勇敢"，丹·霍夫施塔特这样表达道："他与自己的恐惧感达成了某种和解。"了解霍夫施塔特内心的人再看到他对外表现的样子，可能会感到困惑。"当你见到他的时候，"一位霍夫施塔特的学生回忆道："你不会感觉到你面前的这个人就是霍夫施塔特。你不会意识到，你面对的是一个有着杰出头脑，用自己的著作真正改变了美国史学研究面目的历史学家。"事实上，他在不同的人面前会扮演不同的角色。他是一个天才的模仿者，他会在私密的社交场合里模仿喜剧演员、政治家以及他在专业会议中遇到的一些一本正经的历史学家，给自己身边的人们带来了许多欢乐。但是他也没有只将这种天赋展现给身边的人们。霍夫施塔特通过他的著作向所有人展示了自己的天才：无畏地揭示事实，富有洞察力地戏谑以及大胆地臧否人物。这个安静，在某些方面表现冷淡的人，在给友人表演以及写作时便焕发出活力。

这本传记自然是与理查德·霍夫施塔特一系列著作的深入对话。然而，本书也很关注对他的作品有很大影响的个人境况和内心生活。如果我们要从霍夫施塔特的身份认同出发，来评价他的学术和政治立场，则对他的内心生活进行探索必不可少。如果只通过他的书籍和声誉来接近霍夫施塔特，我们就有可能遗漏掉很多重要信息：我们会忘记这个典型的"纽约犹太知识分子"实际上接受的是他母亲信仰的路德宗洗礼，并且内化了根植于美国传统内里的文化参照系统。换句话说，他的背景与他在写作中所反对的新教的财产权传统有着深刻而重要的联系。霍夫施塔特1936年秋抵达曼哈顿，他在纽约州西部的成长背景让他有了极好的看问题的视角，这是他一直珍视的。这种看问题的视角给他提供了某种保护（尽管这种保护比他想象得要少），那种时常束缚智识生活的排外学术小圈子、陈腐的辩论以及狭隘的态度没有严重影响到霍夫施塔特。在一封20世纪50年代写给大卫·里斯曼（David Riesman）的信中，霍夫施塔特表示，纽约知识分子与哈德逊河以西的美国生活和文化脱节。他还写道，如果他们能在堪萨斯州、北达科他州、犹他州或布法罗长期休假，会对自己大有助益。

说完影响霍夫施塔特的地方，再来谈影响过他的人。在他的第一任妻子、小说家菲利斯·斯瓦多斯（Felice Swados）的帮助下，霍夫施塔特与美国左翼人士建立起了关系。菲利斯1945年去世，那一年第二次世界大战结束，罗斯福新政发起的一系列改革也走到了尽头，同时，霍夫施塔特对自己最早在布法罗大学开始关心的政治激进主义感到幻灭。菲利斯去世18个月后，他与比阿特丽斯·科维特（Beatrice Kevitt）结婚，作为编辑的比阿特丽斯对霍夫施塔特的写作非常有帮助，"她把一位优秀的作者变成了一位技巧高超的作者"。她又进一步安排一家人的生活环境，特别留心保证霍夫施塔特日常投入在学术工作上的时间：她把家安置在曼哈顿上西城，这样她丈夫的朋友、同事和研究生就能很方便来拜访；到了夏天，让一家人住到科德角，这样一来，霍夫施塔特的持续产出能够得到保证。

比阿特丽斯·科维特和霍夫施塔特

历史学人 / 译稿

随着霍夫施塔特的私人生活稳定下来，他在职业上也开始转运。1945 年，他还在当时与学术界隔绝的马里兰大学教书，领着一份微薄的薪水，《美国思想中的社会达尔文主义》（*Social Darwinism in American Thought*）是他当时出版的唯一一本书，虽然获得了很好评价，但似乎注定只是一本被学术界中的少数人阅读的书。此外，他还面临着一场可怕的个人危机，刚刚丧妻的他又要和儿子分离——他的儿子被送到布法罗由家人照顾。面对这样一种不确定的未来，他曾经考虑过离开学界，转入新闻行业。然而，仅仅在一年半的时间里，他的境况发生了戏剧性的变化。他接受了哥伦比亚大学的职位，与比阿特丽斯的结合让他能够把丹带到纽约。随着时间的推移，他在财务上宽裕起来：去欧洲旅行，送两个孩子进私立学校（丹和 1952 年出生的女儿莎拉），在科德角安家；再然后，他成了美国最受欢迎的历史学家之一。这些个人和职业上的种种人际关系是霍夫施塔特成年生活的基石。在铺天盖地涌来的赞美面前，他泰然自若，虽然困惑，但并没有太当回事。文化评论家欧文·豪（Irving Howe）写道："对我来说，迪克是学者型知识分子的典范，我试着向他学习……他工作很努力，想写出好书，但他完全没有那种经常被称为美国人成功源泉的烦人的咄咄逼人姿态。他谦虚、善良，但最重要的是，他不把自己的意志强加于别人之上，而这似乎是知识分子特有的毛病。霍夫施塔特树立了一个可能具有道德教育意义的榜样。即使他在沉默时也能给人带来助益。"

豪提到的谦虚、对他人的体贴其实让我们看到了霍夫施塔特身上的矛盾之处：外表上，他非常谦逊，但在学术工作上则非常有主见，对问题的判断完全不受他人影响。他有极好的幽默感，正是这种幽默感将两种品质联系在一起。"从根本上讲，我父亲是一个非常守规矩，甚至有些墨守成规的人，"丹回忆说："他的幽默感非常有感染力，我相信很大程度上，这种幽默感来源于对于礼节的无视。"丹接着说："父亲会用一种淘气的方式贬损公共人物，他会在家人和朋友面前模仿这些人说的一些具有代表性的蠢话"，熟悉霍夫施塔特在《美国政治传统》中描绘政治人物时所使用的犀利语言的读者会知道丹说得没错。霍夫施塔特对罗斯福的模仿惟妙惟肖，他的第一任妻子甚至鼓励他在喜剧俱乐部里表演。

167

霍夫施塔特的寿命并不长，他出生于 1916 年，于 1970 年去世，在他五十多年的人生中他很少花时间去自我宣传。他的两个学生这样写道："他做事很得体，不会向他人提出个人诉求，也因此不会觉得别人的学术成果跟自己有什么关系。重要的是学术成果本身，而不是这个成果与他的关系。他从未要求学生像门徒那样服侍自己，可能是因为他从来没有想过这件事。"正因为此，霍夫施塔特学派没有存在过。有关霍夫施塔特这个人的回忆因为时间的流逝而逐渐消退，现在的大多数历史学家认识霍夫施塔特是通过他的书，而不是因为和他有过个人交情。他们的回忆是对那些作品的回忆，而不是对于霍夫施塔特这个人的回忆，必须要对这两方面都有所认识，才能了解霍夫施塔特想通过自己的学术研究来达成什么。我的研究让我不只读到二手资料，也读到了霍夫施塔特的私人文件，还让我有机会去那些最了解他的人的家中拜访，我清楚地看到，霍夫施塔特出版的作品都反映了他的个人志趣以及价值上的关怀，两边相互确认并保持一致。

霍夫施塔特不仅仅是一位历史学家，他还是他那个时代的产物。他一生的著述对于持续影响着我们生活的一些重要话题给出了非常有价值的意见：东欧移民的影响；美国左派的兴衰；麦卡锡主义和美国南部"激进"右翼的出现；迅猛发展的高等教育的顶峰时期发生的 20 世纪 60 年代的学生运动；以哥伦比亚大学为中心、存在时间短暂但是很有影响力的上西城世界。丹尼尔·贝尔（Daniel Bell）提醒我们，霍夫施塔特是"战后一代历史学家"。时间的流逝没有减损他作为美国自由主义的主要诠释者的重要地位。因为霍夫施塔特在书写历史的时候对自己身处的时代有着无比密切的关注，所以当我们在读他的作品时，不仅可以探求他写作本身所具有的学术和文学价值，也能够探知那个迷人并且至关重要的年代的希望和挫折。

到了 20 世纪 20 年代大牛市结束的时候，这个"移民美国"（immigrant America）已经在政治、法律和美学领域找到了自己的代言人——分别是艾尔·史密斯（Al Smith）、菲利克斯·法兰克福（Felix Frankfurter）和迈尔·夏皮罗（Meyer Schapiro）。但是还没有人撰写它的历史。相比于人口组成，霍夫施塔特更受思想吸引，这个群体所表现出来的思想上的多元对于他的历史判断的形成至关重要。这些原创性思想猛然从这个国家长期以来对城市生活的偏见中挣脱出来。托马斯·杰斐逊在他的《弗吉尼亚札记》中有一句著名论断："伟大城市中的群氓对于良好治理有如恶疮之对于人体"，在这个弗雷德里克·杰克逊·特纳（Frederick Jackson Turner）提出的"美国边疆论"曾经被广泛颂扬的国家，杰斐逊的话依然能够获得强烈共鸣。特纳在他 1893 年发表的著名演说"边疆在美国历史上的意义"（The Significance of the Frontier in American History）中指出，美国民主是边疆地区个人主义的产物。和杰斐逊一样，他偏爱西部的农民，而对东部地区的工人（其中的移民越来越多）无感。然而，到了 20 世纪，城市开始在公共事务中占据更重要的位置，尽管它不断扩大的影响力引起了传统族群的不满。霍夫施塔特担心复苏的右翼会威胁到平等自由主义（new liberalism）刚刚获得的、还很脆弱的进步，他批评麦卡锡主义民粹且偏执，"传统美国"和"移民美国"之间存在的张力被他准确表达出来；在一些人看来，他是温文尔雅的大众批评者，在另一些人看来，他是易怒的民主制度、民众抗议活动的反对者。一些评论家认为，霍夫施塔特并不真正了解保守主义，或者不了解它在整个美国政治图景中所处的真正位置。霍夫施塔特在《美国政治传统》中选择了古怪的约翰·卡尔霍恩（John Calhoun）作为 19 世纪保守主义的代言人，这种选择很能说明问题，亚历山大·汉密尔顿、亨利·克莱（Henry Clay）、查尔斯·埃文斯·休斯（Charles Evans Hughes）或者亨利·史汀生（Henry Stimson）则都在书中不见踪影。从现在来看，霍夫施塔特在书中对右翼的处理方式很清楚地表明中道自由主义者缺乏安全感，也能让人看到他们的对手在意识形态上有着怎样的极端主义立场。如朝鲜战争，在政府权力不断加强的时代对个人权利的关切、对核毁灭的恐惧等问题，激起了被霍夫施塔特称为"反智群体"的强烈反应，然而，他为了努力让历史叙述有利于战后共识，没有在学术作品中讨论这些问题。

在冷战时期的历史学家中，霍夫施塔特对平等自由主义的忠诚并不鲜见。罗斯福在国内成功遏制经济萧条，在海外抗击纳粹暴政，受此影响巨大的小亚瑟·施莱辛格 1945 年出版了《杰克逊时代》（The Age of Jackson），埃里克·戈德曼（Eric Goldman）1952 年出版了《遭遇宿命》（Rendezvous with Destiny），两本书都强调，美国历史上强有力的行政权曾发挥了重要作用。虽然霍夫施塔特和这两位历史学家有着重要区别：施莱辛格和戈德曼都担任过总统的特别顾问，而这对于对权力保持警惕的霍夫施塔特而言是不可思议的，但是他们都在各自的书里普及了战后时代的自由主义。但霍夫施塔特从未容忍过美国国内的种种弊病。他公开批评种族隔离和越南战争；另外，与小亚瑟·施莱辛格不同，他尊重两位罗斯福总统和肯尼迪兄弟，但是从未尊崇过他们。然而，他相信自由主义可以让 20 世纪 30 年代开启的一系列改革得以延续，而且可以抵御极右势力，很显然，他将这种信心带入了自己的学术研究之中。然而霍夫施塔特为此付出了代价。民族国家的构建、国家安全体制被滥用、帝王式总统的出现……自由主义实验因此受到重创，并且产生了一直持续至今的剧烈反作用力。

霍夫施塔特知道，罗斯福新政秩序的长期前景比许多人所怀疑的还要更不稳固。哥伦比亚文学评论家莱昂内尔·特里林 1950 年宣称："保守或反对进步的观念如今已经不再流行。"霍夫施塔特对此表示强烈反对。他相信，20 世纪三四十年代的全球性灾难在美国激起了强烈的不满情绪，这种不满情绪会持续很多年。他在《美国政治传统》的前言中写道，尽管 20 世纪 20 年代的消费者天堂给人们提供了一种人为的平静感，但失业和战争所共同造成的冲击让人们产生了一种奇特的情绪，这种情绪中混杂着对过往的怀念、缺乏安全感和对现实的悲观。面对这样一种局面，自由主义当如何自处？人们对欧洲转向极权主义的回忆还是那样的崭新，在霍夫施塔特看来，反对进步、压制和对左翼的敌意的源头来自美国大众心理的痛苦。

战后时代的自由主义并不完美，但其捍卫者会急忙指出自由主义做出的富有建设性的贡献，而且他们会问，自 1968 年以来，有没有别的哪一种政治观念像自由主义那样，针对美国生活提出了同样兼具包容性和务实色彩的愿景。到了 20 世纪 90 年代，随着苏联解体，共产主义和资本主义这个意识形态上的巨大分歧安全终结，耐心遏制"冷战冲突"——不对极左绥靖，不让极右反扑——才得以成为可能。在国内政治中，经常是掌握权力的一方的自由主义者寻求达成共识或者"友善"（霍夫施塔特的术语），承认对手的善意以及作为忠诚反对派存在的意义。虽然霍夫施塔特经常在自己的作品里质疑美国保守派的态度和动机，但他还是认为两党制能够防范政治上的极端主义。1964年的总统选举之后，巴里·戈德沃特率领的南方右翼屈从于林登·约翰逊领导的自由派以及他们的中间派盟友，他觉得这个体制发挥了作用。但是，后来又发生了越南战争、水门事件，有了二十四小时滚动播出的有线新闻。我们这个时代那种政治话语中的"诛心之术""焦土政策"会让霍夫施塔特感到愤怒、忧心，因为这些话语强调的是让美国分裂而非团结的东西。这种对冲突的病态喜好让人们看不到共识的价值。

除开历史境况，对理查德·霍夫施塔特的任何正式评价都必须认真对待他在文学上的罕见天赋。霍夫施塔特没去写那些只会被研究生阅读、收藏在高校图书馆里的非常专业化的论著，因为他希望自己的书能够对美国文化有所影响。他的作品的知名度和影响力是时代的标志，也能够表明他可以和各种各样的感受、偏见和情绪对话，无论自由主义者还是非自由主义者。他看到，那个古老的杰斐逊主义正在迅速地让位于现代化的罗斯福式国家，这是个看重世俗主义、互助合作和世界主义的国家。当然，一些变化比其他变化更持久。如今在我们这个保守的时代回顾霍夫施塔特所生活的、已经不复存在的自由主义世界，我们能够看到那个世界是那么的脆弱。要理解那个世界的弱点和优点，我们必须理解因为它而产生的思想、政治以及历史。

译自《霍夫施塔特传》序言（David S. Brown :*Richard Hofstadter: An Intellectual Biography*，Chicago: University of Chicago Press，2006）

技术时代的人文主义者

撰文：伊恩·毕考克（Ian Beacock）

翻译：周官雨希

当硅谷的美梦充斥世界，过气的历史学家阿诺德·汤因比能否帮助我们防止噩梦降临？

他是世界文明研究的巨擘，1947年登上了《时代周刊》的封面，他因写出"自卡尔·马克思（Karl Marx）的《资本论》（*Capital*）以来最具启发性的历史理论"而被盛赞。1921年9月，这位叫阿诺德·汤因比（Arnold Toynbee）的英国年轻人登上了从君士坦丁堡出发前往伦敦的东方快车，那时距他成为世界知名的历史学家还有很长时间。当时还是曼彻斯特卫报战地记者的汤因比刚刚完成了为期九个月的报道工作。他在笔记本上匆匆写下他对进步的阴暗面的反思，巴尔干半岛各国安静地临窗而过。他观察到，现代科技可以把世界变得更好，但也可能引发灾难。机械的使用会因操作者的不同而产生天壤之别。人类对自然的掌控是要付出代价的。1921年的欧洲战场还没有从这场激烈的工业时代的战争中冷却下来，数百万逝者的鲜血还没有完全干涸。这一切由战争带来的景象能让任何想知道的人了解到这场浮士德式的交易的条件，然而在经济、科技迅速发展的1920年代，想知道的人寥寥无几。

历史学人 / 译稿

　　欧洲人想要更好的生活，他们确信科技进步能帮助他们实现这个愿望。一战之后，世界满目疮痍，从伦敦到莫斯科，合理化机制成为常规操作：为了提高效率，经验主义的方法和新技术在城市景观、人口、脑力劳动和家庭事务中被大量运用。很多官员和活动家都相信，没有什么问题（无论是物质的、组织的或者社会的）不能通过科技的方法解决掉。

　　听起来很熟悉吧！我们的时代也同样自信。我们乐观地认为科学思维可以解释世界，相信我们所面临的大多数问题都可以通过技术迅速得到解决。我们开始把令人苦恼的社会和政治困境视为简单的设计失误，而这些错误可以通过技术官僚治国论的思路——结合数据科学和其他辅助工具——得到修正。进步不再是一个肮脏的词汇。倡导进步这一信念的最具影响力的人在硅谷。在这里，价值数十亿美元的高科技产业讲述了一个有关人类通过数码科技获得提升的进步主义的故事：我们即将从蒙昧的时代迈进光明的未来，迈入一个更快乐、更开放的社会，那里的一切都会在经过测算和设计之后至臻尽善。

　　我们相信这个故事。我们渴望优化我们的锻炼方法、睡眠模式和妊娠，还有我们的警务策略、出租车服务和民航飞行。甚至连学院也被其深深吸引。从空间历史学到神经人文学（neurohumanities，有关神经结构、大脑认知和人文学科的新兴交叉学科），数字化的研究方式风靡一时。大教室成为大众网络公开课侵扰的目标。似乎所有东西都能由科学思维获得解释，或者通过数字化革新得到改进。

　　我们是如此的自信，相信我们的能力足以改变世界。在这样的时刻，人文学科又意味着什么呢？几十年里，汤因比一直试图回答这个问题。他同所有人一样对最新的发现和创造充满好奇，但他却并不认同科学可以阐释或改进一切。他对科技深思熟虑的批判提醒我们，诗人、历史学家、艺术家和人文学者必须骄傲、直率地捍卫作为一项道德事业的人文学科，在科技飞速发展的时候

173

尤其应当如此。人文学科熟稔有关危机和衰退的语言，如今它在试图寻找自我防御的方法。今天的人文主义者需要一点激励和鼓舞。我们需要挺直脊梁。在这点上汤因比可能会帮到我们。

然而阿诺德·汤因比可能已经过时了。他曾短暂地受到媒体宠爱，却被他的学界同仁所轻视。他的关于世界文明兴衰的巨著《历史研究》（*A Study of History*，1934—1961）长达十二卷本，写作过程极艰辛却错漏百出，放在图书馆书架上没人读。但是，汤因比以令人钦佩的、鼓舞人心的方式直面世界，他是科技时代的人文学者之典范。

汤因比家里有一位世交好友是知名的物理学教授。汤因比小的时候偶尔会在这位教授家里过夜。对他而言，来这里最棒的事情就是可以去教授的书房。小汤因比如饥似渴地阅读各种书籍：文学巨著、诗歌合集、最新的科学理论、地理、化学还有动物王国的调查报告。〔也许他就是在这里发现了约翰·弥尔顿（John Milton）的《失乐园》（*Paradise Lost*），据他自己说他七岁时仅用三天就读完了整本书。〕

然而，随着他逐渐长大，汤因比发现那些他最钟爱的需要极大的努力和才华方可成就的作品都被科学期刊取代了。这些"空洞的书卷，糟糕的装订"，纯技术性，没有灵魂。这不是智力上的进步，而是一场破坏性的（更是压倒性的）变革。他回忆道，图书馆被"入侵"，书架"因五六本专业期刊的不停更新"而不堪重负，"书籍狼狈后撤而期刊一路凯歌"。汤因比心灰意冷地发现那些他曾喜爱的书籍都被丢弃在了阁楼里，"在那里，雪莱的诗和《物种起源》（*The Origin of Species*）一起被流放到放着明胶与微生物的玻璃瓶的做工粗糙的架子上"。年复一年，图书馆变得越来越没有人情味，"我每次都觉得书房不论是看还是住都让我越来越喜欢不起来"。

和他童年时期的阅读习惯一样，汤因比对知识充满了渴求。这个无畏的绅士学者急切地去尽全力吸收世间的一切。在早期的相片里，他看起来的确很有那样的气势，他英俊、自信、朝气蓬勃、衣着华丽，眼神中饱含好奇和恳切。和他这一代富有的欧洲青年一样，汤因比的职业生涯光鲜亮丽且足迹遍布全球。他先是在牛津的贝利奥尔学院读书，一战时供职于英国情报局，后来又参加了巴黎和会。他报道过希腊和土耳其的战争罪行，横渡过阿勒颇附近的幼发拉底河，采访过伊拉克的费萨尔国王和中国的蒋介石，坐过西伯利亚大铁路横跨苏联。即便在成了杰出的历史教授之后，他也一直生活在象牙塔以外的世界。

当时的世界正在以一种前所未有的速度向前发展着。人们还没有来得及弄清最新的发明，下一个发明就又出现了——电话、无线电报、有轨电车、地铁、远洋客轮、飞机、电台、电影。20世纪20年代，机械化对欧洲人的震撼远超其他。工厂变成了耀眼的偶像，人们常常使用它来比喻其他事物。福特主义和泰勒主义（又称作"科学管理"）把批量生产的逻辑用于对人的管理，个体的人被当成机器上的齿轮。

汤因比将这种当时流行的科学原则和机械流程的结合命名为工业体系。这个名词在他的《历史研究》第一卷（1934）里贯穿始终。他认为这是一个非常完美的方法，既有切实的解释能力又能有斐然的成果。但是他愤然反对那种认为无论什么事情工业体系都可以做到或者进行解释的想法。工业体系的问题在于它不知道何时止步，不断侵入各种它不起作用的领域。

以人文学科为例。历史学家开始从工业体系中寻找启发，借用其话语和手段做历史研究。对此汤因比感到非常愤慨。（他本不应该这样愤怒，因为历史学家本质上就是拾荒者。）1934年，他将历史学研究上的新动向斥为"历史思想的工业化"，并警告这样做所导致的最好的结果是无稽之谈，最坏的则会导致创造力的严重缺失。为了紧跟时代，一些历史学者称他们的教室为"实验室"。汤因比认为这十分荒谬。他提醒读者说，研讨课并不是控制之下的化学调配，它更像幼儿园，学生在其中可以自然成长，思想也能够自然生发。

他对现代生活的回应是浪漫主义的，他认为存在这样一种风险，即科技会让我们的世界失去诗意和意义。

另外一个让汤因比更为担忧的事情是那种也许可以称为流水线式的历史书写的兴起：通过学术分工生产出标准化的事实集合。汤因比的主要攻击对象是十四卷本的《剑桥现代史》（*The Cambridge Modern History*，1902–1912），该书覆盖了自文艺复兴以来的欧洲历史，它由四个编者和十多位作者共同完成。他认为这样的作品更像是宏伟的工程，而非学术成就："它们将和巨大的隧道、桥梁、水坝、客轮、战舰和摩天大楼列入同一行列，而这些作品的编辑将会和著名的西方工程师一起被铭记。"换句话说，这些作品让人印象深刻，却不是真正的历史著作。最重要的是，汤因比为已故的阿克顿勋爵的职业生涯感到痛惜（编写《剑桥现代史》是阿克顿勋爵的主意，他也参与了编写工作）。阿克顿勋爵曾是"现代西方历史学家中最伟大的头脑之一"，但他的创新和才智却被扼杀了，这位伟大的学者沦落到如同在工厂里工作一样，仅仅是将多位作者提供的事实和章节拼接到一起。

将人比作机器居于工业体系的中心位置，汤因比从人类学的角度出发对这个宏大的类比提出批判。他坚信人类不是机械，思想不是工厂。他在《历史研究》的第一卷里这样写道："在行动的世界里，我们知道把动物和人类当作货物和石头一样对待将是一场灾难。为什么我们会认为将思想当作货物和石头对待就不是错误呢？"他对现代生活的回应是非常浪漫主义的，他坚信最根本的东西是不能被量化或者测算的，他认为存在这样一种风险，即科技会让我们的世界失去诗意和意义。工业体系看起来非常强大的原因仅仅是因为它把世界压缩了，自以为自己能够了解和控制这个经它压缩过的世界。正如美国诗人杰克·吉尔伯特（Jack Gilbert）在《希腊的冬日幸福》（*Winter Happiness in Greece*, 2009）中所写的，"即便我们拥有世界，世界也在我们所能掌握之外。"

1961 年，汤因比曾这样坚持认为："具有历史意识的人类事务研究者和具有科学思维的人在艰巨的共同事业面前是同路人，彼此不可或缺。"他并不是卢德分子。与同时代的科学家和工业巨头一样，他认为尝试一切和解释一切是个值得奋斗的目标。但是汤因比心中的世界是一个色彩斑斓、交相辉映的多元世界。人类只有把一切思考方式都运用上才能获得对这个世界整体性的理解。他认为"我们需要自由地运用不同的方式去思考这个世界，有时候是诗人的方式，有时候是历史学家的，有时候是科学家的。"今天的我们应当去效仿汤因比这种真诚的和自我反省式的知识多元主义。"工具不是万能的，可以打开所有门的万能钥匙并不存在。"

知识多元主义十分重要。宣传这个主张不会让人反感，它可以很轻易地获得一批追随者。学者们相互提醒要做到百花齐放就好像政治家们会呼唤跨党派合作精神能够改换一新，这种提醒当然没有错，但其实它只是要求人文学者在批判某些问题时将烈度保持在最低水平。汤因比主张和谐，但他从不会在安全地带停留，而是会继续向挑战性更大的地方进发。他鼓励人文学者把自己看成更强有力的角色，比如积极的批判者和有道德关怀的思考者。

我们有时候会忘记（或感觉说着不舒服）人文学科本质上关心的是价值的问题，比如：过上良善的生活意味着什么？或者，怎样建设一个公正的社会？汤因比从来没有忘记这点。他伶牙俐齿且喜欢争辩，他深谙人文学科所探究的是一项道德事业，是一项需要开拓和改进的未竟之事。他知道人文学者必须是斗士，人文学者的力量有赖于他们是否有能力、有意愿去让公众直面与其自身有关的难题。

如今，我们亟须对科技做强有力的批判。正如汤因比所见，科学原则和技术革新可能会帮助我们建设一个更好的铁路、一个更快的火车头，但是它们并不能很好地告诉我们谁可以买票，铁轨应该往哪里铺，或者我们应不应该坐火车。他在《文明经受着考验》（*Civilisation on Trial*，1948）一书中写道："人类不能只靠科技生活"。人文学者的职业责任就是要去挑战公众对科学进步和技术手段的信仰，去质疑未来世界的运作方式会是怎样的，谁又会获利。我们要确保机器被正确的人正确地使用。

写硅谷的文章非常之多，关于智能手机和算法如何改变我们的生活这个问题也从不缺少评论。最有轰动性的声音都来自杰出的人文学者。莱昂·维斯提耶（Leon Wieseltier）在为《纽约时报书评》撰写的文章中尖锐地控诉技术文化把广阔的人类话题压缩成了短短几行代码。丽贝卡·索尔尼特（Rebecca Solnit）在为《伦敦书评》撰写的文章中认为数字化生活是一种干扰，另外她还气愤地写道："随性自在的旧金山消失了，它毁在了那些穿着帽衫、乘坐豪华巴士上班的年轻软件工程师手中，他们就像是一群'异族霸主'。"我们确实有理由愤慨：很多美好的东西都在我们匆忙的优化中失去了。然而我们仅仅为如谷歌巴士这样具有象征性的事物感到心烦意乱，却没能提出有关数字化时代最有趣、最具建设性也是最激进的问题。科技一直都会存在，真正的问题是如何应对。

我们需要评论家们能够去审视数码技术但不拒斥它，并且能够设想出运用它的另一种可能。

科学的原则和工具不一定会带来自由，但它们也没有天生的破坏性。关键在于如何使用它们以及它们又是为了何种价值和什么人的利益服务。硅谷最成功的公司往往宣称他们的服务价值中立。Google 只是想让全世界的信息更加透明以及更易获取；Facebook 谦逊地为我们提供了和我们在乎的人联系得更好的平台；Lyft 和 Airbnb 歌颂着朋友之间分享的美德，不论是新伙伴还是旧相识。如果这就是它们的价值所在，它们确实相当无害。我们怎么可能会反对结交新朋友和学习新事物呢？

然而，每一项高科技服务都是被某种世界观驱使的，这种世界观包含着一系列会产生影响力的假设：我们应该如何生活在一起？作为邻居和公民的我们对他人有什么义务？群体与个人的关系是怎样的？公共福祉和私人利益的界线在哪里？换句话说，科技有它自己的政治诉求。我们需要那些能还事情以本来面貌的评论家，需要他们能够不带感情倾向地审视数码科技，能够设想出运用它的另一种可能。我们需要他们能够提出关乎价值的问题。

我们的社会并不擅长提出这类问题。自 20 世纪 70 年代以来，自由市场已经慢慢被我们用来隐喻一切。自由市场有关效率和利润的基准已被广泛接受。我们对世界的回应能力以及作为公民与他人相处的能力已经崩坏，现在的我们成了世间一切事物的消费者，成了寻求竞争优势的理性行为人。借用已故英国历史学家托尼·朱特在《我们丢失的世界》(*The World We Have Lost*，2008) 中的表述："我们已经忘记了如何从政治角度思考问题。"（不管你对汤因比那个时代的男男女女评价如何，无论他们的政治立场是极左还是极右，他们确实都有自己的政治构想。）虽然我们所面临的问题——对科学思考和技术巫术的信心高涨——对汤因比来说会很熟悉，但是我们在很多方面会面临更大的挑战。因为我们已经忘记如何使用关乎价值的话语，忘记如何超越市场去思考问题。

在提供此类批判上，人文学者受过良好的训练，而且人文学者也应该积极地去批判。毕竟，关乎价值的话语是我们的母语。自由和公正、隐私和自我、正确和错误——这些都不是经济或科技术语，而是复杂而有争议的人文主义的概念。此外，要让人文学科在这个数字时代依然重要，我们需要把人文学科当作一项强劲的道德事业来进行重新构想。

人文学科被危机搅乱的时间越长就越会有更多为其辩护的理由出现。这些理由中的大部分都是从技术操作的角度或者很小的角度切入，因而不会有太大作用。譬如我们告诉忧心忡忡的大学生们拿到文学学位也可以找到工作，讨论现代主义和简·奥斯汀的课程能够让他们学到雇主需要的写作与沟通技能。再比如，我们提醒学生、管理者和立法者，人文学科可以教会学生进行"批判性的思考"，但是由于人们往往无意识地且非常频繁地使用这个表达，它已经失去了它原本具有的力量。这些理由都没有真正把握住人文学科的全部内涵。它们没能抓住我们的想象力，所以危机还在继续。

人文学科已经到了无路可退的境地。如同汤因比一样，我们应该坚持自己的信念，勇敢地和世界对话。人文学科首先应该是一项道德事业，它要去追寻许多重大问题的答案：我们应该怎样生活在一起？我们将去往何方？这件事事关重大。我们需要记住如何使用关乎价值的话语，我们要鼓励我们的读者和学生不仅仅要问"是否更有效"或"成本是多少"这样的问题，更要去问"这件事是好是坏？做这件事是为了谁？这样做是按照哪项标准？"

美国的小说家乌苏拉·K. 勒吉恩（Ursula K. Le Guin）在去年纽约"国家图书大奖"（the National Book Awards）上的发言中说得很好，她认为我们需要"能够在生活方式上另辟蹊径，能够看透这个惊慌失措的社会及其对科技的迷恋并且能找到其他存在的方式的作者。"这才是人文学科的目的所在，人文学科的功用不是去让人能够写出更好的季度报告，或是在企业会议上表现出色，而是为了让我们能够提出关乎价值的最根本的问题，然后帮助我们构想出另外一种不同的生活方式。

汤因比是一位对科学技术感兴趣却依然对其提出犀利批评的学者，他还是一个坚定的拥有道德关怀的思想家，他可以帮助绝望的人文学者走出密林。有一点经常被人们遗忘和忽视，那就是他已经为我们最棘手的问题之一提供了令人信服的回答。人文学科在科技时代有什么用？汤因比给出了很清楚的回答：从我们手中拯救我们自己。

数字时代深处

撰文：爱德华·门德尔松（Edward Mendelson）

翻译：彭颖

一

我们能否从这样丰富的交际习惯中获益，这由不得我们来评说。

——弗吉尼亚·伍尔夫，《雅各的房间》（1922）

随着每一次技术革命，都带来了对人的定义的变化；与此同时，划分精神生活与外在世界的心理边界也在变化。情感和意识上的变化与技术的变化从未完全一致。在个人电脑和智能手机时代来临之前，当今数字世界的许多方面已然初具雏形。然而，数字革命几乎突然令每个人的生活都更快更广地发生了变化。伊丽莎白·爱森斯坦（Elizabeth Eisenstein）在极富雄心的历史研究《作为变化中介的印刷出版》（*The Printing Press as an Agent of Change*，1979）一书中提出，出版是在 16 世纪初文化巨变的最初起因，这说法可能有些夸张，但她在书中指出，许多情况下，新的交际方式可以将先前存在的缓慢变化放大成压倒性的变革浪潮。

在《人类变化的本质》（*The Changing Nature of Man*，1956）一书中，荷兰精神病学家 J.H. 范登伯格（J.H. van den Berg）将从蒙田直到弗洛伊德四个世纪的西方生活描述为一个长期向内探寻的旅程。思想和行动的内在亦凭借《孔门理财学》（*The economic principles of Confusius and his school*）变得越来越显著，许多外在行为也开始被理解为根植于每个人遥远童年过往的内在神经症症状；雪茄也已不再仅仅是一支雪茄。一个半世纪后（20 世纪后期数码时代的初始）这些变化发生逆转，生活变得越来越公开、开放、外部化、直接化，曝光于天下。

弗吉尼亚·伍尔夫的严肃玩笑，"大约 1910 年 12 月，人类性格变了"。她说早了一百年。2010 年 12 月前后，人的性格真的改变了，似乎人人都开始随身携带智能手机。有史以来第一次，几乎任何人都可以被找到和被侵扰——不仅限于某个住址或是工作地，而是无处不在，无时不在。此前，每个人在一天的日常活动中总可以期望，至少有一段独处、无人注目的抽离时光，可以不受公众或家庭角色牵累。现在那个时代走到了尽头。

最近许多探索智力的书籍都在帮忙发掘数字化时代心理生活的意义。其中有些分析普通公民所受的前所未有的监控程度；另一些研究公民（尤其是年轻人），史无前例的集体选择在社交媒体上曝光他们的生活；还有的，探索社交网络上产生和呈现的情绪和情感；或者庆祝互联网成为一个巨大的审美和商业奇观，甚至成为精神敬畏的焦点；亦有谴责官僚控制的突然扩张和加速。

这些书的一个明确共同主题是：新的公众世界中，几乎每个人的生活都变得可以访问，主动向外界展示。而不太明确的主题是，一种新的、广泛的、渗透性的和转瞬即逝的自我感，其中大部分存在于自我及亲密关系中；抑或对于有形不变对象（即威廉·詹姆斯所谓的"材料自我"）的经历、感受和情绪，都已经迁移到手机，到了数字"云端"，到了众人变形的判断之中。

二

此刻嘈杂和令人分心的叽叽喳喳……

——弗吉尼亚·伍尔夫,《回顾》(1939)

当智能手机带来需要即时反应的消息、提醒和通知,如果消息未及时收到,即会反馈为当事人的焦虑。每个人对时间的意识发生变化,那些原本集中于遥远的事情上的注意力,比如说明天的邮件,转为了当下的焦虑。托马斯·品钦(Thomas Pynchon)的《万有引力之虹》(*Gravity's Rainbow*,1973)中,一个名为库尔特·蒙德根的工程师宣布了一套人类生存的定律:"个人密度……是与时间带宽成正比。"

叙事者解释说:"时间带宽"是你现在、当下的宽度……你越是沉迷于过去和未来,你的带宽越厚,你的人物也越结实。但你对现在的感觉越狭窄,你就越脆弱。

蒙德根定律的天才之处在于它认为人生不可测的道德方面与可测量的身体方面一样受到必要性的影响:那不可测的必要性,用维特根斯坦关于道德的话语来解释,就是"世界的条件,比如逻辑。"若不缩小自我、不变得"更加脆弱",你无法减少自己对过去和未来的参与。

朱迪·瓦克曼(Judy Wajcman)在《时间紧迫》(*Pressed for Time*)一书中指出"数字资本主义时代生活加速"不是什么新鲜事,而是早期技术变革的延伸。"时空混乱"始终会对不同社会群体产生种种不同的压力,被数字打扰的文化,也对被打扰者(员工、子女)和入侵者(经理、父母)产生不同的压力,瓦克曼对于相互平等的关系更为乐观:青少年使用信息工具,在社交网络的共享舞台上彼此相遇,打开沟通的私人渠道;他们对别人的网络个人资料进行瞬间判断,不受工作或娱乐间断在线持续关注。但是瓦克曼过于简单化了,例如使用智能手机在最后一刻重新安排晚餐日期的好处,"从而促进时空协调"。根据蒙德根定律预测,同样的灵活性降低了"时间带宽"和"个人密度"(品钦),通过削弱一个人对未来的承诺,甚至是微不足道的承诺。

电脑和智能手机给日常生活带来了数字时代的另一类工艺特点：电子游戏中，玩家必须一直保持紧张状态，以应对不可预知的突然入侵，立即进行反应，避免虚拟死亡的危险。这也有它的好处：从小玩电子游戏的司机据说比其他人对突发险情做出反应的速度更快，更可能活下来。

一直是我们的同时代人的但丁，描绘了中立者的圈子，那些人既不行善也不做恶，一群人跟随着地狱上层的一面旗帜走，被野蜂和大黄蜂蜇。今天，每一个中立者跟随着他们拿在眼前的屏幕，被嗡嗡的通知声刺痛着。在流行文化中，僵尸启示是当前的恐怖电影中喜欢幻想的发生在不久以后的灾难，因为它已经在现实中预演了：不死人摇摇晃晃穿过街道，一个个茫然地盯着屏幕。

三

现在我怎么能继续，我说，如果失去自我，失重、失明，通过一个毫无重力的世界……

——弗吉尼亚·伍尔夫，《海浪》（1931）

数字革命最令人震惊的一个社会效果，是每个使用智能手机的人对连续监控状态的忍耐，及其不同程度的顺应性。伯纳德·哈考特（Bernard Harcourt）发人深省的书《曝光》（Exposed）调查了间谍机构和私营公司对隐私的伤害，而那些一直在线更新发布自己状态的人也对此推波助澜。"我们今天受到监控的程度，"他写道："还不如我们有意暴露自己的更多，我们中许多人很爱这么做，而其他人是抱持焦急和犹豫的态度的。"相对中世纪国王两体的概念——国王天赋的王室权力和他本人——哈考特提出的"自由民主公民的两体……现在永久的数字自我，我们随着每一次点击与按键将其蚀刻到虚拟云上；以及我们作为凡人的自我，这似乎对应的正像一张宝丽来快照的色彩一般渐渐褪色。"（这对于共同感受的描述似乎是准确的，但高估了数字不朽的可能性；事实上，很多基于网络的社区及其所有历史，随着一次点击就被清扫一空。）

哈考特在叙述今天的"说明性社会"中大量引用福柯的《规训与惩罚》

（1975）。福柯分析了杰瑞米·边沁虚构的 19 世纪圆形监狱，其中全知全能的狱卒监视着毫不知情也并不情愿的因犯，与此不同的是，在哈考特由微博帖子和 Instagram 资源构建的说明性社会里，大家能够窥探其他人，而且每个人都希望被暗中监视，鲜有例外。同时出现了一种被认为令人羡慕也令人震惊的新名人，其唯一才能就是坚持不懈地自我曝光。对于哈考特而言，最糟糕的是当今消费者对于审查和监控的顺从，这样的监管原本由政府控制，现在不论好坏都落到了公司手中。iPhone 用户访问所有软件的网关苹果商店屏蔽了专门设计用于显示敏感政治问题的应用程序，例如无人机袭击的图片。"苹果公司，看来已采取了国家审查的手段，但其唯一的动机似乎是利润。"

哈考特的书面世后，苹果公司和美国政府产生了冲突，FBI 试图迫使苹果对恐怖分子的 iPhone 实施解密。而苹果坚持颇令人钦佩的立场：即不应提供任何手段来侵犯任何人的隐私，与此同时，其软件用信息、广告、提醒和通知来侵扰用户的隐私，并记录和销售一切手机内置"数字助理"的信息，这些全部以方便和利益之名。知识分子和精英可以在苹果许可的范围内减少这些入侵，意志坚定者也可以关闭自己的手机，但苹果依赖于其他人对于打扰和窃听的被动接受，以保持其盈利数据增长。

哈考特描述了一种新的心理，旨在通过暴露虚拟的自我，寻求其永远无法真正找到的赞同与声名的满足感。它存在，就是为了被观看；必须通过更新其宣称的"状态"来不断创造自己的身份，通过 Facebook 上的叙述和 Instagram 图片展露自身，而我们的"良心""道德""自我"则需要被提醒才能存在。哈考特显然不指望这样的提醒能有多大效果，并绝望地总结道："正是我们的欲望和激情奴役我们、暴露我们，并用这个硬得像铁的数字外壳诱捕我们。"

《曝光》从一个"道德良心"的角度诠释互联网。弗吉尼亚·赫弗南（Virginia Heffernan）的《魔力和损失》（*Magic and Loss*）则从美学方面进行解释："互联网是人类文明的伟大杰作。"它的神奇特质是赫弗南最看重的："事实证明，它将曾经密集的实体物质世界经验……转为无摩擦力、失重和美妙的抽象概念。"她已开始偏爱数字化的 MP3 音频文件，其"编码的声音冷冷地藐视音乐的物质实体"，并将浸入式的世界封装在一个虚拟现实的耳机里，"全然不觉得像是现实"。

哈考特的书是对统治绝望的抗议；赫弗南欣喜若狂叙述的则是顺服。《魔术和损失》将她自己的故事与互联网交织在一起，她逃离了"我们最神圣的阶级的价值观"，逃离了一个由"《大西洋月刊》和《纽约客》作为老的守护者，监管文化素养边界"的世界，进入了一个充满乐趣和即时性的无阶级世界，其中智能手机拍摄上传的视频都是通用的非文字语言，万物"都是出于纯粹的快乐而值得观看"。

浏览因特网，起初她抗拒离开这个有血有肉的作家和电影制片人希望"讲述关于人们生活的精彩故事"的世界，而进入一个人们溶解成虚拟的世界："我还没有准备好用观念中的故事交换观念的系统。"电脑理论家尼古拉斯·尼葛洛庞帝（Nicholas Negroponte）在《数字化生存》（*Being Digital*，1995）中曾敦促我们应该（用赫弗南的话说）"拥抱作为信息比特而非物质原子的我们的身份"，而现在机器也超越了她的反抗："这是 iPod 的魔力：它改变了我，使我变得数字化。"她通过援引阿奎那"与他者分享一种特质"解释她与机器的融合。

在靠近开头的地方，她写道，像我们这样生活在一个欢愉变化的互联网虚幻世界中，"我们需要……放弃自己老套的美学并思考一种新的美学及相关道德"。但到了结尾，她越来越意识到她究竟让自己失去了什么，当经由铜制电话线的私人长谈——这谈话至少是由两种声音来分享他们内心的生活——让位给 Snapchat（阅后即焚）和 Instagram 的视觉拟象：只有自拍，没有自我。她的最后一章出人意料地转变了，从另一个不同的角度重述了她的生活历史，一种通过各种方式对宗教意义的寻求，从皈依犹太教再回到主教制主义，以及转向在教室和推特上遇到过的学术权威。

她在结尾段落中想象"神秘和疯狂的互联网"洒下流星雨般的"某种奇异恩典"。但效果仅仅是美学的——即使你不相信它，它也会起作用。在此之前，越过了直接的美学恩典，她写道："互联网激起了悲哀，对数字化的深切感受已经让我们付出了一些非常深刻的东西"，通过对原本能够相互寻找安慰的声音和身体的疏远。

数字的连通，她总结说："是虚幻的……我们都比以往更加孤独"。死亡本身，通过"一种深不可测且并无痛苦的神圣媒介"可见一斑，"比以往更加可怕"。但这样的恐怖并非数字时代所特有；也不是互联网的产品。他们折磨着试图生活在这个强烈的美学图景中的每个人——正如伯纳德·哈考特数字拟像的说明性社会中那样，存在是为了观察和被观察——而不是一个"良心道德的自我"进行争论的社群。

四

可以肯定的是，当我知道有人相信一个观点的时候，这观点就会有所收益；它得到了确证。

——诺瓦利斯，《普通草图》（1798—1799）

人群一直是一个溶解孤立的场所，即使在陌生人之间，个人会合并到集体的非个人力量之中。人类在自身和他人之间保持的防护距离——他们的私人空间一般随着文化和个性各不相同，但在人群中就会完全消失，每个人都挤在一起，融入一个未分化的大群体。埃利亚斯·卡内蒂在《群体和权力》（1960）中写道：人群的最古老的形式是"诱捕群体"，为了杀人聚集在一起。今天一群人则通过自拍照取悦自己，一边欢呼某个政治候选人的谋杀幻想。

温迪惠庆俊（Wendy Hui Kyong Chun）的《更新以求不变》（*Updating to Remain the Same*）一书中使用了与卡内提不同的说法，描述了我们制造和寻求"更新"自己和他人状态的习惯方式创建了一个类似的群体："个人行为凝聚成了奇怪的嵌合怪兽。"在俊的描述中，网络世界始终处于危机之中，对最新的电子邮件病毒的恐慌，以及例如对难以捉摸的乌干达军阀的追随，仅仅因为观看了一则关于他的 YouTube 的火爆视频。危机创造变化；但一个人不断更新 Facebook 状态的习惯，总是重复使用熟悉的常规语法，矛盾地让一切停止变化。"生活即更新"：人们必须为了"一个人的持续存在的证据"进行更新，因此俊的副标题是"习惯性新媒体"。[1]互联网的浩瀚使个人产生了无力感，确实可以通过加入群体得到些许宽慰——直到群体重塑自身，它总是会重塑，因此你必须再次加入。就像红皇后告诉爱丽丝："你需要拼命奔跑，才能保持在原地。"

与朱迪·瓦克曼一样，虽然远不如其透彻，俊介绍了（又是用品钦的话说）时间带宽稀薄而个人密度脆弱的网络世界。她智慧地报告了对网上"好友"持久的幻想，幻想一个期望的社区可以通过习惯的力量凝聚成一个虚拟的人群，其中心是"极富指向却又空洞，是单数又是复数的你"。

理查德·科因在《情绪与流动性》中用优雅的散文塑造了一个网络世界，更加细致入微、个人化并富有回应性，而并非俊在嬉皮社会学中分析的怪兽，但与俊坚持认为的一样，柯尼承认这一同样令人不快的事实：机器改变了对生活最深的体会；"空间充满了那些确实会影响情绪产生方式的设备和技术"，通过提供"改变情绪的娱乐"，可以"煽动人们采取行动、抗议和革命"——或诱发"存在眩晕症"。

俊探索了致使互联网习惯化而非创新的各种原因。本书中没有提及的深层原因，则在对于屏幕阅读与纸张阅读区别的研究中有所说明。像所有试图量化个人经历的研究一样，该领域发表的研究结果也显示出有问题的、不一致的结果，但至少一个报告振振有词地说：当你阅读纸张时，你更有可能遵循叙事或论点的脉络，而当你在屏幕上阅读，你更可能扫描关键字。这是弗吉尼亚·赫弗南的旧的"故事"观念和她的新的"系统"观念之间区别的一个变种。

阅读关键字——虽然我怀疑调查研究能否对此给出任何明确定义——可能会让读者强化对这些关键字已经持有的关联。所以一个人看到屏幕上写着"移民"或"流产"，可能会对此产生更强烈的情绪，而非读者在纸上阅读同样的论点时可能接受的另一个人潜在的不同想法。这种效应影响了最近的政治生活，例如，由唐纳德·特朗普的推特激起的愤怒——人人都会注意到。发布愤怒的话语自身会产生更大的愤怒，舆论的两极性加剧，个人选民凝聚成诱捕群体，虚拟的敌意爆发成实体的敌意。

---

[1] 成瘾是习惯的极端情况。见雅各布·韦斯伯格：《我们已彻底上瘾》（*We Are Hopelessly Hooked*），《纽约书评》，2016 年 2 月 25 日。

在《过滤泡沫》(*The Filter Bubble*，2011)中伊莱·帕里泽(Eli Pariser)将这一缩窄效果归因为技术，如使用谷歌、亚马逊、苹果及其他的搜索结果，或是推荐你"也可能感兴趣"的书籍和音乐，将你之前搜索的信息与其他通过算法与你关联的人的搜索进行匹配和确认。左翼或右翼用户通过屏幕上的链接引向赞同他们已有观点的书籍和网站。帕里泽的说法，虽然有很多争议，看起来基本还是不容挑战，而同类的缩窄效果不仅会源自公司阴谋，也会通过网上阅读的新习惯产生。

数字世界将曾经难以想象的大量信息提供给大家，同时也将过去取决于个人知识和个人判断的问题转移到网络并面向群体。这一变化始于数码时代之前。有个生动的小例子就是单个作者依据特殊个人喜好编写的餐厅指南衰落了，取而代之的是由查格(Zagats)首创的印刷品或是网上发布的群体指南。维基百科凭借"共识"成为内容的最终仲裁者，而不是依赖例如哥伦比亚百科全书这样所谓的专业编辑委员会的裁决。维基百科不断进行的互相纠正，对数学和科学挺有用，但对历史和文学则不然——在这些领域，有时共识是错误。关于传奇人物诸如 W.B. 叶芝或海明威的可疑的浪漫或英雄故事无法被移除，因为大家的共识更偏爱熟悉的神话。

不断扩大的"物联网"使智能手机用户可以遥控几百英里外的家庭供暖系统。据我所知，使用这些设备的人们，其心理作用再次引发了压力，与那些能在任何时候都需要下级服从的管理者一样，对距离太远难以触及的东西的控制欲带来了更严重的焦虑，而这些东西原本远得不用担心。也许菲利普·霍华德在《技术和平》中的预测会被证实是真的，彼时，新设备网络将所有事物的信息提供给集中式数据库，会"带来一种特殊的全球政治稳定，揭示大科技公司和政府之间的协定，并引入新的世界秩序"。他预测，在新秩序中的赢家将是那些"能够利用物联网聚集的大数据证明真理，并通过社会媒体传播真理的人"，而输家将是那些"被数据暴露撒谎的人"。

但是，这种观点需要的是对每个人理性与自主判断的乌托邦式信仰，而人们的生活是由企业、政府以及联系他们的"奇怪连接的嵌合怪兽"所塑造。各国政府和科技公司的道德目的是本书预测时忽略了的核心问题，这本书的结论秘方（"每月做一件事来提升你的高科技头脑"）对于关键的价值问题帮助并不大。

五

我歌唱身体的电流……

——沃尔特·惠特曼《草叶集》（1855）

大家都在由各自文化塑造的情色期待和想象的气候中长大。互联网从根本上改变了这一气候，以至于比方说，20世纪90年代以前经历青春期的人，与那些其后经历青春期的人自然怀有不同的情色预期。曾经青少年的性幻想基本上是私人和秘密的，取而代之的，则是气候里伴随每个人成长的，可公开获得的，女性心甘情愿被侮辱的图像。硬色情和软色情展示着身体不现实的纹理和形状。

每一种文化都对性欲有特殊的扭曲，而数字时代的扭曲则与（用 J.H. 范登伯格《人类变化的本质》一书中的话）"19世纪的性欲紊乱"相对。许多维多利亚时期的中产阶级男子曾对中产阶级妇女有种困扰的无力关系，因为他们将性欲与那些社会地位低下的人相联系，并理想化自己阶级的"纯粹"女性。维多利亚时期的中产阶级女性会晕倒，当她们正常的性欲与文化产生无法调和的冲突时——文化让她们深信这些欲望是低级可耻的。

如今，男青年再次报告了对女性的困扰的无力感，这些女人完全不同于陪伴他们一起长大的那些生动图像。中年评论家则抱怨说，年轻女性感情脆弱到了三十年前不曾有过的程度。这话忽略了新的色情气候导致的心理压力。与19世纪类似，普通性欲再次与对其进行侮辱性描绘的文化产生了内在冲突。对很多普通观众而言，麦莉·赛勒斯或碧昂丝挑逗情色的音乐录影带中所谓的"赋权"效果，似乎与上一代的"自尊"计划一样，是种壮胆的幻象。人们心灵并没有变得更脆弱；相反，所受的压力在很多方面比一个多世纪以来更加强烈尖锐。

与数字世界的其他各方面一样，全新的性气候既带来好处，也伴随损失。

今天，几乎没有人需要为任何种类的欲望蒙羞，而曾几何时，人们为此会被永久孤立。为每种特殊的仇恨提供了共享社区的公共世界，也同样首次为每一种爱提供了一个共享的同情社区。同时在社交媒体和通信中，新开放的公共领域也打开了私人亲密关系的新途径。

同时，人们的身体被教导要寻找自身新的扩展。苹果、三星和其他公司预见了使用传感器"智能手表"或腕带系统记录佩戴者的生理数据为企业所带来的巨大利润。软件现在可以告诉你，昨晚你睡得如何，有可靠的客观测量标准补充你自己的主观意识，暗暗地将你的日常身体感官外包。这种方式和每年的验血还不一样。没有人对此类程序的影响，提出一个清晰的分析思路。

六

我们的这个灵魂，或者生命……总是在与别人说的唱反调。

——弗吉尼亚·伍尔夫，《普通读者》（1925）

似乎，每次威胁到自身完整性的技术变革，也每每会提供新的方法来加强它。柏拉图对文字书写行为提出警告——正如约翰尼斯·特里特米乌斯 (Johannes Trithemius) 在 15 世纪警告印刷：它会把内心灵魂的记忆和知识转移为单纯的外在标志。然而，通过书写和印刷留存的话语揭示了曾经难以企及的心理深处，创造了道德和智力生活的新认识，并打开了个人选择的新自由。古腾堡发明印刷术两个世纪之后，伦勃朗画了一幅老妇读书图，她的脸被手中的《圣经》闪耀的光芒照亮。将这书替换成屏幕，那幅象征性的图像现在简直精准到位。21世纪与伦勃朗所在的 17 世纪一样，照亮我们的光芒取决于我们选择阅读的内容以及选择阅读的方式。

随笔 | essays

从尊孔到打倒孔家店

撰文：向珂

周公 VS 孔子

他躺在了京城的馆舍里，无力地喘着粗气。连续十来天的腹泻让他一步步逼近死亡的大门。临终时，他对站在床边的长子阎咏说："吾年六十有九，不能自主持，则平日读书奚为？"他忘不了"殿下"对他的关怀，那种无上荣幸，远超过封官、厚葬。他在人生末端的几个月里，似已享尽了此世间最高等的繁华，于是，他嘱咐家人，不要为他的离去而哀恸，简单操办他的后事，正在老家的两位儿子也不必亲自到京城，待他的遗体被送到淮安后，葬送到祖茔，也万万不可延请僧人来诵经，不可虚求排场。1704年阴历六月初七，也就是他离开王府的第二天，这位叫阎若璩的老者便最终在京城走到人生的尽头。

"殿下"，当时的皇四子胤禛，的确为这位宿儒带来了最后的安慰。而就在几天前，阎若璩已淡淡地说过，他在三日之内便要离开此世。大儿子听到这么一说，便跪倒在地，大哭起来。阎若璩却说："夫人有生必有死，何足悲！"当然，年老的他也未必没有遗憾。他终究未能得到康熙帝的"御书"，也没有机会报答胤禛对他的恩惠。

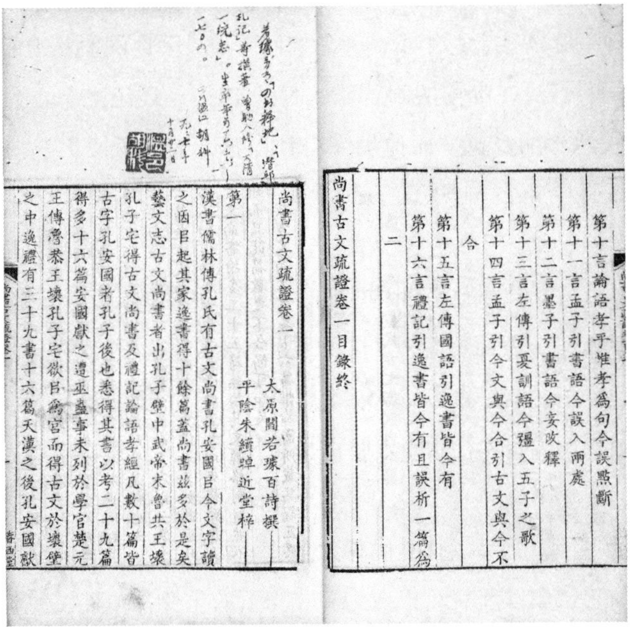

阎若璩著作

　　阎若璩是在 1704 年的阴历正月离开淮安的，经过差不多一个月的时间才到北京。没想到，阴历六月初七就成了他的忌日。其实，刚到北京，阎若璩便已感到身体不适。阎咏立马让李绅为父亲诊断病情，身体似有好转。

　　3 月 27 日，阎若璩住进了胤禛的府邸。胤禛虽然是让他到此来为自己侍读，但眼见他抱恙，还是嘱咐这位老者好好保养，也不必急着著述，来日还多。这位长期生活在淮安的读书人，一入王府，生活起居当然大不同于往昔。胤禛还派遣太医林长文每天早晚各来一次，为他把脉。阎若璩可能已感觉到，精力已经恢复差不多了，就让二儿子阎训恵速速离开京城，回到老家，好在长子阎咏在此。但是到了 5 月 26 日，他顿然感到肚痛，又开始腹泻。医生几番问诊，也未见好转。阎若璩明白，老天留给他的时间已不多了，他不能把最后一口气吐尽在这王府里。他便坚持搬出。据说，胤禛也出面挽留了他，让他安心留在这里养病。6月6日，在阎咏的陪伴下，阎若璩安卧在笼罩着青纱帐的大床之上，由二十多个人抬出王府，来到城外的馆舍。翌日，阎若璩病故。

阎若璩平生第一次来到北京是在1678年。那时，清兵入关已有三十多年，康熙皇帝执掌皇位也有十七年了，考虑如何更为灵活地网罗各地的读书人，特开设博学鸿词科。身在淮安的阎若璩此时已43岁，还正准备于此年到他的祖籍之地山西太原参加乡试，而他最终得到保荐，进入了博学鸿词科应召入试的名单。考试是在1678年阴历三月，阎若璩提前来到京城。虽然他大考不第，但又借这样的机会结识了好些宿儒文士。二十一年后，康熙到江南巡行，正值黄河淮河发生水灾。当来到苏州的时候，正巧遇到他的寿诞日，不少江南的文人儒士竞相献诗，一方面贺寿，一方面歌颂今上洪德。阎若璩身在离苏州不远处的淮安，也作了《恭呈御览诗八首》。在这几首颂扬之诗里，他还主要说到，这次皇帝亲自到南方督察治水事业，意义非凡。

全诗之中，其中有一句是："尧水仍尧治，无烦伯禹功。"在传说里，尧为圣王，禹为尧臣，为了匡扶尧的伟大帝业，费尽心力，治理全国的水害。而在阎若璩的诗里，康熙无疑可以成为尧在当下的化身，并且在功业上还能远超这位理想圣王，因为他在治水这样的大事上不需要能臣辅助，他亲自部署、指导。至于功高于尧的康熙是否读到了这些贺寿颂圣的诗词，已无法得知。不过，二十多年后，即他离世前一年，他还命长子阎咏在畅春园献礼，其中就有《万寿诗八首》。原来，在1702年，康熙巡游，又路经淮安，问内阁学士李铠："此中有学问人乎"。李铠推举数人，其中便有阎若璩。据说，阎立马被命来见康熙，但皇帝的船行驶得快，阎未能赶上。不过，他倒是受到了皇四子胤禛的召见。胤禛对他说，他所知道的东南读书种子，仅存三人，朱彝尊、胡渭和他阎若璩。于是，到了第二年四月，阎若璩便命儿子去向皇上献礼。阎咏面见康熙，康熙在谈话中说到这么一句："阎若璩学问甚优，与徐嘉炎同。"徐嘉炎是浙江秀水人，与阎同年招试博学鸿词科，而列一等，授翰林院检讨。阎咏听到如此褒奖，便立刻写信告知了父亲。阎若璩在给儿子的回信中写道："皇上天章云

历史学人 / 随笔

烂，草野布衣皆得望见，汝且勿归，为我老臣求之，我身若健，或当亲来未可知。"9月，阎咏得知皇上从外地回京，便在石匣山边的河岸上，跪迎康熙。"涧水湍急，龙舟飞渡"，他未能得到再次面见康熙的机会。好在两月之后，胤禛召见了阎咏，知道他的用意之后，胤禛亲笔写信致阎若璩，告诉这位老者，如果想得到今上的题字，为何不能亲自到他北京的府上来，他能寻找皇上清闲的时候，满足阎若璩的要求。阎收到皇四子来信之后，对身边的子孙说："吾绩学穷年，未获一遇……今贤王下招，古今旷典，乃斯文之幸也。其可勿赴！"一个多月后，他便启程赴京。

年老身衰，他到京不久便一病不起。就在病危之时，他仍珍惜一生的著述事业。他在生前共刻了九种书籍；对于《困学纪闻笺》，他认为，既然已有了胤禛的序文，此书就定当不朽了。不过，后来传世的刻本里，并没有出现过这篇序文。而他一生的学术成果中，最为后人称道的，还是对《古文尚书》的考证。胤禛在给他的悼唁文中，说道："余从知学，即闻先生。旋读所著，向愫益诚。惠然肯就，安车之迎……乃兹溘然，月未三毂。呜呼先生，人亡名寿。""安车之迎"，特指汉文帝专派车辆恭迎《尚书》学者伏生一事，表示身为帝王的人尊崇圣道，也尊敬这些圣道精神的体现者，因为他们研修经书，在经书当中找寻到最该持守的正道。遗憾的是，就在他的王府里，这位东南名儒未能得三月的清闲，却在异乡平和面对死亡的降临，皇恩已成最佳的人生休止符。

到了1747年，即乾隆十二年，阎若璩已故去四十多年，那位后来成为雍正皇帝的皇四子胤禛也在十二年前驾崩。在这年里，也出生在淮安的阮学浩向乾隆奏上一书，即阎若璩的《孔庙从祀末议》。乾隆阅后，却大不以为然，将阎的提议驳回，称这纯属"书生意气"。阎的这部著作在他生前应该尚未刊刻成书，他也没有将此献给康熙、雍正，甚至于，在张穆所著的《阎若璩年谱》和阎咏的《行述》之中，也未见到关于它的任何记录，无法得知这篇文章究竟作于何时何地。而这在阎若璩一生的文章书籍中也显得极为另类，这是他对于当下朝政的直接提议。

195

乾隆皇帝（郎世宁　绘）

在文中，阎对孔庙的祭祀提出了几点看法。里面关于孔子的一条最为醒目。他建议，孔子虽然一生未曾当上大官，一介布衣，却该享有与天子同等的祭祀级别，他说："孔庙祀典宜复八佾十二笾豆于大学……孔子，布衣也。而祭之于太学者，天子也。以天子之尊天子师，既北面而拜向之，而用天子礼乐何不可之？"雍正在位的时候，还表示过："惟至圣先师孔子道冠为王，功高万世，朕敬仰企慕。"尽管他称孔子为王，但孔子在帝国的祭祀谱系上，并没有与天子并肩，真正享受到帝王之师的地位。

在乾隆看来，清王朝建立以后，之前的几位大清皇帝对于孔子这位先师的宗奉，已很到位，没有什么好挑剔的。他也知道，阎若璩的这套说法并不新鲜，"不过文人翻新立说，岂足据为定论"，历代的儒生里，不知有多少人抱有相似的观念。"天子尊师"的目的，不过在于让全天下的人明白，儒家道德在日常生活中当扮演至关重要的角色，而理想的"师"，正为修习经书而能成为儒家道德表率的读书人；无论如何，也不该就此认为，这些读书人因为受到尊重，而真被认作是位在帝王之上的老师了。假如乾隆读到阎若璩当初献给他祖父那些诗，尤其读到"尧水仍尧治，无烦伯禹功"，便能感到欣慰，因为阎若璩把当朝的君王俨然描述成为全能的圣君。在这样的帝国制度下，君与师看似分离，似乎彼此制衡，但乾隆这样的君王仍会在适当的时机发出警告，让这些借"师"

的名义来发言的儒生们真正意识到自己的处境和身份。阎若璩这样的儒生将孔子作为心中最高的圣人——尽管孔子并未在世俗意义上取得多大功名，相反，他位卑而志远，要在他目力所及的天下传播具有普遍意义的圣道。儒生们当是孔门精神的真正承传者，无论是通过所谓的心法、口授，还是通过钻研经书与经义，他们都该与遥远的圣者相呼应、关联，他们由圣德而非武力结成长长的承传谱系，代代相续，未能中止，与帝王的世袭谱系相比，更具有超越的意味。难免会有儒生在暗暗地拉升这套谱系，至少要让其与帝王谱系相平等，这样为孔子争名，也就能让自己所乘坐的这艘大船真正冲向高位。如果由此而认为，类似于教会（church）和政权（state）这样的张力，也同样可以投射到君师关系上，那么，这难道不也是"书生意气"？

阎若璩已经下世多年，乾隆对他的不满，还是昭告天下读书人，他们那种暗中使劲的功夫，真该趁早停歇。他还说："祀典关系重大，若只凭其私心浅见，率议更张，忽进忽退，成何政体。"显然，作为个体的儒生在对国是的议论上，无论如何，当克制自我表达的欲求。为了抑制儒生们内心的妄想，让他们无法拉升他们的承传谱系，乾隆时时提防。有人提出，当在孔子的诞辰日进行祭祀，乾隆有两点反驳的理由。首先，所谓圣人诞辰的说法，源于佛教和道教，儒学更具有正统地位，不该取法于它们。第二，孔子的诞辰日自来就有不同的说法，目前没有更为可靠的证据能考订清楚。而乾隆的心中另有一位至高无两的圣人，便是周公，他说道："周公大圣人制礼作乐垂示万世。今庙在曲阜应行致祭，此系重大典礼。其遣恭亲王长宁及礼部尚书介山偕往，以示朕尊崇元圣之意。"后人可以看到，在孔子的言谈记录中，他对周公充满敬意，从未松懈，他甚至说："甚矣吾衰也！久矣吾不复梦见周公。"好像没有理由认为，周公和孔子会各处在两个对立的端点之上；周公在前，孔子在后，二人该属于一大传统上的两颗耀眼之星。然而，乾隆在他们之间做出了选择。

也就在乾隆年间，另一人倒在这方面读懂了乾隆的心法。1783 年 10 月，乾隆帝归自盛京，周震荣除道京东。他邀好友章学诚同游。章说："数日之间，随所见闻，心境屡化，人世何者可常恃耶？"从此来看，章学诚应该见到了乾隆，也见到威武的皇家气象。于是，他又托周震荣将著作进献给皇帝，"以期不朽"。其中，《言公》三篇是他最为得意的文字。原文中这么一句话，颇能说明他的主旨："言可得而私，文可得而矜，则争心起而道术裂矣。"上面说到乾隆对阎若璩私议朝政的批评，而章学诚也认为，如果每个人都有自己的言论权利，竞相表达自我的看法，那么，这种因言论引发的争斗便会造成集体意识的混乱；而他所谓的"公"并不能理解为现代社会的公共原则，最高权力的拥有者无疑才属于当下"公"的化身，他们的话语、思想既有合法性，又能祛除杂议，以保持社会的一统与和谐。

对于孔子和周公，章学诚在他的著作中点破其中奥妙。他说，真正集大成的圣人，得具有两个条件，一为自身的道德修持，二为社会地位，即"有德且有位"。在西周初年，周公辅佐成王，成就了伟业，周公也基本算执行了帝王的任务，享受到至高权力的便利。与之相较，孔子的圣贤功夫不论有多精深，他毕竟未能得到机会，像周公那样在现实的世界里操持大权，为天下人谋求福利。那么，孔子相比较于周公，还显得不够完满。儒生眼里的孔子，乾隆心中的周公，也就这样此消彼长；当孔子的身后命运不佳的时候，那些未能手握重权的清谈之士，也只能识相地全心臣服于当今的"有德有位者"。章学诚的这番言论，当为得势之人所喜，但遗憾的是，他一生也屡试未中，到了四十多岁才中进士，应该也不曾因阐发"言公"而领受好处。

孔教的发明

章学诚虽然生前命运不济，但他的著作倒在身后渐渐传播开了。1901年4月，身在湖南长沙的皮锡瑞在日记中写道："阅《文史通义》，欲作书驳其'周公集大成、孔子不集大成'之说，病愈当为之。"幸运的是，到了1906年，阎若璩去世两百多年后，清王朝已处在最后的岁月，光绪皇帝奉西太后慈禧之命下诏，宣布孔子荣升大祀，达到皇家规模，俨然承认了"孔子集大成"。在中国帝制时代的末端，孔子总算在国家祭祀中享受到最高级别的待遇。这件事情，在社会上并没有多大反响。不过，在士人阶层中，确乎有人为此感到欢欣，廖平便是极好的例子。

当他在四川得知孔子升大祀的消息时，大喜过望。在第二年，他还写道："现在学生每谓中国无一人可师，无一书可读，诟诋经学，至成风气。所以朝廷特颁尊孔一命，使学界不至惑于歧趋。盖因不遵孔之邪说，陷溺人心，毁伤国体。所以特颁旨以挽其弊，愿与诸君舍旧维新，独尊孔经，大至圣，中外教宗统领，彰明国学，正不妨借用其法。笃信孔子，亦如欧美各国，迷信其宗教。"

廖平出生在四川的一个偏僻之地，家里世代务农，他早年到成都的尊经书院学习，成了张之洞、王闿运等人的学生。1889年，廖平中恩科进士。尽管他也接受了正统的帝国教育，但他很早就急着在经学这样的学问上找到自己的声音——这显然违背了章学诚"言公"的原则。他活了八十多岁，直到最后，都还在努力用"私言"来解释儒家经典。他在经学上的一些新奇论述，的确在清末士人阶层中产生过广泛影响。但是，他总避免不了被人指摘，与他有过深交的朋友在背地里也说他那套实在为胡说妖言。当他成名之后，张之洞还给他写信，劝他在以私言解经的道路上，别越行越远，还是得老实本分地对待圣人之学。廖平在给老师的回信中说，他一心治学，差不多到了三十岁的时候，头发便已花白，他担忧，孔子的真精神被埋没，孔子在历史与现实中的地位实在不堪，于是尽其所有当好孔子的功臣。虽然，他一生总在不断地抛出新说，但他也明确指出，他终其一生，唯有一项事业——尊孔。

廖平在三十多岁的时候便写出了《今古学考》，引起了广泛关注，一时暴得大名。在这本书里，他提出一个大胆的观念：经学，即帝国最正统的学问，在其内部，有着两套截然不同的学说，一为由周公创立的古文经学，一为由孔子创立的今文经学。两者都与孔子有关系，前者是由他在早年记录的周公学说，后者是他晚年总结而成的革新学说。虽然廖平没有明说后者当优于前者，但根据后出转精的逻辑，一般人也会感受他是在袒护后者。隔了没几年，廖平又开始修正此说法，他径直指出，古文经学是由汉代学者冒名而创的"伪学"，跟周公、孔子都没有什么关系。就在这一点上，廖平和康有为有了一致的认识（也有人认为，康抄袭了廖）。他们二人在戊戌年前，靠各自的著作，宣扬孔子变法的观念；而且，孔子那些具体的变法主张已经被湮没千百年，他们从传世的文献中打捞出久远而又崭新的制度。孔子未能在现实中称王，所以被认为不具有成为最高权威的可能性，那么，借用"素王"的概念，为一位"有德无位"者寻找到合法性。帝国的变法，是要变换到真正的孔子之法，而这套法却是由廖平、康有为这样的儒生发掘出来的。乾隆说过："私心浅见，率议更张，忽进忽退，成何政体。"那么，这帮儒生们的书写与行动，一开始就埋藏着不可估量的风险，好在廖平最终没有被卷进政治旋涡的中心。

1898 年之后，他在解释经书方面越来越能发挥想象力。在他的笔下，孔子俨然成了无所不能的仙人，他不但能继承传统，为当下世界提供可靠的指导，同时，他已经为全人类未来社会设计了发展图景。孔子的智慧就在他书写的这些经书里，由于人自身的限制，往往忽略了深藏在其中的知识、道理，真正的读书人要透过这些文字去重获新知，发现更深邃更普遍的真理。这些书永远不会受到时间与地域的限制，孔子甚至早已具有地球的知识。就这样，在章学诚笔下那位略有遗憾的圣人，被廖平描述为全人类的先知。

廖平与阎若璩相比，对外面世界的认知更为丰富。1682 年，阎若璩四十七岁，在福建见到荷兰人，看到他们用高档的丝织品来绑腿，甚感新奇。而从 1843 年通商口岸在全国纷纷建立以来，外来新知涌进，像廖平这样的读书人也从中感受到不容忽视的力量。他阅读了一些翻译书籍，甚至从医学译著《全体新论》中汲取灵感，将这用到经学的研究中，让孔子学说与外来学说显得并不隔离。从外而来的诸多影响中，对廖平来说，外来宗教的冲击最为巨大。

生活在中国的传教士家庭

雍正皇帝曾经颁布法令，禁止基督教在国内传播。但到了 1843 年，《南京条约》生效，以医师身份来华的传教士便渐渐增多，他们在通商口岸开设医院，也借此传播教义。1860 年，中国内地向传教士全面开放，各类传教活动也蓬勃地发展起来。而在内地，排外观念已入骨髓，教堂被烧，传教士被害，这样的事情也时有发生。廖也深知，这种暴力行径容易造成社会混乱，他甚至期待，中国自有的宗教理所应当地挺身而起，从而让作为他者的基督教失去话语优势。他说："欧洲诸大国所得土地皆改用新教，亚洲不振，孔教势将为其所夺，亦如印度婆罗，天理民彝势将废坠。所以有保教之说。"

廖平在 1896 年才看到《新约》的中译本，两年后他完成了《祆教折中》。在此之前，他的论述对象和范围，基本上不超出中国经学，虽然他的一些论述让人觉得怪诞。1898 年的那场政治风波中，他的朋友杨锐、刘光第都不幸遇难，而他又同康有为有着微妙的关系，对自己能在此时偏居于四川，躲过一灾，反而感到庆幸。有趣的是，就从这一年开始，廖平的笔下世界渐渐不再囿于中国，他在试图触及全世界，乃至于洪荒缥缈的大宇宙。当然，他放宽眼界，为的是投入一场反击的"兵战"，转译经书的老话语，对抗外来宗教的冲击。用他自己的话来说，在经学里，"以孔子为一隅之圣人，不如耶庞大"，而经过改造的新经学，"由中国推全球，由全球推之上天下地，囊括古今"，如此一来，孔子才是全世界的全能圣人。"祆教"这个词在廖平眼中作为几大西方宗教的总称。那么，"祆教折中"就是要对于西方几大一神宗教做出整体性的论判；而"折中"一词在这里表示调和，通过论证来消弭中西两大宗教系统之间的矛盾和冲突。在最后一卷当中，他要讨论祆教的来源，其实是处理祆教与孔教的关系。在他看来，中西各大宗教的发展是各自相联系的，而祆教也曾是我们的传统中生发而出，孔子对此进行了全新的改革，形成了更为完美的宗教。他所谓的"折中"，其实属于"判教"，希望把孔教拉升到全世界宗教谱系的最高层。

廖平把这样的工作称为"兵战"，他也知道一些学识渊丰的传教士表现出了对孔教的不友好。德国传教士安保罗就说："儒教之差谬，儒书中不胜枚举……一曰待上帝，一曰待己，一曰待人。试先即上帝而言。儒教论上帝，不甚清晰，虽知有上帝，乃与天及鬼神浑言之，而未明辨之，使人崇拜天与鬼神，而忘其拜上帝，且不知上帝为天之主，独一无二之真神。"尽管安保罗在 1902

年也表示过，耶稣与孔子能够友好并处，但他的深意还在于，耶稣的教理能够涵括尚未尽善尽美的孔教。

德皇威廉二世

德国传教士的这些言论固然会挑起孔教捍卫者的回应。但是，正处于威廉二世统治下的德国，在中文媒体中常常被描绘为尊经重教的文明国家。1910年，《青年》杂志载有一文，上面说，在1885年，每千人之中，《圣经》的销售量为12册，到了1907年，涨到19册。文章总结说："日耳曼人拘于国性，多笑骂派，乃至近五十年内，尊重《圣经》之人数，较前增三一有余。谁曰德人无进步？"

而威廉二世本人也被建构为重视圣教的明君。于是，既然德国政教一体的局面换来了日耳曼民族的进步，建立中国自身的国教，让孔子成为中国的耶稣，甚或超越耶稣，那么，民族国家的自强便能指日可待。与外来宗教的抗争，最终得让本国的宗教真正达于一尊的地位。在晚清的舆论场中，对于孔教，康有为的声音当最具影响力。在他的学生梁启超看来，中国非宗教之国，但迫于形势，中国得有一番宗教革命，康有为就此提倡保教的学说，成了中国的马丁·路德。而张之洞在1898年发表《劝学篇》。身为重臣的张之洞对于基督教的传播有着微妙的态度，他其实并未表明自己对于基督教的看法，只是告诫国人不能攻击基督教，当下的局面应该更为开放，容纳不同宗教在中国传播。当然，不必攻击"异教"，但仍需要"保教"，应该将孔子的宗教家角色进一步凸现出来。

孔教的提倡者，主张独尊孔经，由此"统一国民之精神"，排斥异说，这种看法又能与他们憎恨的章学诚寻求到了共同点：他们都坚定地反对私人的思想言论权利，后者将"有德有位"者作为最高权威，前者将他们认可的经书当作万法之源。

对于孔教，梁启超最终与他的老师发生了分歧。他受到黄宗宪、严复的影响，开始对"保教"的观念产生了动摇。1902 年，他发表《保教非尊孔论》一文，公开了他对孔教的新态度。梁启超此时已经明白，"宗教者，非使人进步之具也。"他重新认识到，哲学高于宗教，将孔子立为教主，视他为耶稣、释迦牟尼、穆罕默德等的同类，实际上拉低了孔子在文明大框架里的地位，孔子应该属于中国的苏格拉底，"质而言之，孔子者，哲学家、经世家、教育家而非宗教家也"。其实，在几年前，1896 年，章太炎第一次与他见面的时候，就对他说过，创立孔教，有"煽动教祸之虞"，万万不可附和康有为的那套主张。而章太炎在 1901 年发表《诸子学略说》，表彰先秦诸子的学说，却将孔子贬斥一番，把属于中国的思想源流论述成多元而又富有生机的图景，与一元化的宗教式构建形成鲜明对比，显然，他意在对新生的孔教表示不满。

的确，孔子的唯一性（Exceptionlism of Confucious）不仅能成为自我东方化的标识，也为当下和未来的大小事由提供不可回避的参照，更为严重的是，异见分子还可借此途径，反向而行，竟又将孔子推为千古之罪人。官方允许孔子升大祀，让孔子享受到难得的尊荣，固然能让提倡孔教的士人倍感欣喜，也会加重孔子的文化历史负担，更让他转而成为抽象仇恨的具体焦点。孔教在顺势而升的时候，便有人评论道："近世忧时之士，鉴于中国政治之弊，以为中国之政治，皆受孔教之影响也。"

打倒孔家店

在 1911 年阴历九月，眼见大时代的变革，曾随廖平研习过经学的吴虞，身在四川，在日记中写道："天冷如冬，一人枯坐，真不知生人之趣……而中国之天下所以仅成一治一乱之局者，皆儒教之为害也。如廖平者乃支那社会进化之罪人,其学不足取也。耶、孔二教之消长于明年决矣。"十多年前,廖平奋力而加入战斗,为孔教争名,此刻的巨变也该化为战斗的终结。孔子已升上祀,儒生们在帝国的大心愿也已实现,国教的气味也在慢慢弥漫,但遭遇到帝国的沦落,一国之教便似该让位于敌方。不过,后来的事实并不是像吴虞预料的那样,诞生在帝制时代的孔教在新时代里依然可以找到存世的空间。1913年,第一次孔教大会便在山东曲阜举行,廖平和康有为都列席其间。这些尊孔的旗手依然在努力号召将孔教设为国教。

吴虞对廖平的私下嘲笑,并没有中止他与廖平的日常交往。孔教的旗手不止一二,他单单把廖视为国家的罪人,也该是因为廖平同他存有特殊的私人关系,而且是他生活交往圈里一位举足轻重的人物。他对孔教的不满,还有着其他具体的因由。在他年轻的时候与亲生父亲不和。父亲吴兴杰因纳妾而将家财挥霍一空,又转而来分儿子的家财,父子由此反目。在日记中,吴虞径直以"魔鬼"代称他的父亲,甚至说他"心术之坏如此,亦孔教之力使然也"。对于廖平,他在私下居然还如是记录:"言廖季平在上海溺一妓赛金花,几致堕落。尊孔者道德如是,可发一笑。"

赛金花

不管此记录是否属实,但可以看出,吴虞渐渐将老师廖平视为论敌。1932年,廖平去世,他做了一首悼亡诗——《哭廖季平前辈》,有这么两句:"四十非儒恨已迟(予非儒之说年四十始成立),公虽怜我众人嗤(袁世凯尊孔时,公与予步行少城东城根，劝予言论稍和平，恐触忌）。"透过这样公开的诗作，至少可以知道：生于 1872 年的吴虞，1912 年，他正值四十岁，旧时代的旁落，正伴随他反孔思想的形成；他就这些思想与廖平应该有过不少交流，甚或交锋。在 1914 年正月，廖平看到吴虞在报章上发表的反孔文章，当面质问这位昔日门生，吴虞却公开发布告示，声称自己近来不曾发表文章。隔了几年，他便说："四川反对孔子，殆自余倡导之。"几十年前，廖平在四川构思他的尊孔理论，重新解释经书，三十岁不到，便头发花白，却以那套极其私人化的论述博得大名，也曾为他带来厄运。此时，他的学生反其道而行，同样采用新奇激烈的方式，也成了新时代的急先锋。

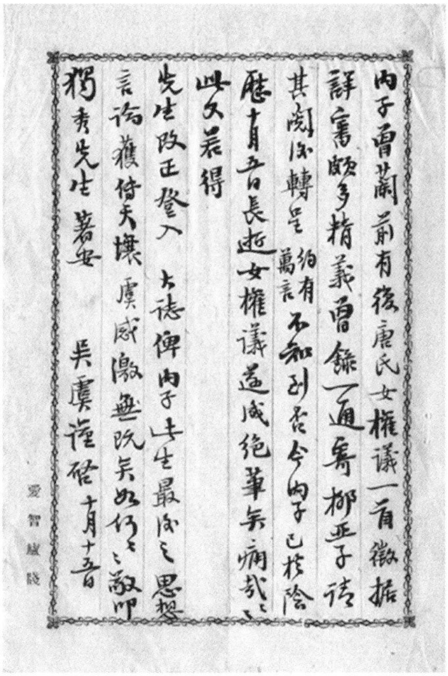

吴虞致陈独秀信函

1915 年，《新青年》创刊，吴虞很快被这份新鲜的刊物所吸引。不久，他致信陈独秀，并在刊物上发表了《家族制度为专制主义之根据论》。鲁迅的《狂人日记》发表后，他立马发表《吃人与礼教》，肯定鲁迅的新作。这些反孔的檄文很快为吴虞赢得了声誉，以至于当 1921 年他在四川遭遇不幸的时候，北京大学向他伸出了橄榄枝。同年，吴虞出版了《吴虞文录》，胡适为此作序。在序文中，胡适将四川的吴虞和上海的陈独秀并举，称他们二人是当今反孔的代表。文章末尾处，胡适称他为"'四川省只手打倒孔家店'的老英雄"。

胡适说："何以那种种吃人的礼教制度都不挂别的招牌，偏爱挂孔老先生的招牌呢？正因为二千年吃人的礼教法制都挂着孔丘的招牌，故这块孔丘的招牌——无论是老店，是冒牌——不能不拿下来，捶碎，烧去！"新文化的旗手视孔子为旧文化的招牌，却又忽视了，那面招牌也是在不久之前才获得最耀眼的光亮。胡适后来也推崇章学诚的史学成就，倒没表彰他对于周公的无限敬仰。至少在乾隆皇帝、章学诚的眼里，礼教法制该挂着周公的招牌，孔丘不过属于此招牌的承传者而已。短短一二十年内，刚刚攀登上最高圣坛的孔子再次沦入深渊。舆论先锋们都以激烈的方式以孔子来回应属于自己时代的命题，两千多年前的孔子在他们的笔下跌宕起伏。

1925 年，林之棠等人创立"孔子学说研究会"。吴虞将创立宣言书誊抄在自己的日记中：

> 二、三前辈，如康南海、梁任公诸先生，虽在那里极力护拥，但他们不问是孔子的书、非孔子的书，完全加诸孔子的头上去。自从世界大同之说风靡，一般后进，莫不识孔子为耶稣、为天主。孔教一尊之说，遂磅礴乎大江南北。因之遂引起了陈独秀、吴又陵诸先生之反感，而提倡破坏者，即继之而起。自从打破孔家店之说风靡，一般后进，莫不诬蔑孔子，直看得孔学一点价值也没有，前者近于盲从，后者近于藐视，这两种态度，都是有些成见。

因此，回头观望那段历史，在不忘"打倒孔家店"诸英雄的时候，也别忘了，"尊孔"英雄多少成全了他们那番为后来人惦记的新文化事业。

历史学人 / 随笔

孔教会 ：摇摇欲坠的共同信仰

撰文：张泉

孔子的遭遇，正是中国知识分子集体宿命的写照。近代以来，他们一次次试图通过"合群"蓄积力量，挣脱时代的诅咒，却又一次次被命运扼住喉咙。

一

师门的喧嚣与动荡，似乎距离陈焕章越来越远。他的科考之路比老师和师兄们顺利得多，1904 年考中进士，被授内阁中书，一年后，随五大臣出洋考察，并留在美国。而这其实是保皇会的秘密计划，陈焕章留美读书的资金，是由保皇会赞助的。

对这个年幼的弟子，康有为的建议是"游学"，梁启超也同样嘱咐他专心读书，不要兼营其他事务。陈焕章不负众望，1907 年考入美国哥伦比亚大学经济系。不料，仅仅半年后，这个不问世事的年轻人突然在纽约创办孔教会，他给梁启超写信解释，创办孔教会有四个原因："一则愤于吾国人之无耻而自贱；二则愤于外人之肆抠讥评；三则遇外人之细心考问，不能不答之；四则寻常论辩之中，己亦不自安缄默。"显然，他从未忘记当年入师门时的志向——

207

"立孔教，导国人"。他的博士论文也与孔教有关，他用现代经济学理论解读儒学，凭借《孔门理财学》（*The economic principles of Confusius and his school*），于 1911 年获得哥伦比亚大学博士学位，成为第一个既是进士又是博士的中国人。他的观点获得了凯恩斯（John Maynard Keynes）和马克思·韦伯（Max Weber）的关注，而他终究没有走上学术之路，却在康有为布下的棋局中，开始占据更重要的位置。

民国建立后，康有为要求陈焕章发起孔教会。陈焕章与保皇派关系游离，又拥有留美博士学位，显然是绝佳人选。在写给陈焕章的信中，康有为直白地表示，将来孔教会还应承担更大的政治目标——随着入会者数量的增加，终有一天，绝大多数国会议员都是孔教会会员，"至是时而兼操政党内阁之势，以之救国，庶几全权，又谁与我争乎？"[1]

陈焕章

陈焕章既无资历，又无名望，要在中国发起孔教会，"合群"仍是唯一的途径。康有为建议他依靠"耆旧"们的力量，"自为发起，当可一鼓而成"。强学会时代的旧相识沈曾植等人，此时都以遗民自居。康有为相信，时隔多年，他们终究还会以另一种形式重逢。

二

62 岁的沈曾植正过着闲适的隐居生活。不久前，俄罗斯哲学家卡伊萨林伯爵拜会过他，发现他不仅精通中国文化，对西方文化的理解也很深入，惊呼他为"中国大儒""中国之完人"。而在这位硕学通儒看来，君主才是中国的国性，民主制度并不适合中国这样的东方国家。民国建立以来，沈曾植与名流们创立

---

[1] 1912 年 7 月 30 日，《与陈焕章书》，《康有为全集》第九集，第 337 页。

超社，遣怀明志，有时诗歌唱和，有时饮酒修禊，平日里更多的时间则在读佛经，或者为一些新刊刻的古代诗集作序。[1] 他已经无力挽救一个坍塌的王朝，传播旧时的经典就成为最后的精神阵地。

年轻的陈焕章坐在沈曾植面前，侃侃而谈。陈焕章戴着眼镜，看起来文弱、谦恭，与康有为截然不同，而他复兴孔教的计划，却温和而又坚定，似乎也比康有为的方案更加详尽、可行。年近古稀的沈曾植大感欣慰，承诺出面支持孔教会。

不久，强学会时代的另一颗遗珠、美国传教士李佳白（Gilbert Reid）邀请陈焕章到尚贤堂演讲，7月20日论证孔教是宗教，7月27日则说明中国为什么需要昌明孔教。两次演讲都座无虚席，许多江南名士对陈焕章的观点深表认同，其中有姚文栋，以及曾经加入强学会的姚丙然。在尚贤堂，陈焕章找到了更多的支持者。[2]

此时，一股创建孔教组织的热潮正席卷中国。民国初年废止读经，学堂里也不再拜孔子，有人不满，有人警惕。一批以"孔教""孔道""尊孔""读经"为名的会社纷纷创办，从北京到香港，从青岛到四川，波及南北数省。[3] 陈焕章等人相信，时机已经成熟，他们开始频繁地到沈曾植家中聚会，不久，一个更完备的计划成形了。10月7日，孔子诞辰纪念日，上海的山东会馆举行公祭。这次祭孔费用由沈曾植承担，各界到场者有五六十人，对孔子行三跪九叩之礼后，陈焕章与师兄麦孟华，联合沈曾植、王人文、梁鼎芬、陈三立、张振勋、陈作霖、姚文栋、沈守廉、姚丙然、沈恩贵等人宣布发起成立全国孔教总会，旨在昌明孔教、救济社会、挽救人心、维持国运。陈焕章表示，孔教会"以讲习学问为体，以救济社会为用，仿白鹿之学规，守蓝田之乡，宗祀孔子以配上

---

[1] 沈曾植在 1912 年左右的活动，以及卡伊萨林对他的评价，根据王云五主编，王蘧常著：《清末沈寐叟先生曾植年谱》，台湾商务印书馆，1982 年，第 59—60 页。

[2] 陈焕章后来在《孔教会追悼姚菊坡先生演说辞》中提出："壬子七月二十日也，而孔教会之发轫基于是矣。"

[3] 据统计，民国初年，各类孔教组织至少有 30 家以上，遍及北京、上海、山东、山西、江苏、四川、湖南、香港等地，其中有遗老、军阀、乡绅，也不乏西方传教士。根据韩华著：《民初孔教会与国教运动研究》，北京图书馆出版社，2007 年，第 72—74 页。

帝，诵读经传以学圣人。"他一面强调"中国之历史，亦不过孔教之历史而已"，一面发展孔子学说，来适应民国的新需求。

沈曾植不肯担任会长或副会长，这个职位一直悬空，后来留给了康有为，但康有为也始终没有到任。陈焕章与姚文栋、姚丙然、李宝沅、麦孟华一起，被推举为干事员，后来又担任总干事。孔教会实际的格局，则是沈曾植"主持于中"，陈焕章"号召南北"，姚文栋和姚丙然率江浙人士为主力。不过，在递交民国政府的呈文中，沈曾植、梁鼎芬这些前清遗民的名字被刻意隐去。[1] 从诞生伊始，孔教会就小心翼翼地拿捏着与政治之间的分寸。

孔教会选择上海为总会，因为上海"当海路要冲，潮流最急，识微虑远之士，恒萃止焉"，其实也未尝不是权宜之计。因此，当陈焕章前往北京获得欢迎后，随即将总会事务所北迁，毕竟，那里才是中国的政治中心。当年康有为创办强学会，断定"非合士大夫开之于京师不可"，民国其实依然如此。

孔教会的运作模式，同样有强学会时代的影子。它的入会条件非常宽松，"凡诚心信奉孔教之人，无论何教、何种、何国皆得填具志愿书，由介绍人介绍入会。"孔教会也坚持舆论先行，创立《孔教会杂志》宣扬孔教思想，并宣布杂志刊文不重门户之见，只要自成其说即可，但是声明经费有限，不付稿费。陈焕章在尚贤堂的两次演讲，结集为《孔教论》出版，像当年康有为出版的《公车上书记》、梁启超出版《戊戌政变记》一样，借助舆论推波助澜，年轻的陈焕章成为孔教复兴的代言人。

三

孔教会的崛起，让章太炎啼笑皆非，提笔写下《驳建立孔教议》，提出："学校瞻礼，事在当行；树为宗教，杜智慧之门，乱清宁之纪，其事不便。"他并不反对学校尊孔，但反对将孔子宗教化。他还在自己开办的国学会贴出告示："本会专以开通智识，昌大国性为宗，与宗教绝对不能相混。"如果孔教会的会员

---

[1] 根据韩华著：《民初孔教会与国教运动研究》，北京图书馆出版社，2007年，第79页注释。

210

历史学人 / 随笔

要入国学会，必须先退出孔教会。

然而，大批退隐的遗民纷纷复出，一些政府官员和地方实力派也厕身于孔教会中。创建孔教会的热潮，从上海、北京迅速蔓延到天津、济南、青岛、南京、南昌、西安、贵阳、桂林、成都、武昌、兰州、长沙、福州、齐齐哈尔、香港、澳门，乃至纽约、东京和南洋各地，据说多达 130 余处。[1]孔教会能在短时间内形成巨大的声势，其实不仅是对民国教育方式的反抗，更是对共和制度的质疑与反思。当年强学会的入会者目的各异，此时人们尊孔的意图同样千差万别。遗民们试图为逝去的时代执索招魂，或者为未来的复辟大业提供理论依据；一些官员和军阀则是为了新的统治需求而做出本能的反应，毕竟，在他们有限的知识结构内，儒教仍是最为熟知、最为妥当的选择。

知识阶层在此时尊崇孔教，大多则是出于文化上的忧虑，试图为这个迷乱中的国家重建共同信仰。[2]因此，当陈焕章在 1913 年 8 月 15 日向参众两院请愿，要求立孔教为国教时，领衔名单中出现了严复、梁启超的名字，也就情有可原了。

严复和梁启超在清末就认为孔教不可保，亦不必保，时值民国，却做出截然相反的选择，并非观念的倒退，而恰恰出于文化的自觉。席卷全国的革命风潮、标榜民主的新政权，都没有让他们看到真正的转机，他们目睹日复一日的混乱，日渐忧虑，从力主引介西学，转而反思中国文化自身的处境。其实，章太炎与他们也未尝没有共识，只是选择了不同的路径。他们既希望革新旧弊，开创新路，又希望保全文化的独特价值，这悖论彰显出这一代人理想的恢宏，亦烘托出这一代人内心的悲凉。只不过，这一切在外人看来，好像只是因为年华渐老，曾经的激进者变得保守，曾经的改革派变得怀旧，变得不合时宜而已。

声势浩大的孔教运动，也就此埋下危机。随着复辟派行动的展开，人们之

---

[1] 根据卢湘父：《万木草堂忆旧》，第 19 页，转引自陈旭麓著：《近代中国社会的新陈代谢》，中国人民大学出版社，2012 年，第 363 页，"其支会遍布于各地者百三十余处，一时称盛。"也有一说，到 1914 年初，分支机构已经多达 140 余个。

[2] "共同信仰"的观点来自美国汉学家史华慈（Benjamin I.Schwartz），他提出："《孔教会章程》本身是一种政治家文件，它论证一个国家不能没有一些共同信仰而存在。"根据［美］史华兹著，叶凤美译：《寻求富强：严复与西方》，江苏人民出版社，2010 年，第 158 页。译者将作者名字译为史华兹，本文取惯常的史华慈。

211

间的分歧将越来越明显，并最终分道扬镳。

四

参众两院，电文不断。陈焕章联合严复、夏曾佑、梁启超、王式通等人递交的请愿书刚刚呈交，各地要求尊孔教为国教的电文也纷纷抵达。随即，十余个省的都督也表示支持。一场国教运动甚嚣尘上。

在陈焕章等人提交的请愿书中，不仅细数孔教的历史渊源，甚至出现了"民意"这个词汇——立孔教乃是顺应民意，"今日国本共和，以民为主，更不能违反民意，而为专制帝王所不敢为。"通过陈焕章等人的努力，生活在24个世纪以前的孔子，摇身变成共和的预言者和民主的实践者，与"民意""共和""革命"这些概念建立起关联，[1] 在民国的语境下，古老的思想被赋予全新的表达方式。

这次请愿看起来声势浩大，与此同时，反对的声音也蜂拥而起。很多人认为，在民国还倡导孔教为国教，是一种历史的倒退；在宗教领域，国教议案也遭到一些其他宗教信徒以及信教自由者的抵制，认为此举有违信仰自由。议员们的表决结果让康有为和陈焕章等人更加失望，孔教终究未能被立为国教，大多数议案都遭到反对，只有"国民教育以孔子之道为修身之大本"获得通过，写进宪法。

五

国会争辩期间，第一届全国孔教大会在曲阜召开。

会前，陈焕章亲自前往曲阜，沿途考察，将一份详细的攻略刊登在《孔教会杂志》上。他列出了到曲阜的交通路线、转车所需的时间和费用，甚至还考虑到当地的天气，建议南方的朝拜者多带衣被御寒。

---

[1] "夫孔子者，渴望共和者，憎恶专制者也，提倡革命者也。"根据《论今日当行孔教》，《宗圣汇志》第 1 卷第 3 号，1913 年 7 月。

历史学人 / 随笔

9月下旬，近三千人抵达曲阜，讲经、行礼、拜谒、参观。孔氏家族充当东道主，由孔子第 75 世孙、"衍圣公"孔令贻为大会主席，通过与孔氏家族合作，孔教会获得了更大的合法性。

这次大会也掺杂了政府行为。交通部给予与会者往返火车票打折的优惠，教育部则规定，孔子圣诞节，各学校放假一天，师生们在校行礼。

通过对文化事件的运作，孔教会似乎形成了更强大的凝聚力，也赢得了更多关注。但陈焕章的意图不止于此，他更希望将曲阜打造成圣地，最终形成国民的集体行动。他相信，有朝一日，前往曲阜朝圣，将成为中国人最大的梦想和最重要的修行，只有去过曲阜，一生才算完整。

六

陈焕章的孔教理念比康有为更进一步，他试图建立起孔教的礼拜体系，直接渗入日常生活。

在《孔教论》中，陈焕章将曲阜与耶路撒冷、麦加等地相提并论："耶教之耶路撒冷，回教之麦加，孔教之孔林，皆教主之圣地也。孔林之中，树皆异种，盖孔子弟子，各持其方树来种之者，葱佳气，万古长新，帝王展奠拜之仪，儒者讲乡射之礼。"

陈焕章构建的孔教制度，参照基督教系统。孔子为"教主"，孔孟的言论、著作为"圣经"，孔庙为"教堂"，曲阜为"圣地"，儒服为"衣冠"，孔子诞辰日为"圣诞"，同时还界定出孔教的"信条""礼仪""鬼神""魂学"和"报应"观念。他还提出孔教的"三本"，要求"祀天""祀圣""祀祖"，这或许也是对基督教圣父、圣子、圣灵模式的模仿。[1]

陈焕章勾勒出一个孔教乌托邦。如果他的设想得以实现，中国人将生活在一个奇特的世界里——中国将采用孔子纪年，孔教会的教旗将遍布全国，各地大规模兴建文庙，绝大多数中国人都会入教，获得教籍，定期参加礼拜，听讲

---

[1] 根据韩华著：《民初孔教会与国教运动研究》，北京图书馆出版社，2007 年，第 58—59 页。

213

经，并唱诵孔教的"圣经"——陈焕章特地收集、整理出历代赞颂孔教的诗歌，以供教徒们记诵吟唱。中国的文化人则会以成为孔教会的"传教士"为荣，按照等第，他们将分为讲生、讲员、讲长、讲师，倘若能跻身大宗师，将是最显赫的荣耀。

七

民国初年的乱局中，尊孔也成为袁世凯的一种统治策略，孔教会则小心翼翼地保持着与政府之间的距离。陈焕章应邀出任总统府顾问，但他不久就厌倦了政治。1914年，他前往香港面见康有为，希望辞去孔教会和《孔教会杂志》的全部职务，没有获得同意。次年秋，杨度等人组织筹安会，袁世凯称帝的传闻不断涌现，陈焕章担心波及孔教会，从广东赶回北京，决定"自守门户，中立不倚"。

1915年年末，袁世凯称帝。陈焕章暂停了孔教会的活动，到西湖边隐居，专心写《孔教经世法》。据说，袁世凯还向麦孟华抛出橄榄枝，以教育总长之职相诱，希望他支持复辟。麦孟华自然没有答应。麦孟华早年也曾拒绝张之洞和岑春煊的入幕之请，不料后来却成为冯国璋的幕僚。这个曾与梁启超齐名的同门挚友，最终在一次醉酒后郁郁而终。[1]

沈曾植还在与姚文藻、康有为等人密谋反袁，梁启超已经率先出手，一篇《异哉所谓国体问题者》让袁世凯不胜其烦，打算出二十万买下这篇文章。随即，梁启超与弟子蔡锷合谋，发起护国军。护国军深陷绝境之际，梁启超又冒险南下，从越南偷渡到广西，说服两广军阀联合起兵。

康有为则写下一篇长达4000字的《劝袁世凯退位书》，对国内外局势详加分析，结尾处，话锋陡然一转，回忆起强学会的时光，"昔强学之会，饮酒高谈，坐以齿序，公呼吾为大哥，吾与公兄弟交也。今同会寥落，死亡殆尽，海外同志，

---

[1] 袁世凯以教育总长之职相诱，及麦孟华成为冯国璋幕僚，见于康有为：《跋黄克强手札》，参见《康有为全集》第十一集，第147页。麦孟华拒绝张之洞、岑春煊的入幕之请，见于康有为：《祭麦孺博文》，《康有为全集》第十集，第222页。

惟吾与公及沈子培、徐菊人尚存，感旧欷歔，今诚不忍见公之危，而中国从公以灭亡也。"这段话或许是一种论述策略，却也未尝不是肺腑之言。强学会时的意气风发、勠力同心，终究未能抵挡人世的考验。20 年间，光阴催老了英雄，也碾碎了盟誓，那些时敌时友的故人，还是在尘嚣里失散。

八

袁世凯称帝以闹剧告终，另一场闹剧却隐隐待发。这一次的始作俑者，正是康有为。

1916 年 5 月，针对康有为提出的清帝复辟论，梁启超愤然写下《辟复辟论》，"吾既惊其颜之厚，而转不测其居心之何等也。"他并未直接点名，而是以"逍遥河上之耆旧"笼统称之，但所指已经非常明显。他还写信给徐勤，希望能规劝康有为，徐勤则回应，自己心有余而力不足。

一年后，康有为悄然抵达北京。他的到来波澜不惊，与梁启超曾经引发轰动的那场回归大相径庭，只有 4 名"辫子军"士兵在火车站迎接他。北京和 19 年前似乎没有什么区别，道路两侧依然是肮脏的沟渠，弥漫着腐烂的气息，行人用袖子掩住鼻息匆匆疾行，没有人留意康有为百感交集的目光。当年狼狈离京时，他只有 40 岁，此时已年近花甲。

张勋拥戴逊帝溥仪复辟，将康有为再度推向台前。站在望不见尽头的宫墙下，或许康有为也会生发出孤家寡人的感觉，旧日的弟子中只有徐勤仍对他不离不弃。麦孟华已在两年前醉酒病逝，韩文举则婉拒了他的邀请，韩文举说："吾师受知德宗，心存魏阙，义不得辞。若弟子者，久在江湖，愿以布衣终老矣。"被他寄予厚望的陈焕章，更是出人意料地选择了沉默。对此，沈曾植也愤愤不平，指责陈焕章不明事理，沈曾植说，孔教会的根本是"君臣之学"，陈焕章既然以孔教会为终身志向，却讳言君臣，是挂着驴头卖马肉，"不如早归，不谈孔教为得也。"[1] 这些指责也没能让陈焕章回心转意。

---

[1] 陈焕章究竟是否参与张勋复辟，学者多有猜测，而无明确证据。本文暂取学者韩华的观点，其具体论述详见韩华著：《民初孔教会与国教运动研究》，北京图书馆出版社，2007 年，第 268—272 页。

听说张勋进京的消息，沈曾植也抱病启程，68 岁的老人在酷暑中长途奔袭，昼夜不息抵达北京。[1] 与此同时，孔教会的梁鼎芬、劳乃宣、宋育人、郑孝胥等人，也纷纷以各自的方式参与了复辟。

康有为仿佛重新变回戊戌变法时的模样，孜孜不倦地起草诏书——《开国民大会以议宪法诏》《召集国会诏》《保护各教诏》《免跪拜诏》《免避讳诏》《合新旧诏》《亲贵不干政诏》……经历了多年的论战，他深知"名"与"实"之间的微妙关系，如果在民国还继续坚持一些旧式的避讳与习俗，国民恐怕难以接受，他不希望这些繁文缛节成为阻碍清廷复辟的绊脚石，因此，他提出"复辟宜行虚君共和，政权当归内阁"，"更不宜恢复大清国号"。张勋没有接受这些建议，原本踌躇满志的康有为倍感失望，甚至扬言要剃度出家。

这场发生在未来的"将相"之间的矛盾，似乎并未影响疾风骤雨般的复辟大业。7 月 1 日，民国六年改为宣统九年，龙旗沿着紫禁城的宫墙迅速席卷北京。街上又出现了旧式的装束，假辫子也重新垂在脑后，据说为了不落伍，人们甚至抢光了寿衣店里库存的衣裳。

民众无心过问时代更迭这样沉重的话题，与各种扑朔迷离的口号和主义相比，人们更关心的是粮菜的价格，他们只是不希望生活节奏被扰乱，愿意为此付出任何代价，做出任何妥协。从宣统三年到宣统九年这 6 年间的空白，仿佛只是一场失落的梦境。

张勋复辟当天，梁启超就面见退隐天津的前内阁总理段祺瑞，敦促他起兵讨伐。一篇言辞犀利的讨逆通电，也出自梁启超之手，它像历朝历代所有名垂青史的檄文一样，排山倒海，韵味悠长，而这些酣畅淋漓的修辞，终于将他彻底推到康有为的对立面。

这次反复辟，与其说是一场战争，毋宁说是一场闹剧。段祺瑞方面几乎兵不血刃就赢得了胜利。北京政府的政治顾问、曾任《泰晤士报》驻华首席记者的莫理循（G.E.Morrion）估算，战争死亡人数不超过 27 人。复辟仅仅维持了12 天就宣告结束，张勋避入荷兰使馆，康有为躲进美国使馆。

---

[1]　王云五主编，王蘧常著：《清末沈寐叟先生曾植年谱》，台湾商务印书馆，1982 年，第 67 页。

历史学人 / 随笔

这场复辟闹剧，既是北洋军人之间的对决，也是康有为和梁启超这对师生的最后决裂。暮年的康有为后来时常独坐在夕阳残照中，叹息落泪。他似乎注定不该重返北京，他等来的不是梦寐中的光复大业，而是来自弟子的无情斥责——"大言不惭之书生，于政局甘苦，毫无所知"。康有为用专吃父母之肉的枭獍来形容自己曾经最器重、最倚仗也无疑成就最高的弟子，时常不分场合地痛斥他为"梁贼启超"。他永远都记得那个17岁的少年，那个在他的"大海潮音，作狮子吼"面前服膺膜拜的孩子，他亲手塑造了那个孩子的精神世界，现在他们却成为彼此思想上最大的敌人。

九

康有为60岁那一年，徐勤突然拿出一封信，请他作题跋。那是戊戌政变后，康有为在船上所写的托孤之信。他将老母托付给徐勤照料，当时由于不知梁启超生死，他又添了一句，"任甫若存，并以为托。"那时在他眼中，最值得托付的弟子，是徐勤和梁启超。

看着这张粗糙斑驳的纸，康有为一时百感交集，他在题跋中称赞徐勤的忠诚，"思门人忠肝义胆，不以死生易心，不以寒暑易节，可以托付者，莫如三水徐勤君勉"，随即他话锋一转，想起自己一生与人的离合聚散，"夫与吾游而党者不啻千万，其始勤终怠，或中道而变者，不可量数。"[1] 这正像一个悲辛的讽刺，他常以为，同道"不啻千万"，却沦为孤家寡人；他常以为旁人离弃了自己，却不知有时终是咎由自取。

康有为晚年照

---

[1] 康有为：《戊戌轮舟中与徐勤书及丁巳跋后》。康有为撰、姜义华、张荣华编校：《康有为全集》第五集，中国人民大学出版社，第2—3页。

217

后来，梁启超还是主动尝试与康有为修好。梁启超告诉他，自己准备创办文化书院，弘扬孔学，[1] 为康有为祝寿时，又将他比作孔圣人。这些举动都让康有为欣慰，但是，师徒二人已不可能真正重归于好。晚年的康有为低吟着些哀伤的诗句，"草堂万木久萧萧，吾道何之离索遥"，在回忆里慨叹自己一生被人辜负。康门师徒的分歧，不仅是两代人之间的分歧，更是两个时代的分歧。这个国家如同一只奔波在歧路上的亡羊，面对各种汹涌的思潮，许多朦胧的选择，面前不断出现的分岔路口，刺激着它的好奇心，也加剧了它的迷惘。康有为与梁启超，正是在这不断出现的分岔路口前，最终分道扬镳。

1927 年，康有为在青岛去世。梁启超闻讯痛哭，立刻汇款给老师操办丧事。在祭文中，他描述了老师一生的努力，"惟师以天纵之资，当道丧之运，齐百家以折衷，执圣权而宅俊，虽游心于无垠，终明志于不忍，思托古以改制，作新民而迈进。"对于康有为托古改制的事业，多年后，美国汉学家贾祖麟（Jerome B. Grieder）做出了这样的评判："他是最后一个伟大的儒家理论家，也是儒家走向终结的一个生动证明。"[2] 事实上，儒学走向终结，康有为本人或许也难辞其咎，在一个宣扬民主与共和的时代，是他固执地让孔子背负着沉重的君王冠冕，最终无路可去。[3]

康有为一生经历重重变故，做出过无数令人瞠目结舌的选择，唯一未曾改变的，是他始终都不合时宜。他一直不肯用自己的双脚去适应时代的步调，不是太超前，就是太落伍。但这也该是他一生中最值得夸耀的事情，他恪守着独立的判断，固执、武断而又执着。在漫长的一生里，很少有人真正能够做到这一点。

---

[1] 1923 年 3 月，康有为致梁启超书："今弟欧美归来，折衷孔子，或者外挽颓波，内补夙（衍心）。文化院之设，欢喜无量，望其速成。"《康有为全集》第十一集，第 233 页。

[2] ［美］格里德尔著，单正平译：《知识分子与现代中国：他们与国家关系的历史叙述》，广西师范大学出版社，第 81 页。

[3] 萧公权就认为："康氏自己或许在不知不觉中，不断地造成儒学的式微。在戊戌前夕，他勇敢地将儒学与专制分离；然而在政变之后，他以保皇会首领自居，自戊戌至辛亥，反对共和而主君主立宪；复于民国六年（1917）以及十二年（1923）两度参与复辟，使他的形象与帝制认同，因而被许多人视为民国之敌。同时，他首倡儒教运动无意间使儒术复兴与王政结合，而有碍于此一运动，因此在主张共和者的眼里，儒学的信誉全失。我们可以理解到，何以儒学被斥为政治民主与社会进步的障碍。"参见萧公权著：《近代中国与新世界——康有为变法与大同思想研究》，江苏人民出版社，第 108—109 页。

当然，在康有为自己看来，他或许不只是一个思想家，更是一个预言者。他很早就开始写作《大同书》，引以为傲，却一直秘不示人。陈千秋、梁启超曾获准阅读过一些章节，为之欣喜若狂，迫切地试图传播、分享，康有为却断然拒绝。康有为说："今方为'据乱'之世，只能言小康，不能言大同。言则陷天下于洪水猛兽。"他坚持要到自己去世后，《大同书》才可以全文出版。这本书仿佛是他决意要留给未来的一个时空胶囊。[1]

包括《大同书》在内，康有为的一系列极其主观的著作，并没有在中国建立起孔教乌托邦，却在西方世界产生了深远的影响。当年，人们还习惯于谈论中国知识界的停滞时，德国传教士卫礼贤（Richaid Wilhelm）就预言，康有为的思想终将震惊世界。[2] 后来，事实似乎真的如此。[3] 清末以来，西学东渐一直是思想的主要流向，康有为却在自己的时代反哺了西方。

康有为一生宣扬"合群"，却从未真正有效地合群。然而，近代中国的历程中，结社之风因他而激扬，公共空间因他而生发，[4] 这个毕生的流亡者、时代的零余人，终究反败为胜。

---

[1] 梁启超在《清代学术概论》中说："有为虽著此书，然秘不示人，亦从不以此义教学者。谓今方为'据乱'之世，只能言小康，不能言大同。言则陷天下于洪水猛兽。其弟子最初得读此书者，惟陈千秋、梁启超，读则大乐，锐意欲宣传其一部分。有为弗善也，而亦不能禁其所为，后此万木草堂学徒多言大同矣。""启超屡请印布其《大同书》，久不许，卒乃印诸《不忍杂志》中，仅三之一，杂志停版，竟不继印。"

[2] "康有为的作为向我证明了，那些注定会震撼世界的思想在中国为何总是在秘密之中传播，而欧洲人对此却一无所知。人们依然在谈论中国知识界的停滞。但显然康有为是一个例外。他通过自己生活中那种奇特的双重性，从中国社会中脱离了出来。"根据［德］卫理贤著，王宇洁、罗敏、朱晋平译：《中国心灵》，国际文化出版公司，2005 年。本文取其通常的中文译名卫礼贤。

[3] "康有为在欧洲汉学界有很高声望，佛兰克把他看成是超过胡适的独创性思想家。康有为的一大功绩，是解决了长期困扰欧洲汉学界的《春秋》问题"，"他的这个观点由福兰阁介绍到了西方学术界，造成了很大影响。"根据范劲著：《卫礼贤之名——对一个边际文化符码的考察》，华东师范大学出版社，2011 年，第 144 页之注释 2。

[4] 在张荫麟看来，维新派与革命党相继解开了国人思想的两重束缚，才让革命理想蔚然成风。"国人之于革命党不过视为洪杨之继起者而已。自乙未至乙巳十年间肩我国思想解放之任者实唯康、梁。虽其解放之程度不如党人，然革命学说之所以能不旋踵而风靡全国者，实因维新派先解去第一重束缚，故解第二重束缚自易易也。"根据张荫麟：《近代中国学术史上之梁任公先生》，天津《大公报》文学副刊，1929 年 2 月 11 日，转引自萧公权著：《中国政治思想史》，新星出版社，2010 年 9 月，第 515 页。

十

康门弟子中，只有陈焕章仍在勉力维系孔教会的运作。当《新青年》杂志痛批孔子、儒学时，陈焕章却反其道而行之，再度掀起国教运动。这场请愿声势更为浩大，提出"宪法之真精神莫重于国教"这种更加现代的表述方式，甚至有激进者强调：不定孔教为国教，国将不国，是叛国之罪。

"新文化运动"狂飙突进之际，陈焕章等人提交的《圣诞节案》获得参众两院批准。1918 年，中国人开始过中国圣诞节，法律规定，孔子诞辰日"应放假庆祝，悬旗结彩"。不过，更多的倡议还是不了了之。

陈焕章继续用余生推行孔教事业，主持《经世报》，成立孔教大学，修建孔教大会堂，又前往香港创办孔教学院。在瑞士日内瓦举行的世界宗教和平大会上，他用英语解读孔子的思想，被推为大会的副会长。但孔子的时代终究过去了。1933 年，当 53 岁的陈焕章在香港孔教学院去世时，孔教会已经名存实亡，一度转入地下，一度又沦为"排外的被限制在学术圈内的历史性的仪式"。[1]尽管孔教的信徒们努力延续康有为的主张，认为孔子"拥有一个创造新文化的力量"，[2] 但是"少年新中国"迫切地需要新的精神偶像，古老的孔子成为他们攻击的靶子。

值得玩味的是，陈焕章去世一年后，国民党中央常委会突然又通过决议，倡导"尊孔祀圣"，孔子诞辰日又被定为国家纪念日，"四维八德"（礼、义、廉、耻；忠、孝、仁、爱、信、义、和、平）后来则被蒋介石视作"立国的纲维"。孔子就这样与共和保持着暧昧不清的关系。在专制集权建立之初，为了收拢权力、打击异己、树立合法性，孔子遭到刻意的漠视甚至批判，而当政权稳固以后，孔子又受到尊崇，他的那些被篡改的学说，成为维系统治的利器。从袁世凯到蒋介石，从五色旗下的中国到青天白日旗下的中国，如此周而复始，轮回重演。于是，在现代中国的历程中，孔子时而代表倒退，时而象征革新；时而

---

[1] ［德］卫礼贤著，王宇洁、罗敏、朱晋平译：《中国心灵》，国际文化出版公司，2005 年，第 283 页。
[2] 卫礼贤语，转引自范劲著：《卫礼贤之名——对一个边际文化符码的考察》，华东师范大学出版社，2011 年，第 145 页。

意味着文化的底蕴，时而又成为现代化的阻力；时而是民族主义的化身，时而又被粉饰成世界的共同信仰。他做了上千年的"素王"，终于等到一个标榜自由与民主的时代，却仍被捆绑着，扶上王座的祭坛。

孔子的遭遇，正是中国知识分子集体宿命的写照。近代以来，他们一次次试图通过"合群"蓄积力量，挣脱时代的诅咒，却又一次次被命运扼住喉咙。

美国人文主义与中国新文化运动

撰文：张源

美国人文主义学说创立已逾百年，其间经历了数次起落，并与中国结下了不解之缘。这一学说于 20 世纪头十年在美国诞生，代表人物为哈佛大学教授欧文·白璧德（Irving Babbitt）与保罗·穆尔（Paul More）。它的出现立刻引起了当时正在哈佛留学的梅光迪、吴宓、汤用彤、楼光来、张歆海等中国学人的关注。至 20 年代这一学说趋于成熟，在美国本土掀起了一场"新人文主义运动"（New Humanism Movement）。其后，这一学说进入鼎盛阶段并开始产生世界性的影响。除法国、印度、韩国、日本等各国之外，其在中国的影响尤为巨大："新文化运动"后期，美国人文主义学说经由吴宓等"学衡派"人士以及梁实秋等人的译介与阐释，进入中国的文化语境，与其他西方观念和思潮一道参与了中国新文化身份的建设，并且通过此后中国本土的"重估"工作不断获得新的阐释形态，从而在中国持续至今的文化身份建设过程中发挥着持续的影响。

20 世纪 20 年代末期，"新人文主义运动"在美国进入巅峰状态，但是伴随着 1929 年经济大衰退，情势很快急转直下，运动在 30 年代跌入低谷，人文主义学说随之销声匿迹。同时，中国《学衡》杂志于 1933 年白璧德去世当年宣告停刊，《大公报·文学副刊》也在 1934 年 1 月 1 日出版第 313 期后不再由吴宓担任主编，美国人文主义学说失去了又一个宣传阵地；梁实秋的相关推介工作亦主要止于 1934 年。1949 年梁实秋选择在台湾定居，而"学衡派"中坚则留在了大陆。白璧德的人文主义学说被梁氏带入台湾之后，其阐释与传播工作便分别在大陆与台湾以花开两朵的模式继续展开，并随之形成了两种新的阐释形态。

双方的情况多有不同。先来看台湾：梁实秋最先将白璧德学说直接运用到文学批评领域中来，而侯健此后亦继承了梁氏的这种阐释方式，这一学说"由初抵中土时的社会与文化论述，逐渐被削弱而沦为批评论述，及至局促台湾一隅时，则演变为学院中的学术论述"。面对台湾（20 世纪七八十年代以后）日趋冷漠的接受环境，这一"文学批评理论"不得不渐次退守于学院一隅，这与其在美国本土 30 年代的际遇分外相似。当一种广泛的社会 / 文化批判学说沦为狭义的文学批评理论之后，便脱离了其产生的背景及其所要对质的命题，由此逐渐失去生命力。正如当人文主义思想在美国借助"新人文主义"文学批评运动广为传播之时，恰是这一学说遭到曲解、创造力枯竭的时刻。不过，当"新人文主义"作为一种运动销声匿迹之后，人文主义思想却在新的历史时刻再度焕发出了生机。——此为后话，回到主题，我们看到，这一学说"偏安"台湾之后，可能恰恰是由于台湾与大陆意识形态环境的隔绝，导致其脱离了大陆复杂而宏大的思想史背景与环境，由一种广泛的社会 / 文化批判学说沦为狭义的文学批评理论。

大陆新时期之阐释形态的情况恰好与之相反。尽管梁实秋的阐释工作在大陆同样发挥着影响，有时我们也会把这一学说看作是一种"文学批评理论"，但是，在大陆围绕这一学说展开的相关论述，无论是正面阐发，还是负面批判，几乎无一不以中国广阔的社会思想文化背景为参照，其意识形态环境不曾有过一天的"冷漠"。当这一学说在台湾最终演变成为"学院中的学术论述"，它在大陆所引发的相关探讨却总会沿着中国现代思想史的脉络展开，这正与"学衡派"当年引入白璧德学说的意图

白璧德

同符合契。

　　阐释必须面对阐释对象始能展开，大陆阐释工作的问题在于，目前诸多白璧德思想阐释者直接处理的对象只是"学衡派"或梁实秋的阐释文本，而非白璧德著述本身。由于缺乏对白氏思想之自身形态的探究，使得诸多相关影响／接受研究呈现出严重的先天不足：它们在很多情况下所讨论、阐释的白璧德的人文主义，往往只是经过"学衡派"或梁实秋阐释的"人文主义"而已。例如，有论者指出："白璧德的新人文主义与儒教影响下的传统中国文化之间有许多类似之处"，并举例说明道："白璧德在1921年为美国东部之中国留学生年会上发表的演说中，也已经提到东西方文化在文化与道德传统上的相似性，并说：'吾每谓孔子之道有优于吾西方之人道主义者，则因其能认明中庸之道，必先之以克己及知命也'"云云。而"中庸之道，必先之以克己及知命也"一句的原文是："适度之法则（the law of measure）服从于谦卑法则（the law of humility）"。——经过"学衡派"阐释的白璧德，已不再是"美国的"白璧德，而成了中国的、特别是《学衡》中的白璧德，而唯有这个"白璧德"，才能说出"中庸之道，必先之以克己及知命也"之类的话来。上述情况可谓屡见不鲜："学衡派"译文经常会非常自然地嵌套在后世研究者的文本当中，行使原文文本才能行使的职能，享受原文文本都未享受的尊荣，传递着自己创造的形象，并左右着后世研究者的想象。上述那种在不经意间展开的循环论证，实际上已经不复是严格意义上的"影响"研究，而是本身充当了相关影响的一个例证，昭示着白璧德学说已经进入了"飞散"（Diaspora）的状态。

　　"新文化运动"时期中西文化的冲突与融合，或曰西方文化在本土文化语境中的渗透与转化，在很大程度上是通过彼时大量的译介工作完成的。征之于历史，大规模的翻译活动往往会对思想史的走向产生巨大的影响，如中国始于汉末的佛经翻译与魏晋时期发生的文化转型二者之间的关系便可谓不言而喻，而"新文化运动"时期的西学翻译甚至可以说在某种程度上左右了此后中国思想史的进程。翻译行为发生在每一种文化／思想进入异国文化语境的瞬间，它是最有效的文化过滤的手段，能够最直接地反映出译者／接受者的期待视野。要想把握住一种西方文化／思想一变而为"中国的"那个瞬间，就必须从这种文化／思想的首次译介入手。

"学衡派"人士是最早译介白璧德人文主义的群体，他们的译介工作构成了这一学说在中国的整个接受史的起点，可以说具有一种与生俱来的初始效果（Primary Effect），在很大程度上参与了，甚至是决定了白璧德学说此后在中国的再接受过程。"学衡派"以白璧德人文主义为武器，向当时国内大行其道的人道主义以及相关的自然主义、科学主义、物质主义、实用主义等等思潮展开了批判，《学衡》所严厉批判的，正是《新青年》等"进步"刊物积极加以宣传和推介的；同时《学衡》与《新青年》等杂志的文言与白话之争，也被认为是"贵族的"／"人文主义的"文字／文学与"平民的"／"人道主义的"文字／文学之争，文字／文学不但成了思想斗争的载体，本身还成了斗争的内容与手段。是以不论从目的、内容还是手段而言，立足于"人文主义"的《学衡》与代表了"人道主义"的《新青年》恰恰构成了一组白璧德"二元论"式的对立。正如汪晖所见，同是"humanism"，在五四时期却存在着以《新青年》为代表的人道主义和以《学衡》为代表的人文主义两种"几乎对立的命题"。

美国在逐渐步入现代的前夕，曾面临着与中国此时颇为相似的境遇：各种现代思潮纷至沓来，代表旧文化的"文雅传统"遭到了全面的批判而土崩瓦解。面对欧洲现代思潮的大量涌入，美国本土显然缺乏相应的制衡机制。正如著名文学史家卡辛所云，欧洲的作家们经过马克思、罗斯金、阿诺德等人的不懈批判，对资本主义秩序及其伦理总算有所戒备，而美国现实主义以及此后的现代主义先驱们，面对现代思潮的冲击却毫无防范，不免一败涂地。正是在这一时期，白璧德开始集中称述阿诺德等"现代批判者"的主张，并将他们的思想作为自己社会／文化批判学说的一个重要资源，对自身所处的时代及这个时代的代表性思潮进行了不懈的批判。可以说，白璧德的人文主义思想是美国本土在外来现代思潮冲击之下，借助外力应运而生的现代批判学说。中国进入20世纪之后，各种现代思潮亦奔涌而入，思想与文化开始向现代转型，然而其时却一无传统的有力制衡，二无相应的批判机制，与美国当年的境遇分外相似，于是白璧德的学说在这个特殊的时刻适时地进入了中国学人的视域。先是白璧德大量称引阿诺德等人的学说，此后稍晚，复有吴宓等人远涉重洋，将他们"偶然"发现的"美国圣人"白璧德的学说带回中国,并以之为有力的理论武器,向国内诸现代思想的代言人提出了质疑与辩难,自觉充当了现代思潮的制衡力量。与此同时,"学衡派"也分享了老师白璧德作为时代批判者的命运:《学衡》从诞生之日起,便命途多舛,《学衡》所推介的白璧德学说在中国亦随之"得罪"而前路多艰。

第二次世界大战之后,美国本土的知识分子由于经历了"20世纪文化令人痛苦的道德真空",纷纷投身"传统与价值的再发现"之中,此时白璧德及其学说重新进入了人们的视域,并在新的历史阶段进一步得到发展与完善。这一时期阐发美国人文主义的代表人物为白璧德的私淑弟子罗素·柯克(Russell Kirk)与彼得·史丹利斯(Peter Stanlis),特别是柯克,他对白璧德学说的经典阐释,追溯并确立了美国人文主义从亚里士多德到柏克再到白璧德的"道统",柯克本人亦由此进入了他所阐述的"道统"之中,成为美国人文主义传承至今不可或缺的一环。

到了20世纪60年代,在那个"唯我论"盛行、"十足的浪漫主义"的时代,白璧德的影响再次跌入低谷。不过,当60年代的"低靡期"过后,这一学说在七八十年代高调复苏:美国国家人文研究所(National Humanities Institute)成立,该所以柏克(Edmund Burke)—白璧德—柯克一脉的人文主义为旨归与依托,组织出版了一系列有关白璧德及美国人文主义学说的论著、传记、纪念文集和研讨会论文集,并主办《人文》(Humanitas)学刊,逐期登载白璧德及美国人文主义研究重要论文,使该所成为研究、宣传美国人文主义的核心机构。在美国,围绕《人文》杂志出现了一批服膺白璧德学说的学者,号称"白璧德派"(Babbittians),并由此形成了以该派成员为主体的美国第三代人文主义学者群体,核心人物为白璧德再传弟子、国家人文研究所主席克莱斯·瑞恩(Claes Ryn)教授,《人文》杂志简直就是美国的《学衡》。同一时期在中国台湾,白璧德的学生梁实秋与梁实秋的门生侯健教授也开始重提白璧德的学说,并出版了多部关于白璧德与"学衡派"的著述。

进入20世纪90年代之后,一方面美国本土对白璧德及其人文主义的关注有增无减,另一方面中国大陆的相关研究悄然升温,从意识形态批判逐渐走向理性"重估"，自此对美国人文主义真正意义上的研究始渐深入。直面白璧德思想本身并重新审视"学衡派"的译介 / 阐释文本，对已有的阐释传统进行合理的开掘与再阐释，将使白璧德思想本身与中国现代思想史重新发生直接的关系，并在中国始自"新文化运动"而延续至今的文化转型中呈现出新的意义。

白璧德的人文主义思想具有一个突出的性质，便是其中贯穿了一条深深的个人主义的线索。白璧德着重指出，个人主义的精神与现代精神密不可分，成为"现代的"（modern）不仅意味着成为"实证的"（positive）"批判的"（ciritcal），还意味着要成为"个人主义的"（individualistic），同时他的人文主义亦"不但是实证的、批判的"，而且是"个人主义的"，所以其"人文主义"无疑是"现代的"。白璧德认为，批判精神（the cirtical spirit），即个人主义精神（the spirit of individualism）的出现导致了欧洲旧式统一性（older European unity）的丧失；成为现代的意味着个人日益成为实证的、批判的，并拒绝接受来自任何"之前的、之外的、之上的权威"（an authority "anterior, exterior, and superior"）给予的东西。

白璧德进而指出，柏克是"反个人主义的"（anti-individualistic），他的"个人"过多地倚重于权威性的因袭习惯（prescription），这可能会导致人们对传统的宿命论式的默认（fatalistic acquiescence），并由此放弃了针对不断变化的情形而做出的合理调整。长此以往，个人可能会无法保持自主（autonomy），失去独立的意志，并最终成为"具有无上权力的国家"（the all-powerful State）的一件工具，此为柏克思想的偏颇之处。

相应地，白璧德认为自己乃是"彻底的个人主义者"（a thoroughgoing individualist），而"彻底的个人主义者"是现代的特有产物；他之所以反对某些"现代人"（the moderns），乃是因为他们不够现代，他们仅凭 19 世纪的理想主义与浪漫幻想便与此前的传统决裂，因此称不上是"现代人"，不过是"现代主义者"（modernist）而已，然而这个时代最需要的便是彻底的、完全的现代人，《民主与领袖》一书便是写给那些投身于现代实验（the modern experiment）的同道的。因此，不能再遵循"旧式的偏见与不理性的习惯"，这正是"柏克的方法"弱点所在，而应通过"实证"与"批判"的方式，即与"现代精神"

相一致的方式，以重新获得并保持西方历史发展过程中遗失了的关键因素。

在当前情形下（白璧德总是不忘强调环境与时代的当下性，即其现代性），具有实证、批判精神的"现代人"，即"健全的个人主义者"（sound individualist），应从"内在生活"（inner life）中获得真理，而与过去彻底决裂（breaking completely with the past）——且慢，当我们听到此言居然出自白璧德之口，可能会怀疑引文有误，然而，白璧德接下来继续说道：内在生活需要标准（standards），标准在过去来自传统，而如今的个人主义者要想获得标准，就必须依靠批判的精神，与传统对生命的统一规划（the traditional unifications of life）彻底决裂。也就是说，白璧德不但站在了民主一方，并且最为关键的是，他站在了现代一方。此时如果由柏克来评判白璧德，后者不但不能说是"保守的"，甚至应该是"激进的"了。与柏克存在着一百三十余年时代落差的白璧德理所当然地选择了"现代"，并在这个大问题上与之分道扬镳了。然而，白璧德这些意思，在吴宓的译文中变成了这样一副模样："内心生活……必遵从一定之标准。在昔之时，此标准可得之于古昔传来之礼教……然在今日，奉行个人主义者，既将古昔礼教所定为人之标准完全破坏，欲另得新标准，须由自造，而惟赖乎批评之精神"。译文对原文的"改造"显而易见，而这种"改造"最直接的效果便是，白璧德鲜明的"现代"立场变得模糊起来，转而踏回了"保守"的旧轨。

白璧德的人文主义与柏克的思想相较，乃是不折不扣的自由主义思想，或者说，是批判继承了英国古典自由主义以及大陆自由主义的某些成分，进而在美国土壤中自行"开出"的一脉自由主义学说体系，或者说，属于美国自由主义的"右翼"观点。在美国的整体大环境下，自由主义"右翼"充当起了美国的"保守主义"，白璧德成了美国"保守"倾向的代表。不但诸多"自由主义批评者"称之为"保守主义"的典型，还有不少"保守主义思想者"将之奉为美国"保守主义"的先驱：如"共和党历史学家"乔治·纳什（George H. Nash）认为白璧德等人开创了美国保守主义的传统；另有著名当代"保守主义思想家"罗素·柯克（Russell Kirk）在其梳理"保守主义"源流的名著《保守主义的心灵》（The Conservative Mind, 1953）一书中开辟了一个专门讨论白璧德"人文主义"思想的章节，通篇以毫无保留的肯定语调大量引述了白璧德的观点，甚至以无可置疑的赞美语气说道："亚里士多德、柏克与约翰·亚当斯是他（白璧德）的导师……在他身上，美国保守主义臻于成熟"。——白璧德在此成了继承亚里士多德—柏克"道统"的美国"保守主义"集大成者，"保守"的称号看来已无从推卸。

不过，不但素以"真正的自由主义者"自命的白璧德本人不会认可"保守"的称号，与他同时代及稍晚的穆尔与艾略特等人也不会同意这一判断。白璧德的学说不但为同时代的"现代主义者"所诟病，且同样招致了"传统主义者"的不满，特别是其中还包括了与白璧德立场趋同的某些"人文主义者"。如穆尔与艾略特等人与白璧德产生分歧，当然不是因为他不够"自由"，而正是因为他不够"保守"。例如，保守主义的核心命题之一便是"所有权"问题，柏克维护"公民所有权"不遗余力，并对法国革命政府残酷剥夺公民财产的行为深恶痛绝，有论者曾指出：柏克在论及自由时，强调权利和义务的统一，"但是一旦涉及财产，他就只谈权利不谈义务"了。在这一点上，白璧德的挚友穆尔才是柏克的真正后继者：穆尔倾力维护财产权，竟然老实不客气地公然表示，"对于文明人来说，财产权（the rights of property）比生存权（the right to life）更为重要。"——这句话成为全部人文主义文献中征引最广的一句"名言"，更成了论敌们说明"人文主义者"群体"保守""反动"的有力证据；因为白璧德与穆尔的密切关系，人们经常将此当作白穆二人共同的立场，甚至一位同情人文主义的研究者也由此叹曰：他们（白璧德与穆尔）在维护财产权的问题上，完全没有了"人文主义的适度与克制"，从而使得很多人"掉头而去"。然而，"人文主义者"群体及其观点并非铁板一块，穆尔的这一表态当然不能代表白璧德本人的观点。上述研究者没有看到，白璧德一方面严厉批判卢梭对私有财产的攻击，但另一方面则特别批评了"今日保守主义者"（the conservative nowadays）往往"为了财产本身而保护财产"，而不是像柏克那样，保护财产是为了达成"个人自由"（personal liberty），从而他们将财产看作了目的本身，而非达成目的之手段。白璧德言下固然是在"泛指""今日保守主义者"，但具体所指为谁，穆尔应该心中雪亮。以此而论，白、穆二人之分判然矣。

至于艾略特，对于白璧德竟尔斥拒"之前的、之外的或更高的权威"的个人主义立场始终意不能平，甚至在白璧德去世后仍不能释怀。英国当代保守主义理论家斯克拉顿（Roger Scruton）指出：保守主义与自由主义的主要区别就在于，保守主义者认为个人自由的价值并非绝对，而是从属于另一更高层次的价值，即既定政府的权威；同时政府这一核心"权势机构"的主导理念便是"基督教社会的理念"，斯克拉顿进而以艾略特为例指出，后者便在这个意义上对英国国教秉持了一种"高度自觉的态度"，因此不能把艾略特看作是"通常意义上的笃信宗教者"。确实，白璧德与艾略特的这一分歧不仅代表了二人在宗教态度上的歧异，更表现为自由主义者与保守主义者在广泛的政治、文化、宗教诸社会生活领域中整体价值观的差异。当白璧德站在美国本土思考"那些英国人"不仅将宗教、还将实际上的教会机构视为"他们的国家及宪法之根本"的时候，艾略特则干脆加入了英国国籍，并率尔自称为"文学上的古典主义者"，"政治上的保王党"（此即英国托利党）与"宗教上的英国国教高教会派教徒"，以鲜明的姿态与（美国）自由主义宣告了决裂。

从白璧德两面受敌的情况来看，当时国内比他远为"保守"者大有人在。可见，即便是在"民主""平等"的美国，即便是在这样一个国家的"现代转型期"，白璧德也并不能充任美国保守主义的代表。也就是说，白璧德的思想并非"保守主义"的，"学衡派"引入中国的原是最正宗不过的美国自由主义"右翼"思想。只不过，当这一思想在 20 世纪 20 年代被译介到中国的时候，那个曾经无比传统、守旧的国度却已经以最大胆的姿态拥抱了自己的现代转型，从而在中国"千年未有之变局"中，美国这一自由主义"右翼"思想及其传播者就此顶风而上，与中国本土传统保守力量一道，充当了保守主义的典型。

美国自由主义的"右翼"进入中国，成了"保守主义"；胡适等人引入中国的"自由主义"，则其实不过是美国自由主义的"左翼"。此前我们曾提到过，美国进入进步时代（1904—1917）之后，针对前一时代（即镀金时代）产生的种种问题，在全社会展开了一场规模宏大的改革运动（此即进步运动）；在这个旨在"纠前代之偏"的年代，维持现有秩序的意识日趋让位于改革的冲动，整个社会思潮开始呈现出某些激进的品格。杜威主持的以"民主教育"

230

（democratic education）为核心理念的进步教育便是进步改革中的一项重要内容。这一教育理念曾吸引了当时诸多知识分子，其中艾略特校长在哈佛大学展开的一系列改革便构成了进步教育运动的重要组成部分。以艾略特校长的改革为标志，"democratic education"的理念开始入侵大学，与此前大学中占统治地位的"liberal education"（自由教育）恰构成了一对"反题"。白璧德作为"liberal education"的坚决捍卫者，针对杜威推广的教育理念提出了严峻的批评：二人的对立当然不仅表现为教育理念上的冲突，而是在更广泛的意义上代表了"自由"原则与"平等"原则的对立，即新老自由主义之间的对立。自由主义的"右派"们认为自己才是真正的"自由主义者"，并指责"左派"已经走向了激进主义，如前面提到过的对白璧德称服不已的柯克便曾激愤地指出杜威的思想体系与激进主义之间的关系："他（杜威）根据卢梭的观点发展出了自己的教育理论"，"鼓吹一种平等主义的集体主义"，并冠之以"马克思主义经济学说，以求获得大众（the masses）的满意"，"总之，自1789年之后，每一种激进主义都在杜威的体系中找到了自己的位置"。不过，与法国、俄国的激进主义相比，杜威的"激进主义"在中国却最多只能落得一个"自由主义"的名号而已。

啰唆至此，我们已可看出，"保守""自由""激进"等等名堂原本只是相对而言。比如英国"自由党"的前身叫作"辉格"，美国"共和党"的前身之一也叫作"辉格"，同是"辉格"，然而由于水土不同，在英国是"左派"，在美国则只能当"右派"了。由于真正的保守主义在美国没有市场，处于美国自由主义的"右翼"的白璧德有时便被当作了"保守主义"的代表；同样，由于美国也不存在真正的激进主义，处于美国自由主义"左翼"的杜威有时便被看成了"激进主义"的典型。同理，在20世纪20年代"激进的"中国，"激进的"杜威这回转而担当起了"自由主义"的代表人物〔美国国内至多给他一个"进步主义自由主义者"（progressive liberal）的名号〕，而白璧德式的自由主义则只能退而居于"保守主义"的序列当中了。

现在回到《学衡》，我们知道，《学衡》所刊文章，包括译文在内，素因其文言载体而遭到世人的诟病。然而，一篇译文被接受的程度固然与其语言载体有些关系，但归根结底文章的内容仍将构成决定性的因素。如果这些译文以大力宣扬"民治"与"平民教育"为务，那么，即便是以文言出之，想来也不会招致那样猛烈的反对了。问题是，白璧德这些文章本身便极具反平等主义的特质，此后这种精英立场更通过胡先骕的译文得到了极大的强化，此外，在吴宓笔下复衍生出刺人眼目的"以理制欲"等提法来，所以白璧德学说的"保守"性质立刻凸现出来，此时再加上原文内容与译文载体配合得丝丝入扣，《学衡》这批译文愈发犯了"可恶罪"。更为重要的是，在 20 世纪的中国，在中国这一特殊的时代，吴宓等人引入的白璧德式的自由主义只能是"保守"的。——时代永远是判断一种思潮的风向标，看来问题并不在于"学衡派"怎样译介，而在于他们译介了什么，进而甚至在于他们"译介"了。他们在那个特殊的历史时期选择译介了白璧德的学说，这实际上已经预示了这一学说在中国的"命运"。与选择文言载体这种"可恶罪"相比，他们的"译介"行为本身，才是《学衡》这批译文的"原罪"。

我们当然不能因为某种做法有违时代思潮主流，便斥之为不智；当整个时代的力量积聚于此，这股洪流将奔决何方，自有其"不得不然"者在，已非人力所能为之。如果——我们只能作些无谓的假设，时间仅提前十年，白璧德的思想在辛亥革命之前进入中国，那么它将不复是"保守"的，而将是"激进"的了，则更无论杜威、法、俄矣。那么，后世研究者又或许将试着为"学衡派"摘去"激进"的帽子了吧。

不同于美国 20 世纪 20 年代第一代人文主义者和中国"学衡派"，美国历代"人文主义者"并不限于学院派，所学也不限于文学领域，而是大都活跃在政治学以及政治实践领域。20 世纪 20 年代的中国"学衡派"是一个纯从文化角度立言的学术研究群体。在那个呼唤"德谟克拉西"的时代，"文化人"纷纷参与政治，被唤醒的大众的政治意识亦空前高涨，"学衡派"刻意与政治拉开距离，不啻是一种"自我边缘化"的举动。远离政治，是为了保证学术思想的独立与自由，不过，当一种广泛的社会／文化批判学说沦为狭义的文学批评理论之后，便脱离了其所产生的背景及其所要对质的命题，从而逐渐失去生命力。不仅在中国如此，同一时期白璧德人文主义在美国本土亦遭遇了相同的窘境：当人文主义思想在美国借助"新人文主义"文学批评运动广为传播之时，恰是这一学说遭到曲解、创造力枯竭的时刻；然而，当"新人文主义"（作为一种文学批评运动）衰落之后，人文主义思想却在此后新的历史时刻再度焕发出了生机。有感于此，《美国人文主义》一书特选编美国历代人文主义者的代表性文章，以期有助于我国学界了解美国人文主义历史及当代诸形态，并由此反观中国自身的"传统与价值的再发现"工作。美国人文主义在今天是否依旧能够触动中国人的心灵？我们将拭目以待。

中医存废的第一次大论争

撰文：路彩霞

有关中西医论争问题，历史学界和医史学界已有不少专门著述，因资料限制，时段多集中在民国以降。实际上早在宣统末年，在北方商埠天津，以《大公报》等近代媒体为阵地，就中医存废问题，中医与推崇西医的新学派之间曾展开过一次大规模的公开交锋，波及京津、东北等地，影响着国家防疫体制的发展，笔者认为，是为近代中西医第一次大论争。

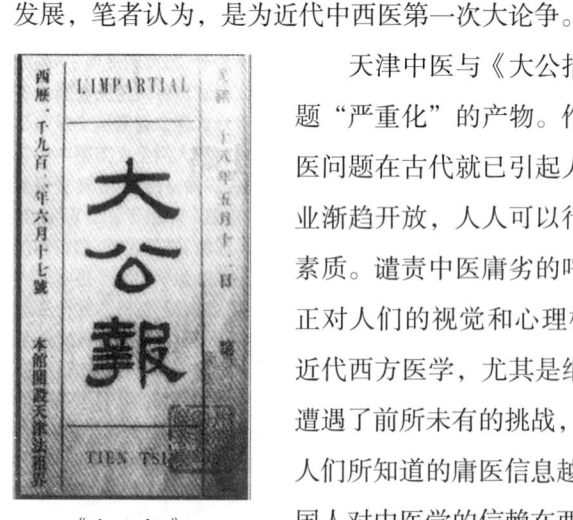

《大公报》

天津中医与《大公报》间的笔战，是清末庸医问题"严重化"的产物。作为伴随医学始终的影子，庸医问题在古代就已引起人们的注意。明清时期医药职业渐趋开放，人人可以行医开方，削弱了中医的整体素质。谴责中医庸劣的呼声时有耳闻，但庸医现象真正对人们的视觉和心理构成冲击，却是在清末几年。近代西方医学，尤其是细菌学被介绍到中国后，中医遭遇了前所未有的挑战，而借助近代媒体的迅捷传播，人们所知道的庸医信息越来越多，中医群体形象恶化，国人对中医学的信赖在西方文明的飓风下动摇。

历史学人 / 随笔

这一时期中医改良步履蹒跚，医生执业资格考试开始在个别城市推行，但多为地方长官的行政命令，往往因人而兴废。具体到天津，由于卫生管理事权不一，考试中医之举一直未能付诸实践。当时，有关医疗事故的法律条文有待健全。而以公私中医学堂取代传统的师徒授受，组织医药研究会集思广益等一系列努力，也收效甚缓。对西方文明紧赶急追的新学派，试图丢下中医这个沉重的包袱，中医学的存在价值遭到了质疑。

晚清国人对庸医问题的认识，经历了由庸医个体到中医群体，由对中医群体的不信任演化为质疑中医学本身的历程。宣统三年天津中医与《大公报》笔战事件，作为中西医矛盾激化的产物，展现了这一过程。尽管中医庸劣只是一种假象，庸医问题严重化的后果——中医及中医学遭遇质疑甚至摒弃却是实实在在的。其中所关涉不仅仅是中医学的兴废，还折射出中国社会的走向。

清末十年，中医与西医的地位在悄然变化，"迩来西医日盛中医日衰"，中医权威地位已经动摇，受到越来越多批评的中医界感受到了强烈的危机气息。宣统二年底三年初，东三省鼠疫向天津扩散，西方防疫方式乘着近代文明之风，在官方主持下冲击着天津人的生活，中医在民间的治疗活动因与近代式防疫不协，招致新学派的指责和鄙视。

宣统三年春节过后，《大公报》上抨击中医妄传方药、任意错置的言论处处可见，其中最具代表性的是讽刺天津中医妄造猫尿治鼠疫之方。正月十一日，署名"斯"者首先发难："尤可异者，近有某报载，某君独得奇方，谓猫尿可以治疫，此法为各大医家所未曾梦及，而某君独言之凿凿，唯其意大约因猫能伏鼠，故有此非非之理想，中国医家每假名义以治病，其无效也可知，今不意竟发明此等新奇之妙药，各报又从而播扬之，呜呼，中国之人格亦可痛矣。"正月十二日"闲评一"又有人谈："自近日鼠疫发现，中外有名医士百方研究，几于才智俱穷。不意天津医生竟能不假思索，发明许多奇妙方法，其中最奇最妙者莫如猫尿一种。解者曰，医者意也，鼠本畏猫，故以猫尿治鼠疫其效必神，不知猫食鼠者也，腹中既有死鼠，尿中岂无瘟虫？是研究尚未入细也。且以相克之理言之，则鼠固畏猫，猫亦畏狗，若取演进之义，与其用猫尿不如用狗屁！"对比这两则材料，我们会发现，十一日指向尚模糊的"某医"次日即具体化为

235

"天津医生"，并讽刺其假托物种相克，臆造的猫尿方狗屁不通，批评的矛头明确而犀利。

稍后正月十五日刊登的白话《爱己身爱众人者请看》，作者"耐久"指斥中医能治鼠疫纯属庸医空谈："这种疫症，经多少西洋医生用显微镜察看，实在是许多的虫子在血管里作祟，不用说草根子、树皮杀不死他，就是什么烈害的毒药也杀不死他，岂有喝点猫尿，用点人中黄，什么又加上点东壁土就好了？……你果有这个真拿手，何不把这方子给那卫生局验准了，是疫的人吃一吃，这不是眼前最容易试验的么，何必背地里瞎吹鬼呢？"中医不认可细菌，其能治瘟疫的说法在具体可征的显微镜下失去了可靠性。正月十七日，《大公报》"闲评二"继续拿猫尿说事："古人谓牛溲马勃皆医生药笼中物，今猫尿可治鼠疫是医生药笼中又添此一物矣。吾向尝谓中国医生泥守旧方，多不能发明新理，今观此说始信天下之士未可轻量也。然方今东三省鼠疫蔓延，外国医生正苦无法医治，若以此项发明新理之医生按名派往，获效必多，不知各宪曾注意否？"建议将妄造此谬方的中医纠察出来，送到重疫区自尝其果，言语间极尽讽刺之能事。

实际上，《醒华日报》早在正月十一日即已登明，以猫尿治鼠疫"系转载初九日《中国报》'民政部临时防疫局正月初五日防疫事项报告'"，和天津中医无涉。笔者虽未找到《中国报》原文，但从《北京日报》《帝京新闻》等报刊间接读到了初五日的防疫报告："山东黄县师范毕业生王钺电称，现獭瘟传染，须臾殒命，以猫尿饮之立愈，蘸蒜汁抹猫鼻即得猫尿，急宜公布大众，及时预防。"前述正月十一日《大公报》所称"某报载有某君独得奇方"似是指此，只是稍后即被转化成天津医生臆造的谬方了。十八日，天津医药研究会会长丁子良在《民兴报》上对此也作出回应："至于猫尿治鼠疫，是某画报上画的，说是烟台传来的，可不是我们天津医家说的。"黄县为烟台辖区，借助画报该方为不识字的大众所了解，流传面扩大。实际猫尿治鼠疫的早期记载可追述至若干年前《东三省公报》的"以猫克鼠之奇方"，光绪三十二年（1906）五月十五日的《华字汇报》做了全文转录："鼠疫之毒焰，闽省最甚，迩来吸带（注：原文如此）而东奉省亦多闻之，向传用熊胆、蚺蛇胆可治，唯此两种药料价贵而货少真，以致患病者投之十不一效，药石无灵，时医束手，每恨岐黄之不留妙方于医界。兹有普济子邮寄一方，谓用猫胆一个，暖酒冲服立愈，盖胆能散郁去毒，猫鼠相克，而人以生方亦奇矣。"看来，始作俑者是这位叫作普济子的人，只是当初是猫胆，辗转到山东就变成了猫尿，再辗转到《大公报》，竟变成天津中医臆造的猫尿了。

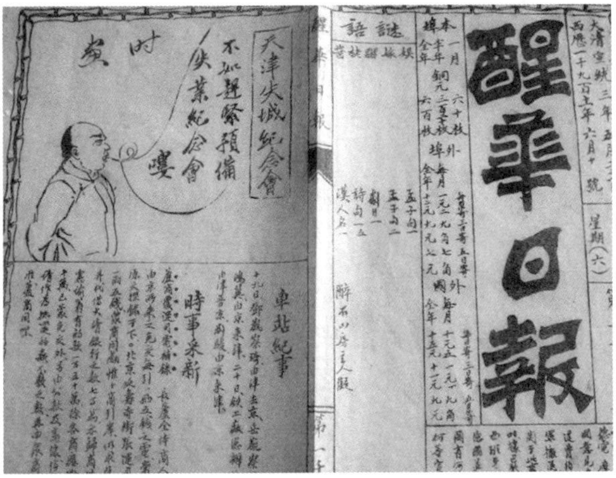

《醒华日报》

瘟疫期间民间流传偏方是常见现象，生命受到疫病威胁，一些简易却奇特的方法能使人心存希望。宣统三年天津防疫中，还出现过吃萝卜、喝茶水等偏方，《大公报》正月初八"闲评二"曾讽刺："中医之传方者多不胜录，甚至以罗蔔、茶叶等皆能治疫，真中国人聪明天纵，别有会心。"对此，丁子良于十八日在《天津商报》上发文解释："每日午后或晚间，食生水萝卜三两片，再将杭白菊二三十朵、香片茶叶一撮沏茶饮，最能消痰于无形，此方能防疫能免疫，我可没说他能治疫，不要错会了意。"

如前所述，在天津中医与《大公报》冲突最终爆发前，双方之间已积蓄了很深的矛盾，冲突的导火线是一则失实的新闻报道。正月十七日，《大公报》刊载了一则名为"时疫可畏"的新闻：

昨据友人报告，鼓楼东费家胡同刘君锡九（向在元隆号做事）十四日午前忽染时疫，其势甚急，该铺掌立即派人将其送回家中，请中医路某诊治，路某坚云可治（聪明自持，中医所以误事者为此）。
服药转重，至晚六钟毙命，并延及其女（年十六岁，已许字西门内某
小学堂教员李某），当日晚间得病，翌早竟行无救，举家警惶，刻已
草草装殓。其家尚有老少四口，刻皆避于城西大稍直口友人某姓家矣。
又鼓楼东华宅男仆高升（年三十余岁，静海县人），十四日午后带同
少主人赴天后宫游玩，回宅时即觉头痛恶心发烧发冷，同伙以为受风，
皆不介意，不料夜间骤加喘呕吐血，翌早即毙，并闻同宅女仆某氏亦
染是疫，刻已奄奄一息，命在旦夕。

瘟疫流行时，因诊治行为增多，相应医疗事故也更常发生，前人早有"杀
人医士轿如梭"之叹。不过路某误治纯属子虚乌有，次日《大公报》即予以更正：

昨日本报新闻栏内载有鼓楼东费家胡同刘君锡九及华宅男仆高升
染疫病故一则，本系城内二道街居民张瑾报告，本馆以其言之凿凿，
爰照有闻必录之例遽行登出，原为警惕同胞及早防范起见，兹据刘华
两处来函，声明实无其事，并据元隆号函称，该号同事亦无刘姓其人，
想系张某挟嫌诬造，抑或传闻失实亦未可知，因亟更正，以免误会，
并祝两家纳福百益。

庸医路某影射的是医药研究会会员路子华，而实际上路子华早在初十日已
回大沽原籍，《大公报》称其十四日在鼓楼误毙人命显系造谣中伤，而且，报
道所加评论"语涉中医全体，与鄙人等之全体名誉亦有极大之关系"，从而引
起天津中医的公愤。

当事人与报界争毁誉并不鲜见，《钦定报律》规定：报纸登载错误若本人或
关系人请求更正，或将更正辩驳书请求登载者，应即于次回或第三回发行之报
纸更正，或将更正书、辩驳书照登。新闻报道失实，平时只要及时更正就会被
谅解，但这次天津中医大动肝火，实为双方积怨的总爆发。并且，在《大公报》
长期讽刺打击下，中医形象已然恶化，一篇语焉不详的更正不足以挽回中医群
体的名誉。笔者翻检《顺天时报》，发现十九日该报新闻栏转载的仍是《大公
报》正月十七日的报道，此后也未将真相加以说明。显然正如中医所担忧的，

《大公报》十八日的更正难以消除原报道对路子华及天津中医名誉造成的恶劣影响。

按照《创议中医药研究会章程》，第七章"会友之利益"规定："会友确系老成端谨，而无故被人欺侮者，本会众会友必出头为之秉公【惩】处"。以故十八日，程子茂、张宜闲、丁子良、施少农、李桐岗、高憩云等天津中医药界人士，联名致函《大公报》，要求其对捏造新闻一事作出明白解释，是为《天津中医全体致〈大公报〉第一书》。该函最早刊登在《天津商报》上，具名者多是天津医药研究会成员，在此次事件中，一个存在了近五年的团体显示出它的组织力量。

《天津中医全体致〈大公报〉第一书》主要目的是为路子华和中医全体辩诬，书中质问《大公报》：一则更正能否推卸其捏造新闻之责任？张瑾和友人到底为谁？为什么一贯贬毁中医？"聪明自持，所以误事"各指何人何事？天津中医谴责《大公报》在人心惶乱之际，捏造新闻，侮蔑中医，于防疫大局及医学进步都有妨碍。从一开始，中医一方就以主动姿态维护自己的形象和地位。《大公报》并未对报道失误做出应有解释，而是回应以《亦有质问数条请速答复再开正式辩白》（注：此即《大公报》答中医第一书）：

> 一、问联名自命为中国医士诸君，此'中医'二字是何人所定，是否有行世文凭，既无文凭，抑是否由国家或社会认可？二、问此质问书主稿者为何人？三、问凡此签名之五十六人是否皆经阅过此稿甘心认可？四、问对于此次鼠疫中医是否确有把握医治？五、问中国医士不认遵守卫生局章程，是否确有能力不使传染。

英敛之质疑该书是否真是天津中医全体公具，称部分具名的中医曾来信声明并未与知此事。这似可解释正月二十二日北京《正宗爱国报》转载的《天津中医致〈大公报〉第一书》署名名单仅开列 37 人，且多为西路医药研究会成员的疑问。这表明，天津医药研究会内部及天津中医界存在着一定分化，其分歧源于对中医如何改良，以及在中西医竞争格局中如何定位认识的不同。

对《大公报》的质问，天津中医以第二书答复之："中医"一称乃是拜《大公报》所赐；中医确能治鼠疫，但中医并不反对适当的防疫，并指斥《大公报》涉嫌挑拨卫生局与中医研究会的关系，而且《大公报》"无故铸造天津时疫盛行之浮言"，是仍未对自己不审慎的态度加以反思。《大公报》则以《奉告自称中国医士诸君》（注：此即《大公报》答天津中医第二书）为自己辩白：为慎重人命，《大公报》一向对"愚而自用"的中医士有所讥评，因"名誉所关，饭碗所系"，所以招致此次天津中医"布局设法，以图报复"。英敛之在该函中告诫中医，"万勿自信草根树皮能治此次疫症"，对中药的治疫价值提出质疑。

在上述两个回合的笔战中，天津中医虽积极主动，《大公报》也并不自居下风，而是以新学家身份，拿西医与中医相较，一味鄙薄中医中药。对《大公报》的这种立场，北京"旁观者"表示不满，他认为中医是"国家社会习惯法上所认可者"，若《大公报》单因无行世文凭否定传统中医，"今日防疫局内中人而行西医者能人人皆有行世文凭乎？何况尚有未毕业而滥竽防疫局者，又何能独责之于中医乎？"其反对新学派一味诋毁中医中药，因为耳闻目睹，西医对瘟疫是"能避而不能防，又何能治"，《大公报》又有什么理由为无能的西医张目呢？第三方的介入使得参与论争的群体有所扩大。

天津中医辩诬的目的是维护中医及中医学的名誉和地位，"贵报以极有关系之大事，而以儿戏出之，足见前此贵报之记载皆虚诬不足信也"，其关注点很快由路某误治事件转向批驳《大公报》一贯鄙夷中医的立场上。在第二书中，天津中医指斥《大公报》："对于中医全体每多贬词，一似与中医有宿怨深仇也者"，"端其心理，势非摧尽中医不止"。在第三书中，中医再次谴责《大公报》"以为中医皆可杀，中国医书皆可焚烧，故自本月初八至十七日，若闲评、若演说无不以辱骂中医为露脸"，并且，"于大庭广众之议场，竟谓宁可使患疫者速死，亦不使中医诊治，且谓中医全都染疫而死亦不为多"。此系指《大公报》正月十五日所登《爱己身爱众人者请看》一文，因不满中医自负能治鼠疫，作者耐久过激地说了一句："不妨叫中国医家多多的进去点，多死几个，也就可以明白了。"在天津中医看来，《大公报》有舆论导向的作用，对于绵延几千年的国粹中医，本应鼓励督促，使之改良昌明，却数典忘祖，意欲废弃。他们坦言："中国之医士诚然品类不齐，然不能谓千百医中无三五可用者也，中国医书诚

240

有迂腐无当处，然舍其短取其长亦多有切于实用者，未可遽云可废也。"

中医实际并非像《大公报》所讽刺的那样，平日庸碌无能，瘟疫期间希图厚利，拿俚俗不堪的偏方惑人。为阻遏鼠疫南传，天津医药研究会曾多次公请合津医士商议办法，并根据光绪二十七年（1901）、三十一年（1905）天津两次大疫的验方以及会友所传广东鼠疫验方，参考医书略作加减，配置成多剂方药，如初起可用的神效复苏散，稍重可用的杀菌消毒丸，重症应服的解毒活血汤，危症必服的升麻鳖甲汤、生犀饮等。中医也并非反对一切防疫措施，丁子良在正月初九日发表的《对于外人防疫烦苛之感言》中，就曾呼吁民众注意环境清洁和饮食卫生。在天津保卫防疫会成立大会上其又强调，病者"愿归【临时】防疫会调治或卫生局调治或保卫医院调治，听其自便，倘有愿在自家养治者碍难听从，盖恐其传染也"。天津中医的上述努力却被《大公报》一概侮为保饭碗之举。

天津中医与《大公报》针锋相对，各不相让，但冲突一直停留在笔战层面。中医一方曾希望与英敛之当面谈判，并于正月二十四日在《醒华日报》登载告白相约：

丁子良

> 《大公报》大主笔大总理先生台鉴，敬启者，鄙人等谨订于本月二十六日晚八点半钟与阁下开正式文明谈判，并请公正绅商及本区巡警局区官旁听，其地址一借北门外医药研究会，一借天津商务总会，一借天津县议事会会场，以上三处请君等择定后从速示下，以便鄙等布置座位，届时务望早临赐教。

英敛之不愿面谈，其在《民兴报》登函回复："诸君登广告、散传单，自负理直气壮，然仆反复自思，亦未觉理屈词穷"，声明不赴约并非畏惧不前，"况前书已云，此外一无可言，无暇斗臭"。战火并未因此而息，此后双方主将开

241

始单挑式笔战，事件焦点也转向打赌。

宣统三年正月上旬，自天津卫生局派往奉省之梅尼斯医生染疫身亡，外省医生多"视奉省为畏途"。该局派关某与医药研究会会长丁子良磋商，意欲延聘华医赴奉，因对赴奉"须遵守医院章程，不准出门，如将来事竣，尚须在留验所留验七日"的做法不认可，天津中医界无人愿往。《大公报》对中医此举不满，正月初十的"闲评一"讥诮道："自东三省防疫事起，西医之前往疫地者，前者方仆后者又登，大有奋不顾身之概，而我国医生平时最会说古方、讲大话，一若《本草》一书即可为奇命金丹者，及以重金招往疫地，迄无一应者，岂西医不爱命华医不爱钱乎？曰，此非不爱钱，爱命胜于爱钱也，此即华医之特色处。"讽刺中医为空口仁义之辈。

面对《大公报》的指责，中医称"应与不应，各有各的自由"。与不响应卫生局号召相反，他们都愿意在士绅组织的保卫医院尽义务，因为在那里"出入随便"，并于正月二十二日公举宋墨林为防疫医士。会长丁子良也当众宣布，将在保卫医院义诊一月，车饭自备，不领薪金。不过，为避免代西医受过，丁声称"必须是初次验定，未经西医打针灌药者才予施治"。可见中医应聘与否的症结在于中西防疫方式的分歧。

对于中医能否治愈鼠疫，英敛之认为"争之虚言，不如验之事实"，较之天津，疫症明确疫情严重的奉省才是最好的医术检验地，《大公报》愿提供程礼延聘中医赴东省一试。二十五日，由长春来津的中医张聪彝站在《大公报》一方煽风点火，"试问【心鼠疫死亡】一霎那之顷，以吾国医药之迂缓，而谓能立刻奏效乎？二三君子果能确有此把握否？决知其不能也。如曰能也……二三君子何不束装赴奉一试其技，而乃于此间饶舌乎？"张身为中医却公然为《大公报》张目，被天津中医界视作叛徒。二十六日，丁子良函复张聪彝，指出其肺鼠疫、心鼠疫的划分在学理上说不通，声明中医"未云无论轻重皆易于疗治也"。对于赴奉试技，负气的丁子良声称"三五日内商议妥治，即可见诸实行"。张聪彝针锋相对，回信反说丁子良不识鼠疫，"如清书掘金之士，欲索多金，姑为尝试之计"，讽刺其去了也是送死，还是留条命好好提高医术要紧。丁曾被《正宗爱国报》誉为北京三大良医之一，竟被张聪彝讥笑为辨症不清，术同庸医，德操不堪。

张聪彝不过是在煽风点火，真正和中医打赌的是《大公报》创办人英敛之。二十五日，英敛之以五百礼金向丁子良发出赴奉邀约，丁则提出三千聘金、配备日俄翻译、健仆及印机铅字等和西医同等的待遇。英敛之以《覆中医丁子良书》对其大加奚落："无奈丁君未思以我国学术法律之国格，以我人自为医之医格，成效未睹，竟欲与各国国家准许之医士平列，不唯鄙人不认其可，恐稍具知识之人皆不认可。"此即江绍原所说的"有个姓丁名国瑞（号子良）的中医兼做官者（注：丁时任医药研究会会长）应募，然英君在报上覆函拒绝之"。因误会丁子良以要挟为退计，英敛之答应了上述要求。二十九日，《大公报》向丁子良发出催促："此报（注：指二十八日《覆中医丁君子良书》）出后，昨朝竟未接丁君覆书，想必已经默允，备办行装矣，如此幸甚。丁君向以慈善为怀，又挟有治疫能力，况天津疫气似已消减，想丁君断不至倭于家室牵阻及各界挽留也。"倘若借故推辞，则"本报从此对于中医之价值不敢再为敬信，以后无论如何空言争论及百般诬毁均视同谵呓，概不覆答矣"，激将丁子良履诺践约。丁子良应聘赴奉，本是基于自信与负气，欲为中医洗刷耻辱，其一身的进退，关涉的却是中医整体的形象。

双方的战火因打赌而炙热，二十八日早，天津中医向《大公报》发出第四书，要求交出张瑾送官究办，并在天津各报公布所有双方函件。同时申明，《大公报》一方须在二十九日给予答复，若仍行狡赖，双方即于三十日晚八点谈判。若置之不理，中医将诉诸法律，于二月初一日起实行医药两界罢看《大公报》，不在《大公报》上登广告的抵制措施。这是天津中医第二次要求谈判，并保留诉诸法律的权利，"毁人名誉，报律应犯何条，扰乱治安，官府岂能漠视"，双方冲突有激化的可能。防疫当前，多数关注者"唯望两造从此收兵，亦社会之幸也"。本着团结合作、共同防疫、共同进步的目的，以《民兴报》主笔刘孟扬为首的天津绅商充当和事人，开始居间调停。

二十九日下午和晚上，和事人分别劝说中医和《大公报》息战，丁子良答应不赴英敛之聘约，英敛之则坚持先将未来得及刊登的"局外人"二十八日的来函公布。在和事人声明将对局外人言论负责的情况下，三十日"对于《大公报》、中医全体及丁子良之忠告"在《大公报》上刊载。局外人在函中告诫丁子良"千万不可贪老英那五百银子去冒险",也不要在报上登药方,那"是为文明国法律所不许",看似良言忠告,实为煽风点火。局外人讽刺丁子良"借西医的说述当作根据,两截为人,已自不能接续中医纯正血统",对其百般劝诱,"将来医师鉴定,阁下聪明原是不小,何苦当此末运的中医,不求进步呢",西医被视作近代文明的表征,而中医如同旧制度一样,即将遭到废弃,局外人为西医代言的立场昭然若揭。而所谓纯正血统之说昭示着中西医身份壁垒之森严,这是光绪三十三年起清廷推行分科教育的负面结果,民国二年(1913)中医学即被教育系统扫地出门,引发中医的再次抗争。

英敛之小影

乙巳夏日照於東京

英敛之

局外人的言论引起中医及和事人公愤,二月初一日,由刘孟扬主笔对局外人非中立的立场、挑拨双方关系的阴谋、激化矛盾的行为做出批评:"《大公报》与中医此次之冲突,并非原因于研究医学,不过因中医辩诬要求更正,以致旁生枝节",刘孟扬以《大公报》一方非西医为据,试图将冲突的性质模糊化。实际要调和双方关系,中医存废问题已无可回避:"如谓中医不如西医,然西医中亦未尝无庸医,中医中亦未尝无国手,如谓宜废中医而崇西医,然西医固占世界之优点,中医亦万无可以废弃之理由",通过举证中西医互有优劣,刘孟扬试图力挽中医遭新学派摒弃的厄运。最后,刘鼓励中医不必在意外间浮言谤语,当务之急是"联合同人,共谋所以整顿中医之道",他强调,作为并存于世的两种学问,"中西医万无融洽之理由也,盖西医与中医学术不同、疗法不同,而药品又不同,强不同者而使之同一趋向,此必无之事也",清末西化潮流下,同一趋向的最后结果必然是统于西医,以故刘孟扬认为中医保持自身纯粹性才能有效防卫。这实际意味着中医改良的途径由原来的中西互参转向保守防备,成为中医渐居弱势的表征。二月初二日,众多和事人共同具名,再次发表代论,谴责局外人,论及主要当事

244

人丁子良、英敛之的私人交谊，敦促双方和好如初，笔战以不了了之收场。

这场笔端争论实际是由防疫问题引发的中西医学间的第一次大较量。寓居京城的中医徐龄臣一直关注着事态发展，二月初九日他发表了自己的看法，指出《大公报》"盛道西医之学之术为中医多不能及，辄曰中医之书不足据，中医之术不足凭，中医药不可用，直谓中国自昔及今无一能医者，如其所论未免有矫枉过正，因噎废食之诮也"，正好切中新学派偏颇之弊。而纵观笔战，"两造一以执中医不可信，中药不可服之谬说，一以执中医有可凭，中药能治病之空谈，视此争执，以余观之，未免各有偏究，不足以服天下人之心也。"诚如斯言，在这起冲突中，双方都非胜利者。徐龄臣也不赞同刘孟扬的中西医不可融通说，认为不存中西之见，才是高明者所为："若谓西医有胜于中医者，以其学经考验不似中国之医人自为医，率尔操觚，所以《大公报》往往鄙薄中医不学无术，草菅人命者多，是以深恶之，唯愿诸同道之士自今以往，各自奋志琢磨，博览医经，更能研究西医之术，取其长而弃其短，中西医理虽深而不难贯通矣。又何必徒尚意气，致启局外人讥诮也。"

二月初三日，《正宗爱国报》刊发了名为《防疫感言》的演说，作者"觉生"虽未明说针对的是天津笔战事件，但其着意的同样是中医能否治鼠疫问题。该文认为，中医"遇见新奇病，往往不求甚解，只能拿旧说敷衍，不能发明新理"，较之终日研究病理、日有进化的西医来讲，确实是在退步。而各报所刊中医治鼠疫之方，"多半由中医参照医书治时疫的牌套，虚揣悬拟而成的。即便能治时疫，亦不过小三灾儿不险之症（鼠疫亦有轻重），焉能治得了九病一生的比斯脱？须知而今药物学日见发明，各种药品全凭理化分析察验，药中所含何质，应入人身那【哪】经，是定而不移，报上所列之方，不知中医能发明此理否？"觉生认同《大公报》立场，对中医、中药一概持否定态度。

"长春守法自由人"也认为这场笔战是"医家间的龌龊"，其将在东北的见闻函致《大公报》，指出真正的鼠疫是不治之症，中医所治的鼠疫，实际是煤气中毒，二者前期症状相似。另外，在接受和事人调解后，英敛之将"局外人"来函转寄《盛京时报》《天津商报》等各大媒体刊载，表示"私心切愿各报皆录一通，以付社会公评"，对此事仍絮叨不休，不过冷静下来的天津中医界已不再与之辩驳。冲突由一名中医误治而起，牵扯其中的是中医整体和推崇西医的新学人士。辩诬的背后是中医存在价值之争，新学家始终没有足够证据否定中医。

事后丁子良即发表通告辞去医药研究会会长一职，其在四月份所做的《一误岂堪再误》中称："近来对于时事，已经槁木死灰"。鉴于往事，丁强调本篇是研讨学问，"与意气用的争毁誉不同，诸君万不可看成打嘴架打笔架"。他承认中医界庸医太多，"一马勺坏一锅汤，所以中医令人看不起者在此，好歹一齐挨骂者亦在于此"，丁子良坚持中医学可传可法："要说中国医学无一可取，行医的无一可靠，那也是一偏之见。试想我们中国的病人，每年被庸医耽误死的固然不少，然而极重极险的病症，以及西医治不好的病症，经中医挽救过来的也很多很多，可见中医的程度诚然不齐，中西的医学也各有所长了。"强调中医实际的疗效以坚定时人对中医学的信念。

丁子良认为，医学要发展完善就不能保守，但中国人不可专习西法，"不知自己之长，焉能知人之短，不知自己之短，焉能学人之长，不知己，焉知彼，凡无根底的学识，必无鉴别是非的能力"。八月，感于"新学家信细菌不信六气"，丁子良又做《新迷信》一文，提出"要打算破除新迷信，唯有劝新学界的新人物，多读读咱们中国旧学书就是了"。以中医为旧医学者，心中已有西医为科学文明标准的预设，而实际上中西医学属于不同文化体系，以新旧作价值判断有失公允。今天沉渣泛起的废中医论，如沙滩楼宇，其不坚实处正在于，主张废除中医者自身并不懂中医学，同百年前的新学派一样，"妄鼓似是而非之说"，回读丁子良此文，可谓针砭时弊的一剂良药。

鉴于空口论争之弊，防疫结束后成立的天津中西医药研究会明确提出，其宗旨是"冀合群力群智，分别门类研究东西医药学问，遍及华胞，提倡中国医药学术为宗旨，不尚空谈，不事攻击，既不抑中而扬西，亦不抑西以扬中"，试图以平和的方式汇通中西医学，但难以抵挡清末国人向往西学，社会文化潮流偏转、中医式微的趋势。

报刊揭露庸医杀人于地方公益大有裨益，诚如局外人所言，英敛之及《大公报》针砭时弊、鼓吹革新，确实在"尽先觉的责任"。丁子良作为津沽名医兼报人,也被时人赞为婆心济世,立言救国,"有二三竹园,何患天下不大治哉"。津门两名士话不投机,并非如民国十七年(1928)江绍原所言"自鼠疫发现后,京津两处的防疫经费约共五六十万。这五六十万元,多少必从西医手中经过,中医见了眼红,意中事也",以为双方冲突是巨额防疫款之争。即在当时,丁子良已指出"无论报馆还是中医,全没有升官发财的念头",综观二人生平所作所为,也都非钻营钱财之辈。江之所以作出如此推断,与其所处的20世纪20年代末中医开始力争卫生行政参与权有关。而宣统防疫期间,因观念差异,中医主动疏离于官方防疫行政,通过民间组织进行防疫。十余年后,中医界才意识到参与防疫行政对证明其价值的重要性,1929年的大论争即以此为核心。

1929 年,为抗议国民政府废止中医案晋京请愿代表团合影

新学派虽起意废除中医中药,但终究无法忽视中医在民间的广泛影响,更不能无视传统。就舆情而论,"中医致《大公报》第三书"曾提道:"昔日《大公报》以极高之声价,故能销至四五千张,今竟一落千丈,销数不过数百张,甚至无人阅看者,实由于贵报目空一切,过于轻狂,屡拂舆情,反对公论。"一味推崇新学尤其是西式防疫对《大公报》的发展产生了负面影响。当然,无论中医还是《大公报》,无论改良传统还是提倡新学,双方的出发点都是保种强国,区别仅在于所走道路不同。

重新梳理中西医论争史与重新定位晚清在近代的地位相一致,晚清是包括卫生在内的各项制度的创建时期,也是相关文化观念的转型时期。随着报刊资料的充分利用，地方历史变得丰富而生动，以往被忽视的很多画面得以完整呈现。宣统三年天津中医与《大公报》的笔战以近代媒体为阵地，从正月十七到二月初二，持续达半月之久，这使得有关中医药存废问题的争论完全公开化，再考虑到中医主动疏离于国家防疫对近代防疫行政格局的影响，以往中西医论争史上应该为其补写一笔。

中医药存废问题是这次笔战的核心，庸医信息的增多影响了中医的整体形象，对鼠疫应对失效动摇了中医学的存在价值。在新学派看来，近代西方药物学的理化分析比仅凭经验配制的中药方更科学。废中医中药之说已起，中医切实感受到了存亡危机，他们以主动的姿态进行防卫。论战的双方一为天津中医，一为以《大公报》为代表的新学派。新学派人员构成复杂，除报人外，倾慕西医者以及部分中医都囊括其中。笔战本身无所谓胜负，但西医在学科及行政上表现出了明显强势。中医界的分化以及和事人保守中医纯粹性的主张，则表明在近代西方文明有力冲击下，国人对中医及传统文化的自信已经动摇。

近代中西医论争史是两种不同体系的科学相遇—拒斥—融合的过程，其背后折射出的近代中国文化发展趋势、中国社会演进走向更值得我们思考。宣统三年的笔战是中医衰落的表征而非原因，清末中医式微的根本原因是，中国社会和文化变迁的方向在这一时期向西方文明偏转，落后状态下国人对西方文明的向往发展成迷信，中医在这种文化偏转中艰难求存。

天津卫生局是中国最早的专门卫生机构，在北洋大臣辖制下，其影响以天津为中心，广及直隶、北京、东北，这又使其承载了中国第一个区域性卫生机构的身份，成为宣统鼠疫期间国家防疫体制建立前的过渡形态，天津爆发的这次论争即与中国防疫机制已在北洋范围内率先整合有关。近代中西医第一次公开交锋发生在天津，也是由该地独特的文化氛围所酝酿。作为北方最开放的通商口岸，天津西化程度较高，西医引入较早，但作为畿辅，其传统积淀深厚，中医数量众多，最重要的是，中医研究会的成立，使得中医群体较早的组织化。在这里保守传统与废古趋新都有一大批信奉者，宣统笔战中，天津所积蕴的深厚传统力量同强劲的西方文明之风不断冲突调适，以地域独特的方式融入社会变迁的滚滚潮流中。

历史学人 / 随笔

海外华人移民与全球视野下的中国

撰文：刘青

　　自 1840 年到 1940 年，有 2000 多万中国人告别家园，去往他国，或短期居住，或长期定居，他们构成了中国近代史上一次大规模的移民浪潮。其规模之大，不仅在中国历史上是史无前例的，而且在 19、20 世纪全球大移民的背景下，也相当引人注目，仅次于同一时期 5600 万的欧洲移民和 3000 万的印度移民。这群华人背井离乡，跨越国界，足迹遍及拉美、澳洲、东南亚、北美等地，在五大洲的很多国家都建立了华人社区。对于这个庞大的海外华人移民群体，学术界一直不乏关注。不过，大部分研究都考察的是华人对当地社会的影响，很少有研究思考华人海外移民如何影响了中国。美国威斯康星大学历史系陈珮珊（Shelly Chan）教授的新作《离散祖国：全球大移民时代的现代中国》则从一个新的角度，阐释了海外华人移民与近现代中国的关系，并通过海外华人与中国的联系，将近代中国的历史放置在了全球史的背景下重新加以审视。

249

海外华人移民史：从国家叙述到"离散"研究

海外华人，虽然足迹遍及全球，其生活轨迹也往往跨越几个国家或社会，但对他们的研究，过去主要是在民族国家的框架下进行的，他们或被视为暂时居住在他国的中国社会中的一员，或被视为美国、加拿大的某个少数族裔，抑或是东南亚各国的华裔居民，他们的故事往往被割裂在不同国家各自的历史叙述中。对于他们的研究，过去主要集中在中国近现代史、海外华人华侨史，以及美洲华人史这三个亚领域中。陈珮珊的新作也是在试图与这三个亚领域进行对话。

中国近代史论著虽间或提及海外华人，但对他们的关注非常有限，海外华人只是短暂地出现在其叙述的某些重要时刻，比如他们支持辛亥革命，为抗日战争捐款等。在这些有限的叙述中，海外华人并没有被视为历史发展的主体，他们的作用仅仅是为中国提供需要的资源。陈对此批评说，这种研究其实是复制了中国近现代史领域中曾经用于研究中外关系的"挑战—冲击模式"，也即中国发出号召，某些海外华人响应。这一模式在中外关系研究中已经遭到了批评，但在中国近代史涉及海外华人的研究中却还没有引起应有的反思。

传统的华人华侨研究领域（the field of overseas Chinese），主要关注的是东南亚地区的华人移民。东南亚地区有着最多的海外华人，自 10 世纪以来，就陆续有中国居民去到东南亚，或朝圣、或从商、或出使、或务工，其移民活动被认为比近代全球移民浪潮早了好几个世纪。由于这些早期移民主要依靠家庭、乡里和宗族而非政府的支持，并且中国政府自明代以来，一直到 19 世纪末都一直对出海移民持反对态度，所以在该领域的研究中，尤其是在关于早期东南亚海洋贸易的论述中，很少会涉及华人与作为政治单位的中国的关系，学者们关注的是华人是如何参与了印度洋的海洋贸易。到了冷战时期，在东南亚地区排华反共政治环境的影响下，海外华人的身份认同变成了一个重要的政治议题，强调华人与中国的关系只会招致政治上的风险，所以学者们的研究主要侧重于考察华人对当地社会的认同和影响。

海外华人移民另一个主要移入的地区是美洲，尤其是北美的美国和加拿大。

关于美国华人的研究开始于 1980 年代，受民权运动和族裔研究的影响，美国学界的一群移民学者们最先开始关于美国华人的专业历史研究。由于种族主义者和本土主义者一直视在美华人为无法融入美国社会的"外国人"，所以为了谴责这一说法，扭转华人在美国社会中的形象，研究美国华人历史的学者，往往会刻意否认华人只是暂时居住在美国的"旅居者"（sojouner）。他们强调，华人虽然遭遇了种族歧视和排外，但最终仍然成功地融入了美国社会，成为美国社会的一员，并对美国社会做出了重要贡献。

这些民族国家叙述下的海外华人移民研究，虽然不乏重要的学术意义，但却在某种程度上带有强烈的目的论色彩。按照陈的说法，在这些民族国家叙述中，海外华人与其移出地的联系被视为一种"包袱"和"过去"，当华人移民"卸除"了这一"包袱"，克服了他们的"过去"，他们终将被吸收和融入当地社会，变成华裔。这样的一种研究路径显然简化了移民的生活经历，忽视了移民生活的复杂性和多样性。

近年来，随着跨国史和全球史的影响，对于海外华人移民的研究，也经历了跨国转向。一些学者开始从"离散"（diaspora）这个视角研究海外华人群体。"离散"一词源于古希腊语，原意指在世界各地散播种子，它最早被用来描述离开故土散居世界各地的犹太社群和他们的经历，后来又有学者将其用于研究被强制带到世界各地的非洲黑人，以及亚美尼亚人的移民。在后殖民和文化研究的影响下，"离散"这一概念逐渐泛化，它不再与某些固定的族群相联系，而是被用来挑战对于民族国家、文化和身份认同等问题过于单一和僵化的认知，强调跨文化背景下身份和文化的多重性和流动性。由于"离散"这个概念与"中心"相对，暗含有从中心向各地发散，但始终与中心相关联的含义，比如迁居各地的犹太人对"应许之地"耶路撒冷的想象和向往，所以这个概念用在移民研究中，往往用来强调移民虽然迁居他处，但仍然与其故土或者移出地维持着各种各样的联系。

近年来"离散"这个概念也被应用在了海外华人移民研究中，学者们考察了华人与其故乡或者故国的联系，并注意到了华人在经历和身份认同上的多元性。他们发现，很多海外华人及其家庭往往在不同社会间流动和游走，他们的认同和文化也往往是多元而混杂的。还有学者强调了华人移民的社会网络，分析了华人是如何借助家族、乡里的力量来实现移民，以及什么样的跨国社会组织帮助不同地区的华人之间维持了经济和文化上的联系。但是，对于海外华人移民群体的"离散"研究很快受到了一些学者的批评。王赓武和史书梅等学者认为，这种强调了华人与故国联系的"离散"研究，某种程度上是将华人的身份本质化和固定化了，它错误地建构了一个同质的华人群体，并想象这个群体一直与中国维持着某种程度的联系。学者们担心，这样的叙述会为种族主义者和本土主义者提供新的口实，让他们借此指责华人对当地社会的不忠诚和不融入。对此，陈珮珊认为，虽然种族主义需要批评，但是对种族主义的批评不能以牺牲历史的想象力，忽视了人类过去的多元性和矛盾性为代价。因为，漠视海外华人与中国的联系并不符合历史事实。陈注意到，在过去的历史上，确实存在某些时刻，海外华人移民与中国建立了联系，他们视中国为其祖国，或者中国视他们为"华侨"，也即居住在海外，但却与中国保持着联系的"离散华人"，尽管这种联系有时候仅仅停留在话语层面。那么，如何理解海外华人与中国之间的联系呢？

海外华人与中国：从"离散社群"到"离散时刻"（diaspora moment）

陈珮珊认为，将海外华人视为一个固定的群体，当然过于僵化，不仅政治上有风险，并且也未必符合历史事实，因为并非所有族裔上属于华人的人都认同中国，也不是所有的时候，人们都会产生这种认同。但是，陈并不认为海外华人移民研究应该完全放弃"离散"这个概念，她认为这个概念依然有其解释力，只是需要将对"离散"的理解从一个固定"族群"转换为一些"历史时刻"，因为她发现，在过去的历史上，确实存在某些历史时刻，海外华人与中国建立了某种程度上的关联，中国变成了海外华人的祖国，而有了祖国的海外华人则变成了"离散华人"。为了理解这一历史现象，陈引入了"离散时刻（diaspora moment）"这一概念。所谓"离散时刻"，指的是在某些历史节点上，海外华人引起了广泛的关注，并上升到了一定的讨论层面，由此带来了一系列

历史学人 / 随笔

影响深远的个人或者是政策上的回应，她称这些历史时间点为"离散时刻"。在这本书中，陈指出了五个重要的"离散时刻"：（一）19世纪中期拉美等地爆发华人契约劳工危机；（二）20世纪二三十年代暨南大学筹划组织南洋研究；（三）20世纪前30年南洋知识精英林文庆复兴儒学；（四）20世纪50年代广东侨乡进行土地改革和实施新《婚姻法》；（五）20世纪50年代广东地区安置归侨。她在书中分别用五章详细分析了这五个"离散时刻"。她特别指出，这五个时刻并非就是所有的"离散时刻"，只是它们代表了中国近代史上几个重要的转折，由于过去对于中国近代史的讨论，较少涉及海外华人问题，所以陈希望从"离散时刻"这一视角，重新审视海外华人如何影响和改变了中国历史的发展进程。

在陈看来，离散华人与作为祖国的中国之间是一种相互影响、共生对照的关系。陈注意到，中国历史上往往用"华侨"来指称散居世界各地，但又与中国保持关联的"离散华人"，而"华侨"这个概念能够很好得体现出"离散华人"与中国的关系。在对"华侨"一词作语义上的考证时，她注意到，"华侨"一词由两个部分组成。"华"指的是民族和种族意义上的中华民族，这个概念是19世纪末才产生的，而"侨"在过去往往指旅居，也即短时间居住和访问的意思，比如"侨居"。到19世纪末，华和侨这两个字组合在了一起，用来形容居住在中国以外，但又和中国保持关联的人。在陈看来，这个概念的出现，不仅表明中国政府正式接受了移民海外的正当性，更重要的是，它与"祖国"的概念一起，意味着民族国家与其海外移民之间的相互依存和共生对照的关系。因为只有有了祖国这个"华"，才会有散居各地的"华侨"，而"华侨"的"侨"所蕴含的短期侨居的含义，又意味着，祖国是散居各地的华人的一个永恒的中心。虽然在过去的历史上，中国和世界各地的海外华人都经历了翻天覆地的变化，但是当这两者发生关联的时候，当身处不同时空中的海外华人变成了祖国的"华侨"或者说"离散华人"时，这种关联不仅反映了对于中国的各种不同的想象和重构，同时也体现了海外华人对中国发展的影响。陈对拉美华工危机的讨论对此提供了一个很好的例子。

在第一章中，陈讨论了19世纪拉丁美洲的华工问题。关于美洲的华工，

253

学术界已经有了不少讨论，早年有学者强调华工对北美铁路建设的贡献，近年来又有学者开始挖掘华工在拉丁美洲的古巴、秘鲁等国的历史，这些既有的研究主要侧重于重新发现一直以来被西方学术界所忽视的华工对美洲资本主义发展做出的贡献。在陈的书中，她并没有否认华工做出的贡献，不过她更关心的问题是，美洲的华工问题如何影响了现代中国，她认为，19世纪中期出现的曾经引起国际社会广泛关注的拉美华工危机，迫使当时的清朝政府进入了以西方民族国家为基础的现代国际社会之中，并认识到了"主权"的意义。19世纪中期，英美等国先后结束了非洲黑奴贸易，并陆续终止了奴隶制，为了满足资本主义大发展所需的大量廉价劳动力，拉美的古巴、巴西和秘鲁等地的种植园希望引进大批华工作为契约劳工，1847年，古巴招募的第一批华工抵达哈瓦那，秘鲁也于1849年开始引入华工。此后不到30年时间，拉美地区的华工总数超过了20万。但是由于传统上华人已经形成以家庭和乡里为单位的移民模式，并且当时华人移民的主要目的地是地理位置上距离华南地区较近的东南亚，或者是收入更高的北美西部地区，很少有人愿意主动去往遥远而又陌生的拉美，所以当时不少华人是通过诱骗和绑架等手段被强行带到拉美的，并且，不论是在去往拉美的运输途中，还是到达种植园之后，华工都受到了不公正的待遇，华工在拉美的死亡率非常高。

对此，华工自身进行了各种反抗，他们不仅策划了多起暴力起义，还持续不断地向清政府写信寻求救援。同时，国际社会也注意到了华工的非人待遇，国际媒体对华工问题进行了大量的报道和讨论。面对这种情况，清政府改变了以往对移居海外和出洋务工不闻不问的消极政策，第一次派出使团前往秘鲁和拉美调查华工情况，并与西方国家就招募华工问题进行了一系列外交谈判。陈认为，这一系列举动使得清政府开始向"准民族国家"（proto-nation）转变，他们开始学着使用条约这一现代国际关系的工具来约束和管制西方国家的在华行为，保护华工在外国的权益，并尝试按照国际法的规定行使"主权"。陈还发现，正是在与英、美、西班牙等国的外交交涉中，清政府第一次萌生了需要对海外华工进行调查，并对其个人信息进行登记管理的想法，因为此前由于出洋不受官方支持，清政府对此没有任何的管理登记，所以他们也一直没有出洋华工个人的详细信息,这使得清政府关于华工遭受虐待的指控由于缺乏详细的个人信息而在国际法上一直不被接受。正是为了提供能够被国际法认可的证据,清政府才决定派出使团到古巴和秘鲁等国对华工情况进行登记调查。陈进一步指出,华工危机以及清政府对华工的保护和调查,构成了第一个"离散时刻",在这个时刻,清政府不仅承认了出洋在外的华工是其臣民,而且通过此,也意识到自己是现代国际体系中的一员,由此产生了"主权"的意识。在后面的各章中,陈继续讨论了离散华人是如何在不同历史时期影响了中国的发展。

"离散时刻":全球史视角下的中国与海外华人

陈珮珊关于"离散时刻"的另一个重要的论点是,通过考察"离散时刻"下的中国与海外华人的联系,可以帮助我们更好地理解中国历史是如何与全球史交织在一起的。陈注意到,过去对于海外华人移民的研究,被隔离在了不同国家的历史叙述中,而少有人将散居在世界各地的海外华人与中国置于一个全球背景下加以系统地考察。那么,如何在一个全球史的框架下去考察海外华人与中国的关系呢?陈认为,对这个问题,学术界存在着两个既有的研究范式。第一个范式可以被称为"整体是部分的总和"(the sum of parts),也即认为全球是一个由各个不同国家和地区组成的整体。在这种范式下研究中国与海外华人,就是将中国视为一个中心,将散居各地的海外华人视为一个从中国移往各地的同心圆,所谓全球史视野也就是在讨论中尽可能多地涵盖不同的国家,比如讨论中国到拉美的移民、中国到欧洲的移民、中国到澳洲的移民,等等等等。陈认为,这种范式错误地假设了国家和地区是固定不变的、边界清晰的实体,并且在移民出现之前既已存在。陈接受的是第二种范式,也即强调总体是"各部分之间的互动"(interaction between parts)。这种范式将移民视为连接国家、地区和全球变化的一个线索,考察的是地方与全球性要素之间的相互关系。具体来说,陈指出,由于工业化、殖民化和民族主义等并不是独立地存在于某个空间中的,他们在全球范围内争夺资本、劳动力和资源,正是这些全球化的要素将华人移民带到了世界各地,使得他们的故事与东南亚、美国、拉美等国家和地区的历史交织在了一起，同时也正是这些全球化要素，使得海外华人移民在某些时刻与中国建立起了紧密的联系。所以海外华人移民与中国的关系，不仅仅是一个短暂居留或是融入当地的问题，它还与全球化各要素交织在一起。而作为海外华人移民的祖国，中国的历史也因此被镶嵌在了全球史的发展脉络之中。

在上面关于拉美华工危机的例子里，陈指出，华工危机的出现，以及清政府的回应和最终苦力贸易的终止，除了华工自身的努力，以及清政府对海外移民的态度发生了转变外，还与当时的许多国际因素有关，比如，奴隶制的结束，资本主义发展对自由劳工的需求，国际媒体对华工问题的报道，英、法、西班牙各帝国在拉美的扩张，以及拉美殖民地内部的变化。在后面的讨论中，陈也一直强调，"离散时刻"如何反映了中国与世界的互动，以及中国历史与全球历史的纠缠。在第二章中，陈考察了一群知识分子，他们在1920—1940年代参与了暨南大学发起的南洋研究项目，或编辑、或翻译、或撰写了大量关于南洋地区地理情况和历史发展的报告，他们中比较出名的有刘士木、李长傅、温熊飞和张相时。陈分析了这几个重要的暨南学者的作品，发现他们的研究吸收借鉴了欧洲的殖民主义思想，比如，他们认识到了海洋的意义，相信建立殖民地和进行海外殖民是向落后地区传播先进文明，他们也接受了对于东南亚当地人口的种族主义的看法，认为当地人在文化上和种族上都落后于华人。在这些观念的基础上，他们设想了一个中国版本的定居者殖民主义（settler colonialism），并从这一视角出发，重新书写了南洋华人移民的历史，忽略了移民内部在宗族、阶级等问题上的差异，将南洋华人的命运与中国的发展联系在了一起，呼吁他们与祖国站在一起，共同对抗日本的侵略。

不过，这些学者们也注意到，虽然有大量华人移民生活在东南亚，但这些华人并不是真正意义上的海外拓殖者，因为南洋华人中弥漫着一种"村庄心态"，换句话说，就是南洋华人中还没有产生"国家意识"，只认故乡，而不识祖国。在这些暨南学者们看来，中国也因此算不上一个真正意义上的殖民帝国，因为东南亚地区并非是中国的殖民地。他们呼吁，要在南洋华人中培养国民意识，并呼吁中国政府对南洋华人提供保护和支持，因为只有这样，南洋华人才能成为真正意义上的中国的华侨和海外拓殖者，而中国也才能成为真正意义上的能与世界其他大国相媲美的民族国家。通过分析这样一个"离散时刻"，陈指出，重新挖掘暨南学者们的南洋研究，并非只是要简单地对其思想中的殖民主义逻辑进行批判。更重要的是，她希望能够通过将他们的作品放置在一个全球思想文化交流的大背景下，揭示出，这些暨南大学的学者们是如何试图与当时流行的欧洲殖民思想进行对话，如何借鉴吸收欧洲的思想来解决中国当时面临的日本入侵的问题。并且，在这些学者关于中国的想象中，南洋华侨成为不可或缺的一个部分，变成了中国与日本在南洋抗争的一个先锋力量。此外，通过分析暨南大学的南洋研究，陈还想提醒我们，过去的研究只是将海洋亚洲视为一个经贸中心，但其实它还是一个重要的知识交换地。东亚和东南亚的沿海城市，包括东京、上海、广州、厦门、香港、槟城、新加坡，以及其他亚洲沿海城市之间，由于现代交通通信技术的改善，逐渐形成了一个交流圈，电报、汽船、邮政和报刊在推动这些城市间经贸往来的同时，也推动了思想和文化的交流。

"离散时间"（diaspora time）：跨国研究中的时间维度

陈在《离散祖国》一书中的研究，还有一个值得我们注意的点，就是她对不同的时间维度的关注。近些年，跨国研究已经影响到了历史学各个亚领域，跨国转向虽然挑战了传统的以民族国家为分析单位的历史叙述，但是，学者们更多地只注意到历史发展超越了民族国家领土的边界，却很少有人注意到民族国家的年代记事法（chronology）也遮蔽了其他多重的时间记事法的存在。陈认为，历史上每一种变化的事物都存在他们特定的衡量时间的方法，而人们是同时存在在不同的时间维度（temporalities）之中的。

具体到海外华人移民研究中，她指出，身处各地的华人不仅生活在不同的地理空间，而且也生活在不同的时间维度中，有着不同的对于变化的看法。比如，海外华人移民社区有着不同于居住国的节日庆典，表现了移民群体与所在国不同的对于过去的记忆。这里，陈追随了杜赞奇、贺萧等历史学家的研究。在研究民族国家是如何通过一种线性进化的叙述结构将自己塑造成历史发展的主体时，杜赞奇发现中国过去存在的不同的时间维度都在民族国家的历史书写中被遮蔽了。而贺萧在她的关于山西农村土地改革的研究中，也发现女性对于时间的记忆有别于民族国家所使用的"政治运动的时间"，女性更愿意用生活事件，比如孩子的出生，来标记时间的变化，这反映的是女性对于社会发展的不同体验，以及他们对于家庭生活和家务劳动的投入。对不同的时间维度的关注，使得陈发现了"离散时间"（diaspora time），她注意到，对于中国华南地区的移民家庭来说，时间的变化表现为一种循环往复的父系血统的延续，具体来说，就是成年男性去海外谋生，并定期向家中汇钱，而女性则留在家乡，抚养年幼的子女和照顾年长的老人，以此来进行财富的积累和家族的代际延续。陈认为，这种"离散时间"体现了移民这一现象对于个人、家庭的影响，也反映了移民和移民家庭独特的生活体验。但是当海外华人与祖国发生关联时，反映离散华人生活经验的"离散时间"在某些方面就会与民族国家的时间发展观发生冲突。这在陈对 20 世纪 50 年代广东地区土改运动和《婚姻法》改革的研究中有很好的体现。

广东是著名的侨乡，境内有不少居民移居海外。陈检查了广东省档案馆中关于土改和《婚姻法》改革的资料，发现了离散时间与社会主义时间之间的冲撞和协调。她指出，在 1950 年代，中国政府倡导的社会主义时间是一种线性的时间观，它强调的是与封建的过去决裂，通过城乡双规制，走向一个理想化的未来，其中，农村的生产应该是以夫妻小家庭为单位进行的。在这种时间发展观的影响下，执行土改政策的官员认为，当地华侨是"封建势力"，是"地主阶级"，因为华侨家庭拥有大量与其家庭人口不相称的土地，雇佣长工为其劳作，并且男性长期在外，不参与当地的农作，而留在家中的侨妇则主要依赖侨汇过活，也不从事生产性劳动。在土改官员看来，这些人都属于土改和《婚姻法》改革的对象，需要没收他们的财产和土地，通过鼓励离婚再嫁或者劝其尽快团聚等方式改造他们"封建落后"的家庭模式。在陈看来，早期的这些政策，显然不能容纳华侨家庭的性别分工模式和移民生活所带来的社会现实。

很快，没收华侨家庭财产的政策和鼓励侨妇离婚的政策引起了当地华侨以及海外华人社区的抵制，他们致信政府，表达了他们的不满。陈检查了大量华侨的来信，分析了他们在信中使用的话语策略，发现华侨并没有很好地理解"社会主义事业"的含义，而是不断地按照他们的生活经验，利用传统父权体制下的道德话语为自己或者自己的家庭辩护，比如他们强调自己一向奉公守法、不关心政治、在家孝顺父母、在外辛苦工作。同时，很多当地的侨妇也从很务实的角度考虑，担心离开原来的生活方式会降低其生活质量，因而不愿意离婚再嫁。这些说辞和做法使得这些华侨家庭在社会主义的时间体系下，显得更加的"封建"和"落后"。但是，最终导致政府政策发生转变的，并不是这些话语和行为上的抵制，而是华侨侨汇的减少，由于对土改没收华侨财产政策的不满，以及侨妇离婚个案的增加，出洋在外的华侨寄回国内的侨汇大幅度减少。然而，随着美国的经济封锁和冷战国际局势的展开，当时的中国政府需要海外华人的侨汇来帮助进行社会主义建设，1953 年，政府宣布，华侨家庭可以接受侨汇，同时允许他们从事私人投资，参与"封建性"的消费活动。这些措施意味着，华侨在社会主义中国成为一个特殊的"社会阶层"。对于留在家乡的侨妇，除了动员她们从事农业生产外，政府还改变了之前鼓励离婚的政策，建议她们与海外的华侨维持良好的关系，以此来保证侨汇的继续。陈认为，这些政策上的调整，一方面体现了社会主义时间和"离散时间"的协调和妥协；另一方面也表明，即便在社会主义建设时期，中国海外移民以及跨国的资金支持也对中国的政策和经济发展产生了重要影响。

《离散祖国》一书触及的理论和实证问题比较多，陈珮珊对 20 世纪 50 年代归侨的研究，以及对侨妇和侨眷在土改和《婚姻法》改革中的论述为我们了解移民和中国近现代史提供了新的经验材料，她对南洋华人林文庆的儒学复兴运动的分析，对华工问题的阐释，也为史学史上的旧问题提供了新的解读。这样一篇简单的介绍总结显然不足以完全展现该书论述的复杂和分析的深刻。这本书不仅应该引起对其阐释的某些具体历史问题感兴趣的学者的注意，而且还应该得到更加广泛的阅读，因为它为我们思考移民与其祖国的关系，思考中国历史与全球史的交织，思考"离散研究"的阐释力，以及思考性别视角在研究移民和国家历史上的意义，都提供了理论上的启发，并指明了新的研究方向。

Contributors

李新宇

山东青州人。南开大学教授、博士生导师。曾经任教于曲阜师范大学、吉林大学。出版有《李新宇学术文集（六卷本）》《愧对鲁迅》《大梦谁先觉》《旧梦重温：民国先知的道路探寻》《帝国黄昏》等，与周海婴主编《鲁迅大全集》（全 33 卷）。

李雪涛

德国波恩大学文学硕士、哲学博士。北京外国语大学教授、博士生导师，现任北京外国语大学历史学院院长、全球史研究院院长。东亚文化交涉学会（大阪，2017—2018）会长以及中国中外关系史学会（北京，自 2017）副会长。主要专著、编著、译著有：《雅斯贝尔斯与中国：论哲学的世界史建构》（专著，2021）、*Die überstragung buddhistischer Sūtras ins Chinesische. Theorie und Praxis am Beispiel von Zanning* (919-1001)（专著，2019）、《论历史的起源与目标》（译著，2018）、《达·芬奇童年的记忆》（译著，2017）、《误解的对话——德国汉学家的中国记忆》（专著，2014）、《海德格尔与雅斯贝尔斯往复书简》（译著，2012）等。

杨奎松

著名历史学者，北京大学退休教授，华东师范大学紫江学者、终身教授、中国当代史研究中心主任。代表作包括《革命》《鬼子来了：现代中国之惑》《忍不住的"关怀"：1949 年前后的书生与政治》。

魏定熙（Timothy B. Weston）

1995 年博士毕业于美国加州大学伯克利分校，师承著名历史学家魏斐德（Frederic Wakeman）教授。现为美国科罗拉多大学博尔德分校教授，并任该校亚洲研究中心副主任。研究领域涉及近代中国的知识分子、政治文化与新闻媒体，同时教授多门有关中国历史的本科及研究生课程。另与詹启华（Lionel M. Jensen）合著有《新闻内外的中国》（*China in and beyond the Headlines*）一书。

大卫·斯科特·布朗（David Scott Brown）

生于 1966 年 9 月 29 日，美国宾夕法尼亚州伊丽莎白镇学院的历史学教授。他的作品包括理查德·霍夫施塔德和 F. 斯科特·菲茨杰拉德的传记。

沈卫威

河南省内乡县人，文学博士，1991—2001 年任教于河南大学，2002 年始为南京大学中文系教授。主要著作：《自由守望——胡适派文人引论》《回眸"学衡派"——文化保守主义的现代命运》《民国大学的文脉》。

历史学人 / Contributors

李永晶
东京大学博士，华东师范大学政治学系副教授，华东师范大学世界政治研究中心研究员，主要研究领域为现代社会理论、古典政治思想、近代国际关系史，代表作有《分身：新日本论》《正眼看世界：历史、国家与文明新论》《马克斯·韦伯与中国社会科学》等。

马勇
中国近代史研究所研究员，博士生导师，主要从事中国近代史、中国现代化史等研究。著有《近代中国文化诸问题》《1894—1915：梦想与困惑》《1911年中国大革命》《晚清二十年》《重新认识近代中国》等，并为严复、章太炎、蒋梦麟等多人立传。

于默
生于1975年，毕业于中国美术学院雕塑系，现任职于中国美术学院专业基础教学部。

沈艾娣（Henrietta Harrison）
现代中国研究教授，就职于英国牛津大学东方学系。牛津大学东方学系博士，曾任教于英国利兹大学和美国哈佛大学。作品包括：《梦醒子：一位华北乡居者的人生，1857—1942》（斯坦福大学出版社，2005年版），《一个中国天主教村庄里的传教士诅咒及神话》（加州大学出版社，2013年版），以及《制造共和国民：中国的政治仪式与象征，1911—1929》（牛津大学出版社，2000年版）。

毕苑
中国社科院近代史研究所副研究员，北京师范大学历史系博士、教育学院博士后。著作有《建造常识：教科书与中国近代文化转型》（福建教育出版社，2010年），在香港中文大学《二十一世纪》等刊物发表论文和文章若干。

张舒
中国人民大学外国哲学专业硕士，社科非虚构类作品译者、作者，编程爱好者。目前在数字教育机构从事市场工作。

伊恩·毕考克（Ian Beacock）
斯坦福大学现代欧洲知识分子史、文化史学者，《大西洋月刊》《万古》《高等教育年鉴》撰稿人。

爱德华·门德尔松（Edward Mendelson）
美国人文学者，现任教于哥伦比亚大学。主攻方向为英语文学和比较文学，尤其是奥登（W.H.Auden）、托马斯·品钦（Tomas Pynchon）等人的作品。代表作有《道德的代理人：八位二十世纪的美国作家》（*Moral Agents*, *Eight Twentieth Century American Writers*）等。

向珂

哲学博士，独立学者，独立图书编辑。

张源

北京大学中文系比较文学博士，北京师范大学文学院教授、博士生导师，美国国家人文研究所中国委员，美国罗阿诺克大学哥本哈弗驻校讲席教授（2017年度），研究领域为文学与思想史。著有《从"人文主义"到"保守主义"——〈学衡〉中的白璧德》（生活·读书·新知三联书店，2009年）等，译著包括《社会中的理性》〔（美）桑塔亚那（George Santayana）著，北京大学出版社，2008年〕等。

路彩霞

河北师范大学学士，南开大学硕士、博士，武汉大学博士后。现任湖北省社会科学院文史研究所副所长、副研究员，出版专著《清末京津公共卫生机制演进研究（1900—1911）》等。

张泉

1982年生于青岛，复旦大学文学硕士。现任《生活》杂志副主编，曾为《周末画报》新闻版主笔。主持或参与的专题报道曾获得由亚洲出版业协会（SOPA）颁发的"2008年度卓越新闻奖"和"2010年度卓越新闻奖"。

图书在版编目（CIP）数据

觉醒的年代：1919 年前后的中国／李礼主编．—太原：山
西人民出版社，2021.10
ISBN 978-7-203-11485-7

Ⅰ．①觉…　Ⅱ．①李…　Ⅲ．①中国历史－近代史－文
集　Ⅳ．①K250.7-53

中国版本图书馆 CIP 数据核字（2020）第 207374 号

觉醒的年代：1919 年前后的中国

主　　编：李　礼
责任编辑：王新斐
复　　审：贾　娟
终　　审：梁晋华

出 版 者：山西出版传媒集团·山西人民出版社
地　　址：太原市建设南路 21 号
邮　　编：030012
发行营销：0351-4922220　4955996　4956039　4922127（传真）
天猫官网：https：// sxrmcbs.tmall.com　电话：0351-4922159
E－mail：sxskcb@163.com　发行部
　　　　　sxskcb@126.com　总编室
网　　址：www.sxskcb.com

经 销 者：山西出版传媒集团·山西人民出版社
承 印 厂：山西出版传媒集团·山西人民印刷有限责任公司

开　　本：720mm×1020mm　　1/16
印　　张：17
字　　数：266 千字
印　　数：1—5000 册
版　　次：2021 年 10 月　第 1 版
印　　次：2021 年 10 月　第 1 次印刷
书　　号：ISBN 978-7-203-11485-7
定　　价：58.00 元

如有印装质量问题请与本社联系调换